D1926875

Knaur.

Knaur.

Über die Autoren:

Elmar Heer arbeitet seit mehr als dreißig Jahren im Polizeidienst und seit über zwanzig Jahren als Beamter der Diensthundestaffel Mittelfranken. Er hat für die UN Polizisten in Bosnien ausgebildet, Drogenhändlern und anderen Verbrechern das Handwerk gelegt sowie nach versteckten Bomben gesucht, um Sprengstoffanschläge zu verhindern. Mit Carina steht ihm dabei in der Zwischenzeit der dritte Polizeihund zur Seite. Elmar Heer lebt in der Nähe von Nürnberg.

Shirley Michaela Seul ist eine erfolgreiche Belletristik- und Sachbuchautorin. Sie lebt im Fünfseenland bei München.

www.shirleyseul.de

Elmar Heer
mit Shirley Michaela Seul

PARTNER AUF LEBEN UND TOD

Mit dem Polizeihund im Einsatz

Knaur Taschenbuch Verlag

Besuchen Sie uns im Internet:
www.knaur.de

FSC
www.fsc.org
MIX
Papier aus verantwortungsvollen Quellen
FSC® C014496

Originalausgabe Oktober 2012
Knaur Taschenbuch
© 2012 Knaur Taschenbuch
Ein Unternehmen der Droemerschen Verlagsanstalt
Th. Knaur Nachf. GmbH & Co. KG, München
Alle Rechte vorbehalten. Das Werk darf – auch teilweise – nur mit
Genehmigung des Verlags wiedergegeben werden.
Umschlaggestaltung: ZERO Werbeagentur, München
Umschlagabbildung: © FinePic® München; © Helmut Henkensiefken
Satz: Adobe InDesign im Verlag
Druck und Bindung: GGP Media GmbH, Pößneck
Printed in Germany
ISBN 978-3-426-78511-9

2 4 5 3 1

Für Gundo, Bux und Carina

INHALT

»Beißt der?«

Diese Frage wurde mir im Laufe meiner über zwanzigjährigen Arbeit als Polizeihundeführer am häufigsten gestellt. Ich wundere mich immer wieder darüber. Genauso gut könnte man einen Zahnarzt fragen, ob sein Bohrer bohrt. Oder einen Jockey, ob sein Pferd rennt.
Ja, ein Polizeihund beißt. Er darf, soll und muss das sogar, wenn es eine Situation erfordert. Ob dies der Fall ist, entscheidet nicht ausschließlich sein Führer, sondern manchmal auch der Hund alleine. So kann er das Leben seines Partners – meines – retten.

Und vielleicht auch Ihres.

EINBRECHER DÜNSTEN AUS

»Hier spricht die Polizei! Kommen Sie raus, oder ich setze den Hund ein!«

Carina und ich starrten durch die aufgebrochene Tür in eine Fabrikhalle. Der kühle Ostwind trieb den feinen Regen wie Nadeln in mein Gesicht. Eine kleine Dampfwolke stand vor Carinas Schnauze. Trotz des hellen Lichts der Taschenlampe konnte ich im Inneren der Halle nichts erkennen. Carina wahrscheinlich auch nicht, obwohl Hunde im Dunkeln besser sehen als Menschen. Doch darauf kam es jetzt nicht an. Carina würde den Einbrecher riechen. Einbrecher dünsten aus. Die Kollegen von der Streife hatten eine offen stehende Tür und einen pendelnden Lichtschein in der Fabrikhalle entdeckt und das Gebäude umstellt. Niemand war herausgekommen, kein Laut drang nach außen. Carinas Ohren waren gespitzt. Hörte sie etwas? Wenn da einer drin war, sie würde ihn finden.

Ich wiederholte meine Ankündigung noch einmal, um Carina zu signalisieren: Jetzt geht es gleich los.

»Hier spricht die Polizei! Kommen Sie raus, oder ich setze den Hund ein!«

Dieser Satz gehört zu Carinas Lieblingssätzen und wird nicht mal übertroffen von »Fein Essen fertig!«. Ich spürte, wie sie in vorfreudiger Anspannung zitterte. Sie wartete bebend darauf, dass ich das Halsband losließ und sie in die Halle stürmen durfte, um den Täter zu stellen.

»Ich komme!«, hörte ich da eine ängstliche Stimme aus der Dunkelheit. »Bitte halten Sie den Hund fest.«

Er sagte »bitte«. Seine Angst musste groß sein. Ungeduldig bellte Carina. Die Entwicklung des Falles behagte ihr nicht so wie mir. Carina wollte den *Lumpen* fangen, wie es in unserem Jargon heißt, doch blöderweise kam der Lump von selbst raus. Ein circa zwanzigjähriger Mann mit weit aufgerissenen Augen und erhobenen Händen. Einer meiner beiden Kollegen von der Streife nahm ihn in Empfang.

»Sie sind vorläufig festgenommen. Sie wissen ja, warum.«

Der andere Kollege verabschiedete sich von mir. »Das wär's dann, Elmar. Danke für die Unterstützung.«

»Gern geschehen. Ruhige Nacht noch.«

Die Schutzpolizisten durchsuchten den Mann nach Waffen und Diebesgut, dann halfen sie ihm beim Einsteigen in ihren grün-silbernen BMW. Früher waren alle Streifenwagen grünweiß. Die Hundestaffel, zu der Carina und ich gehören, ist noch immer mit einigen sehr alten Autos unterwegs. Mir macht das nichts aus, und Carina als Deutsche Schäferhündin ist immun gegen Statussymbole. Sie fährt auch Audi oder Opel oder VW. Hauptsache, es geht zu einem Einsatz. Carina liebt Einsätze.

Die Uhr am Armaturenbrett meines Dienstwagens zeigte kurz nach Mitternacht. Meine Schicht hatte um 20 Uhr begonnen und war bislang ruhig verlaufen. Ein bisschen Schreibtischarbeit, einige Objekte kontrolliert, die des besonderen Schutzes bedurften, wie Wohnsitze von Politikern und ein paar der beliebtesten Gemäuer von Graffiti-Künstlern, die obligatorische Fußstreife durch einen U-Bahnhof, um den Fahrgästen ein Gefühl von Sicherheit zu vermitteln und eventuellen Tätern eines der Unsicherheit. Außerdem eine Schlägerei, die sich schon aufgelöst hatte, bevor Carina sie auflösen konnte. Und jetzt der Einbrecher, der für Carinas Geschmack viel zu früh aufgegeben hatte. Ein richtiges Erfolgserlebnis fehlte ihr heute noch. Zum Beispiel einen Vermissten vor dem Erfrieren retten, einen Sprengsatz finden oder eine alte Dame, die den Weg nach Hause vergessen hat, einen flüchtigen Handtaschenräuber stellen. Für mich ist auch ein ruhiger Dienst ein guter Dienst. Carina liebt es turbulent.

»Und wie war's?«, fragte mein Kollege Hartmut in unserer Dienststelle am östlichen Stadtrand von Nürnberg. Nachts sind wir häufig nur zu zweit in unserem Abschnitt.
»Pech für Carina, Glück für den Einbrecher«, antwortete ich.
Hartmut grinste. »Das habe ich am Funk mitbekommen. Ich frag mich, was der da klauen wollte, da gibt's doch nichts?«
»Vielleicht die Kaffeekasse.«
»Apropos«, sagte Hartmut. »Ich hab frischen gemacht. Die Nacht ist ja noch lang für uns. Und ich muss gleich weg. Die Autobahnpolizei hat einen Wagen angehalten, der eine Rauschgiftsuche wert wäre. Die haben gesagt, den Stoff riechen sie selbst ohne Hund.«

Fünf Minuten später war ich allein. Ganz allein. Carina saß im grün-weißen Opel Kombi vor der Tür. Hunde haben zwar kein Hausverbot in ihrer Dienststelle, aber in der Regel bleiben sie draußen, weil sich nur wenige Hunde gut vertragen und es zu Raufereien kommen könnte. Polizeihunde sind sehr dominant. Ein im Wesen eher unterwürfiger oder ängstlicher Hund würde die hohen Anforderungen, die an einen Polizeihund gestellt werden, nicht erfüllen. Deshalb durchlaufen die Hunde, die eine Polizistenlaufbahn einschlagen, eine fundierte Ausbildung. Manchmal stellt sich erst nach Monaten heraus, ob ein Hund für den Polizeidienst geeignet ist – oder an seinen Züchter zurückgegeben wird.

Carina hatte sich bestimmt längst zusammengerollt und schlief. Mein Dienst dauerte noch bis sechs Uhr morgens. Ich beneidete sie. Das Auto ist wesentlich bequemer als mein Bürostuhl und gemütlicher sowieso. Die Wände in unserer Dienststelle sind kahl bis auf eine vier Quadratmeter große Landkarte unseres Zuständigkeitsbereiches: Nürnberg und Umgebung.

Die zentrale Diensthundestaffel Mittelfranken besteht aus rund fünfzig Hunden und Hundeführern. Es gibt Rauschgift-, Sprengstoff-, Leichenspürhunde, Personensuchhunde, einen Banknotenspürhund. Sie alle stehen mehr als ihren Mann: Ein Hund ist so gut wie mindestens fünf Polizeibeamte – so rechnen Einsatzplaner. Natürlich kann der Hund vieles nicht, doch er kann auch einiges mehr als ein Polizeibeamter. Es kommt auf den Einsatz an.

Viele Leute haben größeren Respekt vor Polizeihunden als vor Polizisten. Hunde sind die besseren Schnüffler und die schnelleren Läufer. Sie wittern einen Angriff vor seiner Ausführung und alle Arten von Drogen. Rauschgifthunde entdecken sie in den geheimsten Verstecken, ob im Reserverad oder eingepackt in Kaffeepulver – lange nicht raffiniert genug für die vierbeinigen Kollegen. Die darauf geschulten *Mantrailer* finden Personen: Es genügen einige wenige Hautschuppen, die jeder Mensch ständig verliert, um die Spur eines Flüchtenden sogar durch eine belebte Fußgängerzone zu verfolgen. Andere sind darauf spezialisiert, vergrabene Leichen zu finden, eine Blutspur und Körperflüssigkeiten jeglicher Art, die für das menschliche Auge nicht sichtbar sind, aber sehr oft wichtig für die Aufklärung von Verbrechen. Ein Sprengstoffspürhund riecht auf den ersten Schnaufer, ob in einem Koffer am Bahnhof alte Socken oder neue Sprengstoffsätze deponiert sind. Bei Letzterem berührt er den Koffer nicht. Er setzt sich davor und starrt ihn an. Damit zeigt er seinem Hundeführer, dass er Sprengstoff gefunden hat. So rettet der Hund nicht nur das Leben seiner zweibeinigen Kollegen, sondern auch das der Mitbürgerinnen und Mitbürger.

Carina ist mein dritter Polizeihund und mein erster Sprengstoffspürhund. An ihre beiden Vorgänger Gundo und Buxi, ausgebildete Rauschgifthunde, denke ich mit Freude und Wehmut zurück. Wir haben so viel miteinander erlebt … und ein Hundeleben ist kurz, viel zu kurz. Deshalb muss man die Zeit nutzen: »Carina, bring das Stöckchen!«

VON LASSIE ZU GUNDO

Zur Polizei wollte ich schon immer. Mit achtzehn Jahren bewarb ich mich dort. Sonst nirgendwo. Gerade so, als würde die Polizei nur auf mich warten. Nun, das hat sie nicht getan, aber ich bestand die Aufnahmeprüfung. Nach drei Jahren Ausbildung in Eichstätt, München und Nürnberg, wo ich anschließend elf Jahre lang als Streifenbeamter bei der Polizeiinspektion Süd eingesetzt war, erfüllte sich mein großer Traum: die Hundestaffel. Von Anfang an war das mein Ziel gewesen. Ein Ziel, das zwischendurch in die Ferne gerückt war, denn ich wohnte im vierten Stock in einer Zweizimmerwohnung in Nürnberg. Bevorzugt wurden Bewerber, die in einem Haus mit Garten und Platz für einen Zwinger lebten. Als Single fand ich ein Haus zu groß für mich allein. Doch als ich später mit meiner damaligen Frau und ihren zwei Kindern ein Haus mit Garten in Winkelhaid bei Nürnberg mietete, stand einer Bewerbung bei der Hundestaffel nichts mehr im Weg.
»Ein Hund macht eine Familie komplett«, freute sich meine Frau – und noch mehr freuten sich die Kinder.
Ich schränkte ein: »Das wird kein Schoßhund, das wird ein Diensthund sein. Der geht mit mir zur Arbeit.«
Dass das eine das andere nicht ausschließt, wusste ich damals noch nicht.

In meiner Familie gab es immer Collies zum Spielen und Kuscheln – sie gehörten einfach dazu und mussten außer »Sitz« und »Platz« nichts können. Der erste hieß – natürlich – Lassie, es folgten Beauty und Ingo. Auch meinen zwei Jahre älteren Bruder Armin prägte diese Hundevergangenheit: Er lebt heute als Tierarzt bei Hamburg.

1990, im Alter von 32 Jahren, stieg ich bei der Hundestaffel ein. Meine bisherige Erfahrung und mein ganzes Wissen nutzten mir bei der Ausbildung eines Diensthundes nichts. Es kam nicht darauf an zu wissen, wie man eine Einbruchserie aufklärt, davonrasende Autofahrer zum Anhalten zwingt, einen Verkehrsunfall aufnimmt oder einen Ehestreit schlichtet. Jetzt ging es darum, sich nicht nur auf die eigene Spürnase zu verlassen, sondern auf die seines Hundes.
Mit einem meiner Ausbilder fuhr ich zu einem Schäferhund-Züchter, um einen Hund für mich auszusuchen. Kurt lenkte meine Aufmerksamkeit auf einen stattlichen Rüden.
»Schau dir mal den an. Der gefällt mir. Was meinst du?«
»Hm«, machte ich. Keine Ahnung, was ich meinte. Woran würde ich denn merken, ob das der richtige Hund für mich wäre? Hauptsache, er war mir sympathisch!
»Er heißt Donner«, meldete sich der Züchter beflissen.
»Komischer Name«, meinte Kurt, und ich pflichtete ihm im Stillen bei. Aber war das ein Kriterium?
Die lange, warme Donnerzunge schleckte über meinen Handrücken. Ein brauner, neugieriger Blick traf mich.
»Ja«, sagte ich zu Kurt. »Der gefällt mir.«
»Dann schau ich ihn mir mal genauer an«, erwiderte Kurt und zog sich einen dickgepolsterten Ärmel über den linken Arm, um eine erste Ankaufsüberprüfung durchzuführen. Kurt provozierte Donner, ihn in den Ärmel zu beißen. Donner schaute ihn freundlich an. Und dann mich.
»Hm«, machte Kurt.
»Mit dem hier wurde noch nie gearbeitet«, schaltete sich der Züchter ein. »Der hat keine Ahnung, was Sie von ihm wollen.«

Dann passen wir ja gut zusammen, schoss es mir durch den Kopf.

»Er ist neun Monate alt«, ergänzte der Züchter.

»Schöner Kerl«, dachte Kurt laut. »Gefällt mir irgendwie.«

Die Gründe, warum ihm der Hund gefiel, blieben mir rätselhaft. Sein sanfter Blick war es wahrscheinlich nicht.

»Also wir nehmen den mal zur Probe mit.« Kurt wandte sich an mich. »Okay?«

Ich nickte.

Bei der Fahrt zurück zu unserer Dienststelle klärte Kurt mich darüber auf, dass Hunde prinzipiell auf Probe gekauft werden, mit einer Bewährungszeit von vier Wochen bis zu sechs Monaten – je nach Alter und Veranlagung des Hundes. »Denn du steckst ja nicht drin in dem Hund. Du weißt nicht, wie der sich entwickelt. Vielleicht hat er ein Supertalent zum Fährtensuchen, und dann traut er sich nicht an der Mülltonne vorbei, die ausnahmsweise zwanzig Zentimeter neben ihrem angestammten Platz steht. Oder du hast einen total selbstbewussten Rüden, der panisch wird, sobald er sich auf glattem Boden bewegen soll. Angst vor glänzenden Böden ist unter Hunden weit verbreitet. Wie gesagt, zum jetzigen Zeitpunkt ist noch alles offen.«

»Klar«, nickte ich.

Donner zog bei mir zu Hause ein. Ich nannte ihn Doni, weil das freundlicher klang und besser zu diesem Spitzbuben passte. Doch nach Spitzbub sah Doni leider nur aus. Ihm fehlte »der Biss«, wie sich zu meiner großen Enttäuschung herausstellen sollte.

Helden sehen anders aus

Ich war beim Fernsehen auf der Couch eingeschlafen. Es war schon halb drei Uhr morgens, als ich aufwachte. Doni saß hechelnd vor dem Sofa und signalisierte mir, dass es nun aber allerhöchste Zeit sei, noch mal rauszugehen. Ein Stück hinter unserem Haus begegneten mir zwei junge Männer. Ich grüßte sie. Sie grüßten mich. Doni begrüßte einige Mäuse auf der Wiese, die sicher nicht so begeistert von diesem nächtlichen Zusammentreffen waren wie er. Aus dem Augenwinkel nahm ich wahr, dass einer der beiden Männer nun in einem Auto saß, der andere stand daneben. Schlagartig begriff ich: Die beiden knackten das Auto!

Ich muss die Polizei rufen!, war mein erster Gedanke. Aber die war ja schon da, ich bin die Polizei! Also rief ich Doni an meine Seite, leinte ihn an und folgte dem Duo in eine Querstraße. Einer der beiden Männer trug ein Autoradio in der Hand.

»Bleibt mal stehen!«, rief ich.

Sie liefen weiter, als wären sie nicht gemeint. Auch sie waren offensichtlich wenig begeistert von diesem nächtlichen Zusammentreffen. Doni und ich erhöhten unser Tempo und schlossen auf, bis wir unmittelbar hinter ihnen waren.

»Ich habe Sie beobachtet. Sie haben da vorne das Auto geknackt. Ich bin Polizeibeamter. Sie sind vorläufig festgenommen.«

Die beiden reagierten anders als erhofft. Der eine gab Fersengeld, der andere griff blitzschnell an seinen Rücken und drückte mir eine Waffe in den Bauch. Ich wich zurück. »Hey, mach keinen Scheiß! Was soll das?«

Seit zwölf Jahren war ich Polizist. Aber so was war mir noch nicht passiert. Und dann sagte ich auch noch genau das Gleiche, was die im Fernsehen immer sagen. Unglaublich! Ohne zu überlegen, griff ich von oben nach der Pistole und drückte sie weg, wobei ich darauf achtete, den Schlitten ein Stück nach hinten zu schieben, um den Abzug zu blockieren. Die darauffolgende Rangelei gewann ich. Es gelang mir, meinen Gegner zu entwaffnen. Kurz darauf tauchte ein Streifenwagen auf, der von einem Nachbarn verständigt worden war. Erst mit dieser Verstärkung im Rücken fiel mir auf, dass hier jemand fehlte – Doni. Ich fand ihn schließlich eingerollt auf der Fußmatte vor unserer Haustür. Schlafend.

Das war nicht der einzige, wenn auch ausschlaggebende Grund, warum die Polizei beschloss, auf seine Arbeit zu verzichten und Doni zum Züchter zurückzugeben. Doni hatte sich zu oft als untauglich für den Dienst erwiesen. Ich brachte es nicht über mich, ihn ganz wegzugeben. Dafür hing mein Herz schon zu fest an ihm. Es gelang mir, meine Mutter zu überreden, ihn zu übernehmen, als ich ihn dem Züchter abgekauft hatte. So konnte ich Doni wenigstens ab und zu besuchen – im Hundeparadies auf Erden!

Hunderoulette

»Und jetzt?«, fragte ich Kurt.

»Suchen wir einen neuen Hund«, erklärte er, und wir fuhren zu einem Privatmann, der keine Zeit für seinen zweijährigen Schäferhund Eick hatte. Dieser Rüde hatte bereits die Schutzhundeprüfung 1 und 2 im Hundesportbereich bestanden. Diese Prüfung wird überwiegend in Schäferhundvereinen abgelegt und war damals der Polizeihundeprüfung in vielen

Punkten ähnlich. Heute ist unsere Ausbildung eher praxisorientiert. Folglich hatte Eick von Hundeausbildung wesentlich mehr Ahnung als ich. Doch lärmende Menschenmassen machten ihm Angst, obwohl er sonst außerordentlich mutig war und einzelnen Personen auch entschlossen entgegentrat und sie in ihre Schranken wies. Da ein Polizeihund häufig mit Menschenmassen konfrontiert wird, musste ich ihn trotz seiner vielen guten Fähigkeiten zu seinem Vorbesitzer zurückbringen. Das Hundeparadies bei meiner Mutter war leider schon besetzt.

»Ich frage mich, ob ich wirklich die richtige Wahl getroffen habe«, sagte ich zu meinem Bruder Armin. »Zwei Hunde, zweimal Vertrauen aufbauen, zweimal enttäuscht – wenn ich mir vorstelle, dass das jetzt so weitergeht …«

»Aller guten Dinge sind drei«, tröstete mich mein großer Bruder, der sich in seinen Diagnosen Hunde betreffend praktisch nie täuschte.

Hund drei hieß Astor. Er verfügte über alle Eigenschaften, die von einem potenziellen Diensthund erwartet werden: Unbefangenheit, Bewegungssicherheit, einen ausgeprägten Spieltrieb und die gehörige Portion Mut, die nötig ist, um im Fall des Falles nicht den Schwanz einzuziehen. Hinzu kam, dass er mit seinem umgänglichen Wesen auch meinen Vorstellungen eines Familienhundes entsprach, der ein tougher Polizeihund im Idealfall zusätzlich sein kann. Astor war stets aufmerksam, dankbar für die geringste Zuwendung und ließ keine Chance zum ausgiebigen Schmusen ungenutzt. Er verstand und lernte schnell, es war eine Freude, mit ihm zu arbeiten. Als Kurt mir mitteilte, dass aus seiner Sicht keine Bedenken gegen einen endgültigen Ankauf bestünden, wäre ich ihm beinahe um den Hals gefallen. Zwar stand noch die tierärztliche Untersuchung aus, aber das wäre doch gelacht, wenn dieser Prachtkerl daran scheitern würde!

»Ich rate von einem Kauf ab«, kreuzte der Veterinär am letzten Tag von Astors Probezeit auf dem Formular an, das über unsere weitere Zukunft entschied. Blutwerte, Urin- und Kotprobe waren in bester Ordnung, doch das Röntgenbild zeigte eine leichte Fehlstellung der Hüfte, einen zu kleinen Spalt zwischen Oberschenkelkopf und Hüftgelenkpfanne. Diagnose: Verdacht auf Hüftgelenksdysplasie. Astor und ich mussten uns trennen.

Die *Hüftgelenksdysplasie* ist eine Fehlentwicklung dieses Gelenks, die wie die *Ellbogendysplasie* weitgehend genetisch bedingt und somit vererbbar ist. Vor allem größere Hunde sind betroffen. Da sie erstmals beim Deutschen Schäferhund festgestellt wurde, wird sie manchmal als Schäferhundkrankheit bezeichnet, obwohl sie bei anderen großen Rassen ebenfalls vorkommt. Während man sie jungen Hunden wie Astor selten ansieht, zeigt sie ihre Auswirkungen je nach Ausprägung im fortschreitenden Alter immer deutlicher. Ein erkrankter Hund vermeidet dann plötzlich Sprünge und hat zunehmend Schwierigkeiten beim Aufstehen. Zuletzt kann er unter so großen Schmerzen leiden, dass er bei bloßer Berührung im Hüftbereich aufjault. Medikamente bekämpfen die Auswirkungen, nicht jedoch die Ursache. Lediglich das Einsetzen eines künstlichen Gelenks kann dann noch helfen – eine teure Operation, die sich nur wenige Hundehalter leisten können und / oder wollen. Der Staat gehört nicht dazu.

»Warum werden die Hunde denn nicht vorher untersucht«, fragte meine Mutter, der es sehr leidtat, dass sie nicht alle meine ausgemusterten Partner aufnehmen konnte.

»Das kann ich dir leider nicht beantworten«, erwiderte ich. »Nur manchmal werden sie das.«

»Sperren Sie ihn einfach in den Freilauf neben dem Haus«, bat mich Astors Züchterin am Telefon. »Ich komme heute Nacht erst später heim.« Ihre Stimme klang wenig begeistert, eher eine Spur beleidigt. Als wäre der zu kleine Spalt in Astors Hüfte meine Schuld.

Es nieselte, als ich vor dem Bauernhof parkte, der sich schemenhaft in der Dunkelheit abzeichnete. Die schwache Beleuchtung in der Einfahrt zeigte mir, dass die Tür zu dem großen Freilauf wie vereinbart offen stand. Astor hechelte aufgeregt. Hier kannte er sich aus. Mit einem Kloß im Hals führte ich ihn in das mannshoch eingezäunte Grundstück und ließ ihn von der Leine. Konzentriert widmete er sich all den Gerüchen im Gras und schnupperte aufmerksam daran herum. Erst als das Schloss der Tür einschnappte, bemerkte er, dass ich nicht mehr hinter ihm stand. Mit einem Ruck stoppte sein Wedeln, die Rute sank Richtung Boden. Er warf sich herum und lief mir nach, versuchte winselnd und bellend, über den Zaun zu springen. Wild kratzte er mit beiden Pfoten am Gatter. Gehörten wir denn nicht zusammen? Ich ging in die Hocke und steckte meine Hand durch den Maschendraht. Noch einmal streichelte ich ihm über den Kopf. Er schien sich zu beruhigen und leckte mir mit seiner warmen, weichen Zunge über die Hand.

»Ich komm bald wieder«, log ich. Dann richtete ich mich auf, lief zum Auto, startete den Motor und fuhr vom Hof.

Weit kam ich nicht, nach wenigen hundert Metern musste ich anhalten. Meine Augen brannten, ich konnte die Straße kaum mehr erkennen. Verdammt, warum tat ich mir das an? Wie ging das, einen Hund als Sache zu behandeln? Fehlte mir dazu die Coolness? Wie war das mit meiner Eignung als Hundeführer? Sah ich das Ganze zu emotional? Es dauerte einige Minuten, bis ich mich wieder einigermaßen im Griff hatte.

Zum nächsten Hund werde ich so lange innere Distanz wahren, bis entschieden ist, dass wir tatsächlich zusammenbleiben, schwor ich mir. Eine Röntgenaufnahme sollte mir nicht noch einmal das Herz brechen!

Mein nächster Hund hieß Disco. Ein Held auf dem Abrichteplatz, wo er alle Aufgaben perfekt meisterte, ein Hase daheim, der vor allem Angst hatte, was er nicht kannte. Ob Mixer, Leute mit Hüten, Kinder, Frauen mit Plastiktüten, überhaupt Plastiktüten im Wind! Wie schrecklich! Ja, es war schrecklich. Auch von Disco musste ich mich trennen.

Mittlerweile war ich seit fast einem Jahr auf der Suche nach »meinem Hund«. Gab es den überhaupt? Manchmal glaubte ich nicht mehr daran. Doch dann fand ich ihn doch noch, auf dem Gelände eines Züchters in Neumarkt. Der drückte mir die Leine mit einem elfmonatigen Schäferhundrüden in die Hand. Kurt, in voller Schutzmontur, mimte einen flüchtenden Einbrecher und rannte an uns vorbei. Gundo, der schon einige Unterrichtseinheiten genossen hatte, zeigte Engagement, riss mir die Leine aus der Hand und griff an.
»Prima«, strahlte Kurt. »Ich glaub, das ist der richtige für dich, Elmar.«
»Das glaube ich auch«, erwiderte ich mit neuer Zuversicht. Denn auch Kurt hatte sich schon einige Male getäuscht. Doch bei diesem hier, da spürte ich was. So was hatte ich bei den anderen Hunden nicht gespürt. Das lag nicht an dem Einsatz des Hundes, sondern an etwas anderem. Bis heute weiß ich nicht so genau, was es war. Doch es bestätigte sich in den nächsten zehn Jahren, Tag für Tag, Nacht für Nacht.

GUNDO ERKLIMMT DIE EIGERNORDWAND

Natürlich gelang es mir nicht, zu Gundo Distanz zu wahren, wie ich es mir vorgenommen hatte. Denn, mal ehrlich, Gundo war der schönste Hund der Welt! Welcher Hundebesitzer ist schon objektiv, wenn es um seinen Schützling geht? Dass seine Zähne vielleicht etwas schief standen und er seine Zehen beinahe wie ein Emu abspreizte, störte mich nicht. Und zum Glück auch nicht die Polizei. Schließlich wurden angehende Bundeswehrsoldaten bei der Musterung ebenso wenig zurückgestellt, weil sie Plattfüße hatten. Auf die Hüfte kam es an, auf die Hüfte!

Als ich meinen potenziellen Streifenpartner nach wochenlangem, intensivem Training zur Ankaufsuntersuchung zum Tierarzt brachte, fühlte sich mein Magen an, als hätte ich flüssigen Beton getrunken. Im Wartezimmer, Gundo wurde geröntgt, hielt ich es nicht auf meinem Platz aus, sondern lief unruhig hin und her. Eine ältere Dame mit einem blinden Zwergpudel beobachtete mich eine Weile mitleidig.
»Was hat er denn, Ihr Hund?«, fragte sie schließlich.
»Nichts«, gab ich meiner größten Hoffnung Ausdruck.
»Nichts?«, wiederholte die Frau.
Ich war nicht in der Stimmung, mich zu unterhalten. »Er wird nur geröntgt.«
»Aber wenn er nichts hat, warum wird er dann durchleuchtet?«
»Eben um festzustellen, dass er nichts hat.« Ich lief weiter, auf und ab, auf und ab. Endlich öffnete sich die Tür zum Sprech-

zimmer. »Es tut mir leid«, sagte der Tierarzt zu mir. Mein Herz rutschte in die Hose.

»Wir mussten einen anderen Hund vorziehen, ein Notfall. Deshalb hat es etwas gedauert. Kommen Sie bitte mit?«

Nervös folgte ich ihm. An einer beleuchteten Milchglaswand hingen mehrere Röntgenbilder. Auf mich machten sie einen bedrohlichen Eindruck, und ich bemühte mich vergebens, etwas zu erkennen.

»Das ist also die Hüfte Ihres Hundes.« Der Doktor zeigte mit seinem Kugelschreiber auf eines der Fotos. »Sehen Sie?« Ich sah nichts und ich sagte nichts. Der Beton schien mittlerweile meine Kehle erreicht zu haben und dort hart zu werden.

»Eine solche Hüfte habe ich schon lange nicht mehr gesehen«, sagte der Arzt, und mir schwante das Schlimmste.

»Also, wenn die Polizei diesen Hund nicht nimmt, dann nehme ich ihn. Dieses Becken ist perfekt. Besser geht's nicht!« Es dauerte eine Weile, bis ich begriff. Gundo hatte bestanden! Gundo würde bei mir bleiben! Gundo und ich waren ein Team!

»Danke!«, rief ich begeistert, als hätte der Veterinär die Hüfte selbst zusammengebaut. Er erwiderte ebenso begeistert etwas, in dem Begriffe wie *Acetabulum, Femurkopf* und *Norberg-Winkel* vorkamen. Von mir aus hätte es auch die Eigernordwand sein können.

»Wo ist er?«, fragte ich und spürte, mit welcher Kraft all die unterdrückten Gefühle für meinen vierbeinigen Freund nun herausdrängten. Die Gefühle, die ich aus Angst vor einem weiteren Abschied nicht hatte zulassen wollen. Dass meine Frau und ihre beiden Töchter meine Euphorie nicht teilten, ernüchterte mich etwas. Im Überschwang der Emotionen hatte ich völlig vergessen, dass sie selbst sich im Gegensatz zu mir sehr wohl an ihren Vorsatz gehalten hatten, sich nicht

schon wieder an einen Hund zu gewöhnen, der einem dann doch weggenommen würde.
Ihre Distanz zu Gundo verschwand nie mehr ganz, und das machte mich oft traurig, weil ich unsere Erfolgserlebnisse nicht teilen konnte. Meine Familie akzeptierte Gundo zwar, doch ein wirklich herzliches Verhältnis stellte sich nicht ein. Zudem war meine damalige Frau eifersüchtig auf Gundo. In ihren Augen schenkte ich ihm zu viel Aufmerksamkeit. Sicher, ich verbrachte mehr Zeit mit meinem Hund als mit ihr, doch mit diesem Kollegen verdiente ich auch unseren Lebensunterhalt. Wenn es nach mir gegangen wäre, hätte ich sogar noch mehr Zeit mit Gundo verbracht. Doch meine Frau bestand darauf, ihn nachts im Zwinger zu halten. Für mich war es immer ein trauriger Moment, wenn ich die Zwingertür hinter ihm schloss, und den teilten wir miteinander wie so vieles andere, ich konnte es deutlich in seinem Blick lesen. Wie gern wäre er bei seinem Rudel geblieben.

Sitz! Platz! Hier!

Die Sonne versteckte sich noch hinter dem Horizont und färbte den Himmel im Osten rosa. Unser erster offizieller Ausbildungstag nach der Probezeit versprach schönstes Wetter. Dicke Tautropfen auf der jungen Saat glitzerten im zarten Morgenlicht dieses Montags im März 1991. Fast jeder Diensthund, der später in eine spezielle Richtung geschult wird, durchläuft eine Ausbildung, die den Schutzdienst, die Nasenarbeit und die Unterordnung umfasst. Damit begannen wir nun, Gundo und ich, und zwar in unserer »Schule«, dem Abrichteplatz.

Hundeplätze und Kleingartenkolonien haben häufig etwas gemeinsam: Viele befinden sich unter Hochspannungsleitungen, besonders, wenn die Schneisen durch dichtbewachsene Waldgebiete getrieben wurden. Mit viel technischem und finanziellem Aufwand sorgen die Energiekonzerne dafür, dass die kilometerlangen Trassen baumfrei bleiben, um eine Erdung der gespannten Kabel zu verhindern. So entstand die paradox erscheinende Symbiose zwischen organisierten Tier- oder Pflanzenfreunden und den Stromgiganten. Schrebergarten- und Hundesportvereine pachten kostengünstig weitläufiges Gelände, das außer zum Elektrizitätstransport zu nichts zu gebrauchen ist, und kümmern sich im Gegenzug darum, dass kein Gewächs zu hoch in den Himmel schießt.

Auch der Schäferhundverein am Stadtrand von Nürnberg, dessen Abrichteplatz in der Größe eines halben Fußballfeldes wir vormittags nutzen durften, lag in einer solchen Schneise. Im Sonnenlicht warfen die Leitungen wie mit dem Lineal gezogene Schattenlinien auf den Platz und dienten als Landeplatz für Krähen, die das Treiben unter ihnen neugierig beäugten. Gundo und ich lernten hier das von Kurt oft und gern zitierte »A und O«: Folgsamkeit, im Fachjargon die Unterordnung des Hundes genannt. Unterordnung ist nicht gleichbedeutend mit Unterwürfigkeit, sondern drückt aus, dass der Hund die Überordnung seines Menschen akzeptiert, ihn als Rudelführer anerkennt und das tut, was ihm beigebracht wurde. Der Mensch wiederum muss lernen, wie er Rudelführer wird und bleibt und mit welchem Verhalten er diese Unterordnung einfordert und den Hund motiviert.
Missverständnisse zwischen Mensch und Hund gibt es, seit sich beide vor 30 000 Jahren entschlossen haben, zusammenzuleben. Musste der Hund erst lernen, dass Lächeln nichts

mit Zähnefletschen zu tun hat, bedurfte es einige Erfahrung, bis der Homo sapiens erkannte, dass angelegte Ohren im Gegensatz zum Pferd beim Canis lupus nicht zwangsläufig einen bevorstehenden Angriff signalisierten. Wer sich die Zeit nimmt, im Tierpark ein Wolfsrudel oder überhaupt Hunde im Umgang miteinander zu beobachten, kann eine Menge über die Vierbeiner lernen. Nicht nur einzelne Signale, das ganze Verhalten des Tieres spielt eine Rolle, um seine Absichten zu deuten. So wedelt ein Hund beispielsweise nicht ausschließlich aus Freude mit dem Schwanz, dies kann völlig unterschiedliche Ursachen haben: Aufregung, Verlegenheit, Unsicherheit oder auch Unterwürfigkeit. Der italienische Wissenschaftler Giorgio Vallortigara hat unlängst herausgefunden, dass Hunde mit der Richtung, in der sie mit dem Schwanz wedeln, zeigen, was sie empfinden. Mehr nach links bedeutet, dass sie lieber das Weite suchen würden, nach rechts, dass eine nähere Bekanntschaft willkommen wäre. Dies habe, so der Verhaltensforscher, damit zu tun, welche Gehirnhälfte gerade aktiver sei, die aktuelle Situation zu verarbeiten. Eine interessante Erkenntnis! Es ist mir allerdings in der Praxis noch nie gelungen, sie anzuwenden, da Hunde in der Regel ständig in Bewegung sind und die Wedelrichtung deshalb kaum zu erkennen ist. Jedenfalls war bisher keine meiner Hirnhälften dazu in der Lage.

Gundo hatte während seiner Ausbildung viel Grund zum Wedeln, auch wenn der Stoff zu Beginn recht öde erschien. In unseren ersten Tagen und Wochen beschäftigten wir uns vor allem mit »Sitz«, »Platz« und »Hier«, »Steh«, »Fuß« im Gehen, im Laufen, Winkel und schnelle Wendungen, Vorauslaufen und Hindernisse überwinden, »Steh« aus dem Gehen, »Platz« aus dem Laufen.

Alle Kommandos werden ohne Druck über Belohnung gelernt. Der eine Hund lernt schneller, der andere langsamer; so wie auch jeder Mensch unterschiedlich ist, andere Vorlieben und Abneigungen hat. Sicher gibt es Rassen, denen das Lernen prinzipiell leichterfällt – Schäferhunde gehören dazu. Doch es ist nicht gesagt, dass alle Schäferhunde über dieselbe Intelligenz verfügen. Und schon gar nicht über dieselben Vorlieben. Es gibt Hunde, die baden gern, andere empfinden bereits nasse Pfoten als Zumutung. Igitt! Woran liegt es? An den Genen oder an der frühen Welpenzeit? Fakt ist, dass nur derjenige, der seinen Hund wirklich gut kennt, ihn auch bestmöglich fördern und fordern kann, um wiederum das Beste aus ihm herauszuholen. Es steckt unglaublich viel Bestes in unseren vierbeinigen Kollegen!

Manche Hunde wollen immer alles richtig machen und fühlen sich wohl, wenn sie Klassenbeste sind. Andere haben einen regelrechten Sturschädel und machen gern immer erst mal das Gegenteil des Gewünschten. Es gibt welche, die können sich sehr gut konzentrieren, andere sind leicht abzulenken – und das alles trifft ebenso auf die Hundeführer zu. *Konsequentes Führen* heißt das Zauberwort. Ich muss zugeben, dass ich in dieser Disziplin nicht zum Weltmeister geboren bin. Hin und wieder lasse ich mich von einem Hundeblick erweichen. Diese Erfahrung speichert der kluge Hund besonders schnell.

Auf Leben und Tod

Gundo hatte mich schon nach wenigen Tagen voll und ganz als seinen Rudelführer akzeptiert. Im nächsten Ausbildungsschritt ging es darum, dass er mich auch beschützte, denn wir würden voraussichtlich viele gefährliche Situationen gemeinsam meistern, wie zum Beispiel tätliche Angriffe. Ein Wesenszug eines Polizeihundes ist der ausgeprägte Schutztrieb. *Wer mein Herrchen angreift, greift auch mich an.* Das kommt natürlich nicht täglich vor, doch man sollte damit rechnen, dass es im Lauf eines Hundelebens passieren kann. Und dann darf der Hund sich nicht hinter seinem Rudelführer verstecken. Der Hundeführer muss sich hinter dem Hund verstecken können. Der Hund beschützt seinen Rudelführer mit allem, was er hat … in letzter Konsequenz mit seinem Leben. Der Hundeführer hingegen darf seinen Hund nur eingeschränkt beschützen, er darf seine Dienstwaffe nicht benutzen, wenn ein Täter »nur« auf den Hund schießt. Wer auf einen Hund schießt, begeht keinen Mord, sondern Sachbeschädigung.

An diese schlimmste aller Situationen dachte ich zu Beginn unserer Ausbildung natürlich nicht. Zuerst einmal war ich einfach gespannt, was auf mich zukommen würde. Vermisste Kinder und alte Leute wollte ich finden. Erfolgreich sein im Team mit Gundo. Ich und mein Hund. Mein Hund und ich. Ich träumte von guten Taten. Geschichten über solche hörte ich in der Ausbildung viele. Aber eben auch andere, traurige, die mir vor Augen hielten, dass der Dienst als Hundeführer nicht ungefährlicher war als der Dienst als Streifenpolizist, wie ich ihn fast ein Dutzend Jahre absolviert hatte.

Nach einem Einbruch in einem Supermarkt hatten Streifenkollegen das Gebäude umstellt. Der Täter befand sich noch im Geschäft, alle Fluchtwege waren überwacht. Zwei Hundeführer und einer ihrer Hunde betraten das Gebäude, um den Täter aufzuspüren, was einem der Hunde schnell gelang. Als er an dem Täter hochsprang, rammte dieser ihm ein Messer in die Brust. Das Letzte, was der Hundeführer von seinem treuen Gefährten hörte, war sein herzzerreißendes Jaulen.

Ein anderer Hund hatte mehr Glück und überlebte eine Messerattacke. Nach einem heftigen Familienstreit hatte sich ein älterer Mann ins Schlafzimmer zurückgezogen – bewaffnet mit einem langen Küchenmesser. Dort wartete er auf die Polizei, die seine Frau gerufen hatte. Die Kollegen versuchten, den Mann zu beruhigen. Doch er war völlig durchgedreht, nicht mehr ansprechbar, stand bewegungslos hinter dem ehelichen Bett, das Messer in der Hand. Eine Annäherung war lebensgefährlich. Als selbst der Versuch, ihn mit Pfefferspray zum Aufgeben zu bewegen, erfolglos blieb, wurde ein Hund eingesetzt. Doch der hatte gelernt, dass er einen sich ruhig verhaltenden Menschen nicht beißen darf. Also sprang er ihn nur an und bellte. Die Klinge traf den Hund in der Achsel. Sie drang tief ein und verletzte die Schlagader. Als der Hundeführer seinen Partner zurückrief, lief diesem das Blut in Strömen das Bein hinab. Ein Hund »ist schnell leer«, heißt es. Es sah nicht gut aus für ihn. Aber auf der Straße wartete der Notarzt – eigentlich auf den Mann. Die Vorschriften außer Acht lassend, versorgte er den vierbeinigen Polizisten und rettete ihm das Leben.

Heute lernt ein Polizeihund, auch auf Kommando zuzupacken. Selbst wenn sich der Kontrahent verhält wie eine Schaufensterpuppe. Übrigens: Das Kommando lautet in aller Regel nicht »Fass!«. Hier sind der Phantasie des Hundeführers keine Grenzen gesetzt. Hört ein Gewalttäter beispielsweise das Wort »Kiss«, muss das nicht bedeuten, dass der Hund beabsichtigt, ihn niederzuschmusen.

Manchmal habe ich ein ungutes Gefühl, wenn ich meinen Hund in eine schwer abzuschätzende Situation schicken muss. Was erwartete ihn in der Dunkelheit? Ein vor Angst zitternder Dieb oder ein skrupelloser Gewalttäter mit einer Waffe, gegen die auch ein Hund nichts ausrichten kann? Je besser der Hund ausgebildet ist, je erfahrener er ist, desto geringer ist die Gefahr. Völlig ausschließen kann man sie nicht. Um sie zu minimieren, ist fortwährendes Training so wichtig. Es wird während der gesamten Zeit eines Polizeihundelebens aufrechterhalten. Immer wieder wird der Hund trainiert, seine Fähigkeiten werden überprüft und möglichst weiter verbessert. Das ist seine beste Lebensversicherung. Und meine.

Ob das Risiko, den Hund einzusetzen, Erfolg verspricht, entscheidet der Hundeführer. Keiner von uns würde seinen Hund »opfern«, solange es andere Möglichkeiten gibt, die Situation zu bereinigen. Einmal verweigerte ich mich der Anordnung eines Einsatzleiters, meinen Hund in eine Wohnung zu schicken, in der sich ein Mann mit einem Gewehr verbarrikadiert hatte: »Du lässt jetzt deinen Hund da rein. Sollte der Kerl ihn erschießen, rufen wir das Sondereinsatzkommando.« Ich verschweige an dieser Stelle, was ich in diesem Moment von dem Kollegen dachte. Ich antwortete:

»Nein, wir rufen das SEK sofort, für solche Situationen ist es schließlich da. Da drin sitzt jemand mit einer Waffe im Anschlag. Um zu testen, ob er schießt, dafür ist mir mein Hund zu schade.«

»Ich werde mich über dich beschweren«, drohte der Einsatzleiter. Ich nahm meinen Hund an die Leine und ging. Das SEK nahm den Täter kurz darauf fest. Die Beschwerde kam nie.

So wie überall gibt es auch unter Polizisten Hundefreunde, Hundefeinde und solche, denen Hunde egal sind. Das ist den Hunden im Übrigen auch egal. Sie tun ihren Job. Meistens hervorragend.

Manchmal liegt eine Gefahr für den Hundeführer darin, dass er und sein Hund auf sich allein gestellt sind. Wenn nur irgend möglich, verzichten viele Kollegen von der Streife lieber darauf, Hundeführer und Hund zu begleiten – könnte es doch zu einer Verwechslung kommen: Der Hund könnte einen Polizisten für den gesuchten Einbrecher halten. Hunde erkennen ihre zweibeinigen Kollegen eben nicht an der Uniform, wie mancherorts behauptet wird. Erschwerend kommt hinzu, dass ein Kollege, der sich in der Gegenwart eines Hundes unwohl fühlt, auch keinen souveränen Eindruck macht, er strahlt eher die Unsicherheit eines Täters aus – und darauf reagiert der Hund, der nun ganz genau weiß, was er zu tun hat. Kiss!

Aus!

Dass Gundo wusste, was Beißen bedeutete, hatte er schon bei seiner Ankaufsüberprüfung bewiesen. Doch wie machte man ihm klar, dass es Umstände gab, unter denen er auf keinen Fall beißen durfte? Ein Hund sollte sich keinesfalls wie eine Pistolenkugel verhalten, die, einmal abgeschossen, ungehindert einschlägt, selbst wenn sich in dem Zeitraum zwischen Ab-

schießen und Einschlag die Umstände gravierend verändert haben. Ein »Bösewicht« kann sich ergeben. Ist die Kugel unterwegs, hat er Pech gehabt. Ist die Kugel quasi als Hund auf dem Weg, kann er Glück haben – wenn der Hund gehorcht und sich bremsen lässt.
Sobald der Täter wegläuft, darf der Hund ihn »festhalten«, muss es sogar. In Ermangelung von Händen packt der Hund mit seinem Fang zu. Bleibt der Täter stehen und wehrt sich nicht, darf ihn der Hund nur stellen und verbellen – außer er erhält ein anderes Kommando. Das macht er so lange, bis sein Führer bei ihm ist und den Fall übernimmt. Der Führer ist dann für die folgende Belehrung und Bürokratie zuständig. Ich nehme stark an, mit dieser Arbeitsteilung sind unsere vierbeinigen Kollegen voll und ganz einverstanden.

Gundo musste also nicht nur lernen zuzupacken, sondern auch, wieder loszulassen. Wenn er einen Figuranten, wie in der Ausbildung diejenigen genannt werden, die den Täter spielen, am Arm festhielt, wurde das Loslassen damals mit dem Satz »Bleiben Sie ruhig stehen« eingeleitet. Dieser Satz, der klingt, als wäre er an den Täter gerichtet, war für den Hund das Signal, dass gleich darauf das Kommando »Aus!« folgen würde. So mancher öffnete den Fang allerdings bereits bei »Bleiben Sie«. Deshalb lassen wir diese Einleitung heute zumeist weg.

Die Schutzkleidung des Figuranten passt in keinen herkömmlichen Kleiderschrank. Es gibt viele verschiedene Ausrüstungen für verschiedene Aufgabenstellungen, vom Hetzärmel über den Vollschutzanzug zu Kevlarunterziehärmeln und Lederhosen in diversen Dicken. Als Figurant benötigt man viel Erfahrung. Meistens hält ein Ausbilder als Figurant her. Je erfahrener er ist, desto »durchsichtiger« ist ein Hund für ihn. Er merkt es dem Hund an, wenn er kurz vorm Zubeißen ist. Und er schafft es auch, einen Hund, der beißen möchte, davon abzuhalten, schon durch seine Ausstrahlung.

Oft ist es einfacher, einem Hund das richtige Beißen beizubringen, als ihm klarzumachen, wann er keinesfalls zupacken darf. Gerade starken, durchsetzungsfähigen Hunden fällt das schwer. Jetzt haben wir gesucht, gefunden, gebellt – wo bleibt der krönende Abschluss?! Manche Hunde beißen dann trotzdem schnell mal, obwohl sie nicht dürfen. Diesen im wahrsten Sinne des Wortes den Schneid abzukaufen, gelingt manchem Figuranten alleine durch seine Körperhaltung. Ein unerfahrener Figurant wird schneller mal gebissen, da traut sich auch ein weniger mutiger Hund, frech zu sein. Sobald er die Unsicherheit seines Gegenübers bemerkt, bekommt er Oberwasser und wird übermütig. So mancher Postbote kann ein Lied davon singen.

Einen Hund mit festem Blick niederzuzwingen ist eine Legende. Das funktioniert nur bei äußerst unsicheren oder unterwürfigen Hunden. Ein selbstbewusster Hund, und das sind Polizeihunde eigentlich immer, fasst einen solchen Blickkontakt als Provokation auf. Wer einmal streitlustige Hunde beobachtet, erkennt die Spielregeln: Dem Blickkontakt folgt fast immer eine Rauferei. Ein Hund, der aufgibt, der sich unterwirft, zeigt das auch dadurch, dass er den Blickkontakt mit seinem Kontrahenten meidet. Sogar wenn er auf dem Rücken liegt und die Kehle preisgibt, wendet er den Kopf ab.

Sollten Sie einmal in die unwahrscheinliche Verlegenheit geraten, einem frei laufenden Polizeihund gegenüberzustehen, vermeiden Sie jede Bewegung und vor allem Blickkontakt!

Jeder von uns Hundeführern darf – oder muss – gelegentlich figurieren. Mein erstes Mal war eher ein Muss. Es kostete mich einiges an Überwindung, denn es erinnerte mich an ein schmerzhaftes Erlebnis aus meiner Zeit als Streifenpolizist.

Hunde, die bellen, beißen auch

Mit meinem Kollegen wurde ich damals in ein Wohngebiet gerufen, wo ein wie wild bellender Schäferhund offenbar Amok lief und wahllos Leute anfiel. Wir waren noch gar nicht aus unserem Streifenwagen ausgestiegen, da wurden wir schon von aufgebrachten Anwohnern bestürmt. Der Schäferhund, »so groß wie ein Wolf«, habe eine schwangere Frau zerfleischt, gebissen, verfolgt, nach ihr geschnappt – letztlich hatte er sie bloß gezwickt – und einen älteren Mann mit voller Wucht angesprungen und schließlich mit gefletschten Zähnen angeknurrt. Ein Wunder, dass der Mann das überlebt habe!
Schließlich stellte sich heraus, dass der Mann vor Schreck selbst gestolpert war. Also nichts Schlimmes, dachte ich bei mir, obwohl mir natürlich bewusst war, dass ein Zwicker höllisch weh tun kann.
»Wo ist er denn jetzt, der Hund?«, fragte ich.
»Da in dem Garten!«
Ich näherte mich dem Grundstück, schaute über den Zaun – und da sah ich ihn. Und vor allem: Er sah mich. Fixierte mich. Und galoppierte mit wachsender Geschwindigkeit in meine Richtung. Das beunruhigte mich nicht übermäßig. Ich rechnete damit, der Hund würde in seinem Grundstück bleiben und bellend am Zaun entlang rasen. Doch dieser hier verhielt sich nicht wie erwartet. Mit einem Riesensatz sprang er über den Zaun, flog förmlich auf mich zu, riss das Maul auf – und

ich spürte ein Rupfen an meinem rechten nackten Arm. In diesem heißen Juli trugen wir im Dienst unsere kurzärmeligen bambusfarbenen Hemden. Ich versuchte den Angreifer am Fell zu packen und auf den Boden zu drücken, damit er mich nicht noch einmal biss, doch sich windend und zappelnd befreite er sich aus meinem Griff, kam wieder auf die Beine, sprang mich erneut an und schnappte nach mir. Im Nachhinein wunderte ich mich, dass ich keinen Schmerz verspürte und abermals versuchte, den Hund zu bändigen. Diesmal gelang es mir, ihn am Halsband zu packen. Ich hob ihn hoch und schleuderte ihn durch die Luft, gut zwei Meter weiter prallte er auf die Straße und gab Fersengeld in Richtung des Hauses, wo er offenbar daheim war. Mit gezückter Pistole stand mein Kollege neben mir, zielte.

»Lass ihn!«, rief ich.

»Aber …«

»Nicht schießen! Er läuft doch schon weg!«

»Äh … Elmar!« Mit weit aufgerissenen Augen starrte mein Streifenpartner auf meinen Arm. Ich folgte seinem Blick und sah ein großes Loch in der Ellenbeuge. Ich drehte meine Hand und entdeckte eine Bewegung in der Wunde. Da drehte sich auch etwas. Es war weiß. Das ist mein Knochen, fuhr es mir durch den Kopf. Das war kein Röntgenbild. Das war echt. Seltsamerweise blutete die tiefe Wunde nicht. Ich ging zu unserem Streifenwagen, forderte bei der Einsatzzentrale einen Hundeführer und einen Arzt an, und in dem Moment füllte sich das Loch in meinem Arm mit Blut – und dann rann es wie Wasser den Unterarm hinab über die Hand auf die Straße, wo sich rasch eine Pfütze bildete. Während ich von den schnell eintreffenden Sanitätern ins Krankenhaus gebracht wurde, holten Kollegen die Besitzerin des Hundes an ihrem Arbeitsplatz ab. Lammfromm ließ sich »der Bubi« von ihr streicheln.

Später stellte sich heraus, dass der Hund wegen der Läufigkeit einer Nachbarshündin ausnahmsweise im Haus an einem Heizkörper angebunden gewesen war, mit genügend Futter und Wasser versorgt. Er hatte die Leine durchgebissen und zwei Türen aufgebrochen, wozu er im vollen Lauf so oft gegen eine der Türen gesprungen war, bis er den Türstock förmlich zertrümmert hatte. Sein Vorhaben, sich zu der Hündin zu buddeln, scheiterte am Betonfundament ihres Zwingers, was ihn offenbar dermaßen aufbrachte, dass er auf alles losging, was sich bewegte – und da kam ich ihm gerade recht. Ein gefundenes Fressen sozusagen. Wie in solchen Fällen üblich, bestimmte der Amtstierarzt über das weitere Schicksal des Hundes. Zu meiner Erleichterung wurde zugunsten des Angeklagten entschieden und er nicht eingeschläfert, sondern kastriert. Sein Ausraster war hormonell bedingt.

Als ich viele Jahre später zum ersten Mal als Figurant einen bellenden Schäferhund mit gefletschten Zähnen auf mich zustürmen sah, war mir ein wenig mulmig zumute. Doch dann lenkte ich meine Aufmerksamkeit auf meine Schutzkleidung. Sie schränkte mich zwar in meiner Beweglichkeit ein, vermittelte mir aber auch Sicherheit. Der Hund biss zu – und es passierte mir nichts, ganz im Gegenteil, es ging mir nun deutlich besser, weil ich eine vormals schmerzhafte Situation nun mit einem für mich günstigeren Ausgang durchlebte.

Bisswunden werden in der Regel nicht einfach zugenäht, da sie sich wegen der Bakterien im Hundespeichel fast immer entzünden. Auch bei mir schnitten die Ärzte seinerzeit großflächig das Fleisch aus der Wunde, eine Drainage wurde gelegt, und dann sollte die Verletzung von innen nach außen heilen. Angeblich gibt es einen Unterschied, ob ein Hund im

Spiel oder aggressiv zubeißt, was bedeuten würde, eine Wunde, die nicht absichtlich, sondern versehentlich zugefügt wurde, heile schneller, weil im Speichel andere Bakterien oder Enzyme vorherrschen.
Die Kiefer eines Schäferhundes können bis zu zwei Tonnen Druck pro Quadratzentimeter erzeugen. Zwar werden die Zähne im Laufe des Hundelebens stumpfer, doch das ist kein Grund zur Entwarnung, ganz im Gegenteil: je stumpfer die Waffe, desto schmerzhafter der Biss!

Freilauf

Unsere Grundausbildung fand nicht nur auf dem Hundeplatz in Nürnberg statt, sondern auch in der Umgebung, in möglichst häufig wechselndem Gelände und Gebäuden. Schließlich soll sich ein Diensthund in jedem Terrain sicher fühlen und davon unbeeindruckt seine Aufgaben erfüllen. Zuerst musste Gundo die Grundübungen erlernen. Dazu gehörte das *Stöbern nach Personen* in einem Wald. Stöbern bedeutete in diesem Fall, dass Gundo frei laufend einen bestimmten Bereich so systematisch wie möglich absuchen, und nicht, dass er nach Lust und Laune kreuz und quer durch die Gegend rasen sollte. Vielmehr sollte er in die Richtung laufen, die ich ihm mit ausgestrecktem Arm und dem Kommando »Voran!« wies. Dies klappte bereits nach einigen Wiederholungen, und so liefen wir durch den Wald, ich immer schön bequem auf dem Hauptweg, mal nach rechts, mal nach links zeigend: *Voran!* – und Gundo hechtete begeistert ins Unterholz.

Eines Vormittags, wir waren in einem Waldstück bei Kornburg unterwegs, sollte Gundo wieder einmal einen Täter aufstöbern, der wie üblich als Figurant gepolstert war und wie so oft Kurt hieß. Manchmal tat Kurt mir leid. Nicht nur, weil der Job des Ausbilders, insbesondere des Figuranten, ein harter ist, sondern auch, weil ihn kaum ein Hund der Staffel leiden konnte. Für sie war Kurt der Einbrecher, Angreifer, Flüchtende. Kurt, der ewige Lump. Was nicht bedeutete, dass jeder Lump wie Kurt riechen musste. Aber für Kurt bedeutete es, dass er auch außerhalb der Ausbildung aufpassen musste, keinem Diensthund zu nahe zu kommen. Er trug es, wie alles, mit »Fass«ung.

Wie schon einige Male geübt, deutete ich in die Richtung, in die Gundo starten sollte. Doch der dachte nicht daran, sondern spurtete auf sein Stichwort »Voran!« in die entgegengesetzte Richtung. Schlagartig wurde mir heiß. Was bedeutete das? War ihm der Duft eines Rehs oder Hasen in die Nase gestiegen? So etwas durfte nicht passieren. Ein Polizeihund jagt nicht, also keine Rehe und Hasen, sondern Lumpen!

Bislang hatten wir lediglich von der veterinärmedizinischen Seite grünes Licht erhalten, ein Polizeihund war Gundo noch lange nicht. Bis zu seiner Prüfung würde es noch ein Jahr dauern. Der sechswöchige Lehrgang würde stattfinden, sobald Gundo reif war für die Abschlussprüfung PH 1 – die Polizeihundeprüfung 1. Wenn Gundo nun Gefallen an der Jagd fand, hätten wir ein Problem.

Erleichtert hörte ich Gundos vertrautes Bellen. So klang er, wenn er den Figuranten gefunden hatte. Ich hatte Gundo unterschätzt, nicht aus Misstrauen – sondern aus Sorge. Zu dem Zeitpunkt, als ich ihn losschickte, hatte er Kurt längst in der Nase und lief auf direktem Weg zu ihm.

»Prima«, nickte Kurt anerkennend.

Wenn auch Gundos Bereitschaft, sich von mir leiten zu lassen, noch ausbaufähig war, so hatte er sich vorbildlich verhalten mit seinem lauten Anzeigen. Denn was würde es nützen, wenn der Hund den Täter findet, der Polizist aber seinen Hund nicht? Bellend signalisierte Gundo mir, dass er den Auftrag ausgeführt hatte. Wollte man das Gebell am Täter übersetzen, würde es in etwa Folgendes bedeuten: »Ich hab dich! Bleib bloß stehen! – Herrchen, hier bin ich! – Beweg dich ja nicht von der Stelle! – Herrchen, ich hab ihn gefunden. Hierher! – Rühr dich, und ich beiß dich! – Herrchen, hallo!«

Hunde- und Schweineohren

Die Hundesprache eins zu eins ins Menschliche zu übersetzen, daran haben sich Wissenschaftler schon die Zähne ausgebissen. Erwiesen ist lediglich, dass Hunde die Bedeutung einer Vielzahl von Wörtern erlernen, wahre Cracks bis zu dreihundert. Von dieser Fähigkeit profitieren besonders auch behinderte Menschen, die ein relativ selbständiges Leben der Unterstützung durch ihre phantastisch ausgebildeten Hunde verdanken. Wer einmal gesehen hat, was diese Hunde zu leisten imstande sind, kann nur staunen.

Viele Begriffe schnappen Hunde im wahrsten Sinne des Wortes auf. Sie lernen sie nebenbei, weil sie in bestimmten Zusammenhängen öfter fallen. Wenn meine heutige Frau, Susanne, abends in einem bestimmten Tonfall »So« sagt, steht Carina auf und läuft zur Treppe. »So« heißt für sie, dass Susanne jetzt nach oben geht und sich allmählich bettfertig macht. Und da will Carina natürlich nicht allein im Wohnzimmer bleiben, sondern auch in ihr Bett. Carina hat ihren eigenen Raum, ausgestattet mit einer bequemen Matratze mit Lammfell, Fressnapf und Wasserschüssel. Die Tür ist nachts zu, damit sich Lilly, unsere Katze, wenigstens dann ungestört im Haus bewegen kann. Für Lilly, die eigentlich an Hunde gewöhnt war, ist Carina schlichtweg zu ungestüm. Sie versteht nicht, dass Carina nur spielen will und wesentlich sanfter mit ihr umginge, würde sie nicht dauernd weglaufen.

In Verbindung mit Erfahrung lernen Hunde die Bedeutung von Wörtern, ohne dass wir sie ihnen bewusst beibringen. Wenn ich mit Carina Ball spiele und nach dem dreißigsten Wurf mit schmerzender Schulter »Einmal noch« sage, gibt Carina diesen letzten Ball nur widerwillig her. »Einmal noch«, hört sie nicht gern. Es bedeutet, dass das Spiel gleich vorbei ist.

Ab und zu versteht Carina auch etwas falsch. Kürzlich, nach dem Frühdienst, sagte ich beiläufig zu Susanne:

»Ich lege mich ein Stündchen aufs Ohr.«

Da setzte sich Carina vor mich hin, legte den Kopf schief und rannte anschließend zur Kellertür. Im Keller hatte ich noch nie geschlafen. Es dauerte eine Weile, bis ich dahinterkam, was Carina verstanden hatte: Ich hatte »Ohr« gesagt! Das kommt auch im *Schweineohr* vor, eine Delikatesse auf Carinas Speiseplan. Klar holte ich Carina vor meinem Nickerchen ein getrocknetes Schweineohr aus dem Keller.

Selbstverständlich hat sie noch weitere Lieblingswörter wie »Gassi«, »Spielen«, »Ball«, »Hunger«. Und natürlich gibt es Wörter, die sie gar nicht gern hört: »Warten«, »Platz«, »Nein«. Letztere führen nicht nur bei Carina, sondern rasseübergreifend die Negativliste an. Solche Befehle mag kein Hund. Je nachdem, wie gut er erzogen ist, wird er sie trotzdem ausführen. Nicht sein Wille geschehe, sondern der seines Vorgesetzten. Dazu muss der Hund wissen, wo oben und wo unten ist.

Das ist keine Gängelei, sondern gibt dem Hund Sicherheit. Seinen Platz zu kennen stiftet Frieden – nicht nur im Tierreich …

Hunde sind enorm anpassungsfähig und haben sich in jahrhundertelangem Zusammenleben mit Menschen faszinierend auf uns eingestellt, so sehr, dass sie sogar Lesen gelernt haben. Lesen? Natürlich keine Buchstaben. Wir Menschen drücken – oft ohne es zu merken – durch unsere Körpersprache etwas Bestimmtes aus und wundern uns dann, woher der Hund dies weiß. Für ihn sind wir ein offenes Buch. Noch mehr entschlüsseln Hunde jedoch über ihren Spürsinn. Darin sind sie praktisch unschlagbar. Ein Hund fühlt, ob sein Mensch gut oder schlecht gelaunt, gestresst, nervös ist oder Angst hat. Wer mit Hunden lebt und sich wirklich für sie interessiert und mit ihnen kommunizieren möchte, lernt nach und nach auch in ihnen zu lesen. Mit ihrer Körperhaltung, ihrem ganzen Sosein verraten sie uns viel darüber, wie es ihnen geht. Und immer wieder: wie es uns selbst geht. Ist Herrchen oder Frauchen schlecht drauf, wird auch die Fahne des Hundes auf Halbmast wedeln.

Wiener Würstchen

»Sitz«, befahl ich Gundo, während Kurt zu einem längeren Vortrag ausholte. Mittlerweile kannte ich den gewieften Ausbilder schon so gut, dass ich in etwa einschätzen konnte, was wie lange dauern würde.
»Hunde können von Natur aus einer Fährte folgen«, erklärte Kurt der Gruppe Junghundeführer, während ich bewundernd meinen Kollegen Thomas beobachtete. Mit seinen schneeweißen Haaren schon von weitem erkennbar, war Thomas der

Älteste unserer Staffel. Seine Bewegungen waren geschmeidig, er trieb auch privat Hundesport. Der Begriff Junghundeführer sagt nichts über das Alter aus. Auch ein Jungautor kann die Fünfzig überschritten haben, wie man in meinem Fall sieht. Thomas folgte seit zehn Minuten seinem Chicco über den Acker, scheinbar gezogen von einer fünfzehn Meter langen Leine. Nicht ein einziges Mal hatte der Schäferhund bisher den Kopf gehoben, seine Nase wirkte wie eingerastet in einer unsichtbaren Schiene, die er entlangzulaufen schien.

»Wenn du beobachtest, wie sicher Hunde zum Beispiel einen Hasen verfolgen«, setzte Kurt seinen Unterricht fort. »Was meinst du, warum das so ist?«

»Weil es ums Überleben, also ums Fressen geht.« Ich kannte die Antwort längst, ebenso wie die Frage. Kurt schien vergessen zu haben, dass er sie mir so oder so ähnlich auch schon bei Doni, Eick, Astor und Disco gestellt hatte, mit denen ich Teile der Ausbildung absolviert hatte – ehe sich unsere Wege trennten. Ich war allerdings auch nicht der einzige Junghundeführer, den Kurt derzeit ausbildete.

»Ja, unter anderem. Und weil Hunde eben einen wesentlich besseren Geruchssinn haben als wir Menschen. Bis zu einer Million mal besser, heißt es.«

Kurt öffnete eine Plastikdose mit kleingeschnittenen Wiener Würstchen. Gundo stellte sich neugierig auf die Hinterbeine, als er den Duft der Leckerlis wahrnahm.

»Sitz!«, befahl Kurt und schaute mich an. Nein, er meinte nicht mich. Er meinte Gundo. Und er meinte doch mich: »Das A und O ist, dass dein Hund das macht, was du ihm sagst. Wenn du also ›Sitz‹ sagst, heißt das auch ›Sitz‹, und nicht Rumspringen wie ein Tanzbär, nur weil er gerade Lust auf Würstchen hat!«

»Ah«, sagte ich. Das Oh ließ ich weg.

Kurt trat das Gras auf einer angrenzenden Wiese auf etwa einem Quadratmeter platt und legte ein Wurststückchen in die so entstandene Kuhle. Dann schlurfte er ein paar Meter, nicht weil er schwere Füße hatte, sondern um den Boden zu präparieren, in Richtung eines kleinen Wäldchens. Etwa alle fünfzig Zentimeter ließ er ein weiteres Wurststückchen in seine Fußstapfen fallen.

»Eine Fährte besteht aus drei Geruchskomponenten«, dozierte er, nachdem er in einem großen Bogen wieder zu mir zurückgekommen war. »Aus der Bodenverletzung, dem Duft von zertretenen Kerbtieren und dem Individualgeruch der Person, die sie gelegt hat.«

Und dem von Wiener Würstchen, dachte ich mir, denn auch das hörte ich nicht zum ersten Mal. Mit dem Geruch der Bodenverletzung war schlichtweg der Geruch gemeint, den der betretene Acker im Unterschied zum unberührten Untergrund verströmte. Dass Kleinstlebewesen zu Schaden kommen, wenn Gummistiefel Größe 44 über sie hinwegtrampeln, versteht sich von selbst. Kein Mensch riecht wie der andere. Die Füße erst recht nicht. Zumindest für einen Hund.

Kurt fuhr fort: »Um das Suchen für den Hund interessant zu machen, legen wir anfangs Futter aus. Im Lauf der Zeit werden die Fährten immer länger, die Schritte größer und die Leckerlis weniger. Wie das am Ende aussehen soll, hast du gerade bei Chicco gesehen. Vorbildlich.« Er winkte Thomas zu, der inzwischen mit Chicco auf dem Acker herumtollte. Wie einfach es doch war, einen Hund für getane Arbeit zu belohnen: spielen!

An kurzer Leine führte ich Gundo in Richtung des Fährtenansatzes, der Kuhle mit dem ersten Wurststückchen in der Mitte. Natürlich wusste er längst, worum es ging: um Wiener Würstchen! Ungeduldig zerrte er mich vorwärts.

»Sitz!«, tönte es hinter meinem Rücken. Ich bremste mühsam ab und hatte beide Hände voll zu tun, meinen begeisterten Hund zurückzuhalten.
Kurt überholte uns und erhob mahnend den Zeigefinger. »So beginnt man keine Fährte! Da muss Ruhe reingebracht werden, Elmar. Das Gezerre macht keinen Sinn. Also: Erst mal kommt das ›Sitz‹, dann beginnt der Hund auf den Befehl ›Such!‹ mit dem Suchen.«
Das hörte sich leichter an, als es war. Auch wenn Gundo durchaus wusste, was das Kommando »Sitz!« bedeutete, und er überhaupt sehr schnell lernte, fehlte ihm doch das Einsehen, meinem Wunsch Folge zu leisten. Würstchen! Dieser unbeschreiblich köstliche Duft. Hin und weg!
Es dauerte einige Minuten, bis ich Gundos Aufmerksamkeit wieder auf mich gelenkt hatte und er sich hinsetzte – und so lange sitzen blieb, bis wir mit der Fährte beginnen durften. Auf »Such!« machte er jedoch einen Satz, der mich beinahe umriss. Wie ein getunter Staubsauger schnupperte er die ausgetretene Spur entlang. Keine dreißig Sekunden später hatte er die in dünne Scheiben geschnittenen zwei Paar Wiener vertilgt und suchte hoch motiviert Nachschub. Das konnte doch nicht alles gewesen sein! Doch, das war's schon. Stolz löste ich die Leine von seinem Halsband und lobte ihn. Was ihn nicht umhaute. Doch als ich seinen Ball hervorholte und ihn weit über die Wiese warf, jagte er ihm, Grasballen durch die Luft schleudernd, begeistert hinterher. Das war noch toller als fressen!

Kurt stellte sich neben mich, kreuzte die Arme vor der Brust und beobachtete Gundo. »Für den Anfang war das einigermaßen in Ordnung«, brummte er, was bei Kurt ungefähr so viel bedeutete wie »Gut gemacht«. Überschwang lag nicht einmal rudimentär in seinem Gemüt. Wäre ja auch fast zu viel gewesen, bei der Begeisterung, mit der seine vierbeinigen Schüler bei der Sache waren! Und auch der eine oder andere Hundeführer. Ich zum Beispiel. Als mir nach vier Wochen Training mitgeteilt wurde, dass Gundo die Probezeit bestanden hatte und endgültig angekauft würde, kriegte ich mich fast nicht mehr ein. Wenn ich gekonnt hätte: Ich hätte mit Gundo um die Wette gewedelt, der zwar nicht verstand, warum ich mich so freute, aber Hauptsache, ich freute mich! Also freute er sich auch.

Streife auf sechs Beinen

Da Gundo gesund war und die Probezeit bestanden hatte, wurde ich daran erinnert, dass ein Polizist noch andere Aufgaben hat, als sich mit seinem Hund zu beschäftigen. Musste ich ab sofort auch keine Ladendiebstähle mehr aufnehmen, die Funktion ausgefallener Ampeln ersetzen oder Familienstreitigkeiten schlichten, hieß es nun bis auf einen Vormittag in der Woche, wenn Hundetraining angesagt war: Streife fahren! Mit dem Unterschied, dass mein Streifenpartner nicht mehr Peter oder Hans hieß und plaudernd neben mir saß, sondern Gundo, der in seiner Hundebox zumeist vor sich hin döste – sofern er nicht gerade etwas entdeckt hatte, das sich anzubellen lohnte. Wenigstens das unterbrach gelegentlich das Schweigen im Streifenwagen, an das ich mich erst gewöhnen musste.
Am Anfang fehlte mir die Gegenwart eines Kollegen sehr. Es war so still mit Hund. Keiner da, mit dem ich mich unterhalten konnte. Natürlich sprach ich auch mit Gundo, doch in Monologen, und ich vermute, es interessierte ihn nicht besonders,

wer das Formel-1-Rennen letzten Sonntag gewonnen hatte. Außerdem hatte er ja ohnehin neben mir vor dem Fernseher gesessen. Aber wahrscheinlich hatten sich auch manche meiner Streifenpartner nicht für Formel 1 interessiert und vielleicht weniger konzentriert zugehört als Gundo, der alle meine Worte mit höchster Aufmerksamkeit verfolgte. Hin und wieder spitzte er die Ohren besonders neugierig oder legte den Kopf schräg.

In der ersten Zeit ohne Streifenpartner besuchte ich die Kollegen meiner früheren Inspektion gelegentlich.
»Allmächt, der Elmar, wie geht's dir?«
»Prima.«
»Und is des dei Hündla?«, nickte einer der Kollegen anerkennend in Richtung Gundo. »A Prachtkerl is des scho! Schade, dass man'n ned streicheln ko.«
»Kannst du schon«, grinste ich. »Aber nur einmal.«
»Ja, ja. So richtig kollegial sind die Vierbeiner uns gegenüber nicht«, mischte sich ein anderer Kollege ein.
»Der macht halt kein Unterschied zwischen Ganoven und Kollegen«, erklärte ich.
»Hast du Zeit auf einen Kaffee? Und er? Mag er ein Wasser? Kommt doch rein!«

Bevor der Hund die eigentliche Prüfung zum Polizeihund absolviert hat, darf er im Einsatz nicht von der Leine gelassen werden. Das schmälerte den Respekt, den wir einflößten, allerdings kaum. Der Anblick eines Hundes, der womöglich auch noch laut bellt, macht bei den meisten Leuten enormen Eindruck. Aber eben nicht bei allen. Es gibt Passanten, die stürzen auf den Hund zu, um ihn zu streicheln: »Ich hab daheim auch einen Hund, ich kenn mich aus, der mag bestimmt mal schnuppern.«

Nein, wollte Gundo nicht. Gundo konnte es nicht ausstehen, wenn in unser Hoheitsgebiet, das er überaus großzügig bemaß, eingegriffen wurde. An der Leine konnte ich ihn zurückreißen, um zu verhindern, dass er in eine Hand biss, deren Vorschnellen er als Angriff wertete, auch wenn sie ihn nur gaaanz lieb streicheln wollte. Wie empfindlich ein Polizeihund auf Fremde reagiert, ist von Hund zu Hund verschieden und hängt von der Reizschwelle des Hundes ab, die bei einem Polizeihund in der Regel eher niedrig ist.
Viele Menschen glauben, ein Polizeihund würde nur auf Kommando angreifen. Das ist ein Irrtum. Er greift zwar auf Kommando an, aber nicht nur. Denn was wäre, wenn sein Führer nicht mehr dazu in der Lage wäre, ein Kommando zu geben? Oder gar nicht dazu käme, weil er selbst urplötzlich angegriffen wird? Es liegt im Wesen fast jedes Hundes, sein Herrchen oder Frauchen zu verteidigen. Dazu interpretiert er eine Gefahrenlage auch selbst. Und deshalb kann die Unterschreitung eines von ihm bestimmten Abstands oder die zur Begrüßung ausgestreckte Hand für den Hund eine Bedrohung darstellen, die er abwehrt. Ich erinnere mich an einen Kollegen, dessen Gegenüber unvermittelt versuchte, ihn zu treten. Noch ehe der Kollege auch nur ansatzweise reagieren konnte, hatte sich sein Hund schon im Unterschenkel des Schlägers verbissen. Sein Fuß erreichte den Kollegen nicht. Die Schnelligkeit der Reaktionen eines Hundes ist atemberaubend und wird häufig unterschätzt.

Gelegentlich wurden wir zu Einbrüchen gerufen, was in diesem Ausbildungsstadium suboptimal war, da ich Gundo ja nicht von der Leine lassen durfte. Das bedeutete, ich musste mit ihm in eine Lagerhalle oder in irgendein Gebäude – wenn auch an der langen Leine –, in dem ein Täter lauerte. Mitgehangen, mitgefangen! Ein voll ausgebildeter Hund erledigt solche Jobs weitgehend in Eigenregie.

Auf einer meiner ersten Streifengänge mit Gundo pöbelte mich einmal ein Betrunkener an, der dann irgendwann meinte: »Fühlst dich wohl stark mit deinem Köter, was?«
Ich antwortete ihm nicht, stellte jedoch für mich fest: Erstens, nein, Gundo war kein Köter. Zweitens, ja. Ich fühlte mich stark mit meinem kräftigen, schnellen, attraktiven, treuen, bestens ausgebildeten Kollegen an meiner Seite. Es war ein gutes Gefühl, ihn bei mir zu wissen – und eigentlich musste man sich gar nicht unterhalten … waren wir nicht ohnehin in einem ständigen Austausch, wenn auch nicht über Formel 1?

Nur selten führte ich noch Verkehrskontrollen durch. Mir fehlte der zweibeinige Kollege, der sicherte. Denn man weiß nie, wer in einem Auto sitzt. Ist es der harmlose Bäcker, der zur Arbeit fährt, oder ein Ganove, der eben einen Bruch gemacht hat, und die Pistole liegt unter der Zeitung auf dem Beifahrersitz. Zwei Zweibeiner haben diese Situation gut im Griff, der eine kontrolliert, der andere beobachtet. Ein Hund könnte seinem Führer kaum helfen, wenn der Täter zur Waffe greifen würde, abgesehen davon, dass Hunde und Straßenverkehr ohnehin nicht zusammenpassen. Auch Frühdienst und Gundo passten nicht zusammen, wie ich zu meiner Freude entdeckte. Den Frühdienst hasste ich ebenfalls, aber er gehörte nun mal zum Schichtdienst, in dem ich nun schon seit so vielen Jahren tätig war. Morgens gegen vier aufzustehen, um rechtzeitig die Kollegen der Nachtschicht abzulösen, widerstrebte Gundos Biorhythmus. Staunend stellte ich fest, dass mein aus dem Schlaf gerissener Hund ähnliche Falten um die Augen hatte wie ich um diese Uhrzeit. Mit dem Unterschied, dass sich seine sehr bald glätteten, während ich den ganzen Vormittag damit rumlief.

Gundo dribbelt

Alle zwei Wochen gingen Gundo und ich nun zum Fußball. Im Frankenstadion spielten »der Glub«, der 1. FC Nürnberg, und manchmal auch der Fürther Verein. Bei Fußballspielen werden Hunde eingesetzt, auch um die unterschiedlichen Fangruppen zu trennen. Sie füllen sozusagen den leeren Raum, den man frei halten muss, damit es zu keinen Ausschreitungen kommt. Manchmal fühlen sich meine Kollegen und ich wie Dompteure im Zirkus bei der Trennung der Bestien. Es ist schon beeindruckend, in der Mitte zwischen zwei aufgebrachten Fangruppen zu stehen und in manchen Gesichtern tatsächlich so etwas wie blanken Hass zu entdecken – worauf? Wer hat wem was getan oder weggenommen? Es gibt Dinge am Fußball, die sind schwerer zu verstehen als die Abseitsregel.

Gundo war im Fußballstadion extrem angespannt. Höchst aufgeregt wusste er manchmal gar nicht, in welche Richtung er zuerst bellen sollte. Dennoch zeigte er sich absolut unparteiisch und vereinsneutral, was ihn nicht davon abhielt, sein Gebiss in der Luft klacken zu lassen, wenn ihm jemand zu nah kam. Auch bei Demonstrationen setzte Gundo sich für die Meinungsfreiheit ein und verbellte Demonstranten und Gegendemonstranten in derselben Lautstärke. Für mich war es ein gutes Gefühl, zwischen den grölenden Massen einen Verbündeten an meiner Seite zu wissen, der notfalls sein Fell riskieren würde, um meine Haut zu retten.

Es war ein Samstag im Mai, und der Club hatte sogar mal gewonnen – basst scho! Aber nicht für die Gegner. Die enttäuschten Fans zogen grölend durch die Stadt, und viele von ihnen trafen sich bei einem Volksfest in der Nähe des Frankenstadions, wohl in der Hoffnung, sich an dem einen oder anderen Clubfan zu rächen. Die Hundestaffel war bereits auf Dienstschluss eingestellt, als die Einsatzzentrale uns über Funk anforderte: »Alle zum Volksfest, dort bahnt sich eine Schlägerei im Bierzelt an!«
Ich war als Erster vor Ort, parkte meinen Wagen, leinte Gundo an und lief mit ihm durch die Menschenmassen Richtung Bierzelt, was nicht einfach war, da Gundo sich von Angreifern umzingelt fühlte, auch wenn sie Zuckerwatte in den Händen hielten. Auf einmal musste ich feststellen, dass ich auch umzingelt war: von den Fans der Verlierer. Sie hatten im Freien bereits Bierbänke umgestoßen und Bierkrüge zerschlagen, und ihr Alkoholpegel färbte die Luft blau. Je besoffener, desto niedriger die Hemmschwelle. Wieder einmal fiel es mir schwer, den enormen Unterschied nachzuvollziehen, den der Gesetzgeber zwischen Alkohol- und Drogenmissbrauch festgelegt hat. Nicht, dass ich das eine oder das andere überbewerten oder verharmlosen will, aber meine dienstlichen Erfahrungen führten mir beinahe täglich vor Augen, welch verheerende Auswirkungen die legale Droge Alkohol für die Betreffenden, ihr Umfeld und die Allgemeinheit haben kann. Im Vergleich dazu erschien mir der Konsum von weichen Drogen manchmal geradezu harmlos – und dessen Kriminalisierung übertrieben. Jedenfalls sehe ich mich als Polizist lieber mit einem gedämpften Kiffer als mit einem aggressiven Trinker konfrontiert. Für die Meute der alkoholisierten Fußballfanatiker war ein einzelner Polizist, wenn auch mit Hund, eine willkommene Beute. Bedrohlich näherten die

Hooligans sich uns. Gundo umkreiste mich wie ein Satellit. Ich hatte Mühe, die Lederleine schnell genug umzugreifen, damit er mich nicht fesselte. Jedem, der den Abstand einer Leinenlänge unterschritt, sprang er wütend entgegen, fletschte seine Zähne, und immer wieder hörte ich trotz des Lärms dieses klackende Geräusch, wenn er ins Leere biss und seine Zähne aufeinanderschlugen. Als sich einer der Hooligans zu weit vorwagte und das mit einem klaffenden Loch im Ärmel seiner Lederjacke bezahlte, zog sich die Gruppe, wilde Flüche ausstoßend, zurück.

Gundo hätte sein Leben gegeben für mich. Dies war unser erster Einsatz, in dem er eindrücklich bewies, dass er bedingungslos zu mir stand. Die Liebe eines Hundes unterscheidet sich in einigen Punkten von der Liebe eines Menschen. Dazu gehört, dass der Hund keine Bedingungen stellt. Er ist mit wenig zufrieden und treu wie … wie es eben nur Hunde sein können. Ich bin überzeugt davon, dass Hunde lieben können. Nachdem sich die Situation auf dem Volksfest beruhigt hatte und die Hundestaffel abgezogen war, machte ich einen langen Spaziergang mit Gundo. Mit Blick auf die Lichter der Stadt setzte ich mich auf einen mit Gras bewachsenen Hang und schaute einfach nur in die Nacht. Da kam Gundo zu mir und legte seinen Kopf in meinen Schoß. Mindestens zum fünften Mal erzählte ich ihm, wie toll er sich verhalten hatte. Gundo hörte es sich geduldig an, obwohl ich vermute, dass er in Gedanken längst daheim bei seiner überfälligen Futterschüssel war. Oder doch nicht? So lang wie an diesem Abend war er noch nie mit seinem Kopf in meinem Schoß liegen geblieben.

Lockvogel Leberkäs

Nach aktuellen Kriterien wäre Gundo als Polizeihund höchstwahrscheinlich gescheitert. Die hohen Anforderungen der Bewegungssicherheit, wie sie heute gefordert werden und auch sinnvoll sind, hätte er in einem Punkt nicht erfüllt – und dieser eine Punkt lag mir schwer im Magen. So ungestüm und unbefangen Gundo sich stets zeigte, nahm ihm ein simpler Gitterrost am Boden allen Mut. Dieses blanke Grauen, das womöglich nur darauf lauerte, ihn zu verschlingen und in unergründliche Tiefen zu reißen, ließ sein Herz bis in die Schwanzspitze rutschen. Und gleichzeitig zog es ihn magisch an. Er näherte sich dem Entsetzlichen wie das Kaninchen der Schlange, mit zitternden Knien und aufgestellten Ohren.
All meine Bemühungen, ihm die Angst vor Lichtschächten und Gittertreppen zu nehmen, schlugen fehl. Nicht einmal ein Pfund warmer Leberkäs, plaziert in der Mitte eines vier Quadratmeter großen Gitterrostes, brachte ihn dazu, auch nur eine Pfote daraufzusetzen. Verzweifelt winselnd umschlich er den Schacht und beschränkte sich schließlich darauf, wenigstens den Duft der Delikatesse gierig einzusaugen.

»Kurt, das einzige Problem, das Gundo noch hat, sind die Gitter«, vertraute ich mich unserem Ausbilder an.
»Mach dir keine Sorgen, Elmar, das kriegen wir in den Griff. Ich hab da eine Idee.«
Zwei Tage später wurde diese in die Tat umgesetzt. In einem Firmenlager hob ich Gundo hoch und trug ihn auf einen Zwischenboden, bestehend aus Gitterrosten. Dort setzte ich ihn ab und ging einige Schritte zurück. Kurt, in seinem für Gundo mittlerweile vertrauten Hetzanzug, machte nicht weit ent-

fernt alle möglichen Kapriolen, um Gundos Aufmerksamkeit auf sich zu ziehen und ihn dazu zu bewegen, das Gitter zu verlassen. Doch Gundo schaute sich am ganzen Körper zitternd panisch nach einem Fluchtweg um. Für den Lumpen vor ihm interessierte er sich nicht die Bohne. Ein Ausweg offenbarte sich ihm, nur einen Meter entfernt, in Form eines kleinen Stücks Karton, das dort auf dem Boden lag. Mit dem Mut der Verzweiflung machte Gundo einen Satz und blieb wie festgedübelt auf dem Karton stehen. Er bebte und hechelte, als hätte er einen kilometerlangen Sprint hinter sich, und flehte mich mit Blicken an, ihn aus seiner entsetzlichen Lage zu befreien. Er tat mir so leid! Ich gab auf. Und nicht nur ich. Auch Kurt, der noch nie aufgegeben hatte. Achselzuckend brach er die Übung ab. »So was gibt's«, war sein einziger Kommentar. »Aber sonst macht er ja alles prima.«
Beruhigend auf Gundo einredend, nahm ich ihn in die Arme und trug ihn behutsam zurück auf festen Boden.

Heute hätte diese Unsicherheit Gundos Ende seiner Polizeihundekarriere bedeutet. Damals ließ man es auf sich beruhen. Übrigens ergab sich in Gundos langem und erfolgreichem Polizeihundeleben keine einzige Situation, in der ein Gitter ihn davon abgehalten hätte, seine Pflichten zu erfüllen.

Wie bewegungssicher ein Hund ist, hängt davon ab, welche Erfahrungen er in jungen Jahren, besser gesagt in den ersten Lebenswochen und -monaten, der Prägephase, gemacht hat. Erfahrene Züchter nehmen ihre Welpen deshalb überallhin mit, sobald diese einigermaßen sicher laufen können. Dabei achten sie darauf, dass die Hundekinder keine negativen Erlebnisse abspeichern. Sollte es dennoch passieren und sich ein Welpe beispielsweise das Pfötchen schmerzhaft in einem Gitterrost einklemmen, wird ihm mit Geduld umgehend bewiesen, dass dies nicht die Regel ist. Hat sich eine negative Erfahrung bei einem Hund erst einmal festgesetzt, ist es schwer, sie später ins Gegenteil zu kehren. Es ist nicht unmöglich, kostet jedoch ungleich mehr Mühe und Aufwand, als wenn er es schon von klein auf gewöhnt ist.

Nicht alle Züchter sind so umsichtig, ihrem Nachwuchs frühzeitig die Welt zu zeigen. Manche Hunde kennen bis zu ihrem Besitzerwechsel nur ihren Zwinger oder den Grasboden ihres Auslaufs. Glatte Böden oder Treppen? Nie gesehen! Autos? Nur von außen. So kann es passieren, dass sich ein Hund weigert, Treppen zu steigen. Oder in Panik verfällt, wenn er einen glatten, vielleicht sogar glänzenden Boden vor sich hat. Eine Wasserfläche? Oder Eis? Er fährt die Krallen aus, was das Laufen auf solchen Böden noch schwieriger macht. Die Bindung zwischen Hund und Mensch, das Grundvertrauen, ist die Voraussetzung und äußerst hilfreich, wenn ein Hund lernen soll, schlechte Erfahrungen zu überwinden. Vertraut der Hund seinem Menschen nicht, wird er sich auch kaum darauf einlassen, etwas zu versuchen, was ihm unheimlich ist, der Führer aber von ihm verlangt. Es gibt eine Reihe von Hilfsmitteln, mit denen die häufigsten Schwierigkeiten gut abtrainiert werden können, vor allem den sogenannten Parcours, der heute Bestandteil der Prüfung zum Polizeihund ist. Die hier aufgebauten Hindernisse und Geschicklichkeitsprüfungen wurden aus dem Agility-Sport übernommen. Das Laufen auf einem schmalen Brett oder einer liegenden Leiter, durch einen dunklen Tunnel oder über einen schwankend aufgehängten Lattenrost gehören genauso dazu, wie durch einen Vorhang flatternder Plastikbänder zu laufen oder eine schmale Öffnung zu springen.

Bei Agility-Vorführungen fliegen die »Ahs« und »Ohs« nur so durch das Publikum, wenn die vierbeinigen Akrobaten ihre Geschicklichkeit unter Beweis stellen – und mancher der Akteure vergisst im Eifer, dass er eigentlich mal Angst vor Flatterleinen hatte.

GUNDOS EFFEKTE

So ihr zwei, jetzt wird's ernst!«, verkündete Kurt eines Tages und nannte mir den Termin für den Grundlehrgang, den Gundo und ich besuchen sollten. Am Ende dieses Seminars stand die Prüfung zum Polizeihund für Gundo, und für mich die zum Polizeihundeführer. Da die bayerische Polizei damals noch keine eigene Hundeschule unterhielt, wurden wir zu den Kollegen vom Zoll in Neuendettelsau bei Ansbach geschickt.

Mit gemischten Gefühlen setzte ich mich an einem Februarmorgen im Jahre 1992 in mein Auto, um in das mittelfränkische Dorf zu fahren. Sechs Wochen intensiven Trainings lagen vor uns. Das gute Gefühl, optimal vorbereitet zu sein, wurde überlagert von schauerlichen Geschichten, die mir der eine oder andere Kollege erzählt hatte. Von Hunden, die, obwohl bestens ausgebildet, der Belastung nicht standhielten, plötzlich ängstlich reagierten oder gar krank wurden, so dass sie den Lehrgang abbrechen mussten. Im Rückspiegel suchte ich Gundos Blick. Ruhig schaute er mich an. »Guter Hund«, sagte ich und sprach eher mir denn ihm Mut zu. »Das schaffen wir.«

Die Zollhundeschule befand sich auf einem riesengroßen Gelände mit Wäldern, Wiesen, alten Bunkern, mehreren Abrichteplätzen – und einem Gefängnis: der großen Zwingeranlage, wo die Hunde untergebracht waren. Das gehörte zum Pflichtprogramm, und diese Pflicht lag mir schwer im Magen. Zwar schlief Gundo auch zu Hause im Zwinger, aber nicht von nachmittags um fünf bis morgens um sieben. Vierzehn Stunden war er normalerweise nie von seinem Rudel getrennt. Militärisch wie in einer Kaserne ging es in Neuendettelsau zu. Nach dem gemeinsamen Frühstück traten die Auszubildenden vor ihren Ausbildern an, schmetterten im Chor »Guten Morgen« und durften endlich zum Zwinger. Was für ein Gejaule und Gebelle und Gewedel der Eingesperrten, die sich wie verrückt über das Erscheinen ihrer Herrchen freuten. Gundo rannte mich beinahe um vor Begeisterung. An seiner Stelle wäre ich eher sauer gewesen, dass ich ihn so lange alleine gelassen hatte.

In den ersten Stunden des Lehrgangs wurde der Ausbildungsstand der Hunde in allen Sparten überprüft.
»Wir gehen ins Fährtengelände. Alle Mann mir folgen!«, rief Berny, der für unsere Gruppe zuständig war. Er war um die vierzig, klein, drahtig, und seine dichten roten Haare trug er akkurat auf einen Zentimeter Länge gestutzt.
Kein Problem, dachte ich bei mir, die Fährte war zwar nicht Gundos beste Disziplin, doch er wusste, worauf es ankam … oder? Nach einem vierzigminütigen Fußmarsch hatte ich wie gewohnt meine Spur durch die grüne Wiese getreten, mindestens fünfhundert Meter lang, und unterwegs ein Schlüsselmäppchen, eine Filmdose und ein Brillenetui, ausnahmsweise mal nicht gefüllt mit Leckerlis, fallen gelassen. Nicht Gundo würde dieser Fährte folgen, sondern der Hund eines Kollegen, der wiederum eine Fährte für Gundo gelegt hatte. Schließlich werden die Fährten in der Praxis ja auch von unbekannten Tätern gelegt.
Ich setzte mich neben den angeleinten Gundo unter einen Baum und beobachtete die Kollegen, die, einer nach dem an-

deren, ihre Fährten ausarbeiteten. Ich war der Jüngste unserer fünfköpfigen Gruppe – und der Neuling. Die Kollegen waren allesamt erfahrene Haudegen, die schon mehrere Hunde ausgebildet und geführt hatten. Unter den prüfenden Augen von Berny zeigte ich Gundo den Fährtenansatz: »Such!«
Gundo drehte sich zu mir und schaute mich an, als wollte er sagen: »Ich will heim!« Und so, als hätte er das Kommando »Such!« noch nie in seinem Leben gehört. Was war das denn? Nervös deutete ich auf den Boden und wiederholte: »Such!« Gundo zögerte. Langsam schien er zu begreifen, was ich von ihm wollte … oder doch nicht? Unmotiviert trottete er ein paar Meter die Fährte entlang, blieb stehen und beobachtete einige Vögel, die am Horizont ihre Kreise zogen. Schöne Vögel, gewiss. Ein Rotmilan sogar. Aber der falsche Zeitpunkt für ornithologische Betrachtungen. Im Augenwinkel sah ich, wie Berny den Kopf schüttelte.
»Das hat er noch nie getan!«, verteidigte ich Gundo und hörte selbst, wie lächerlich das klang. Dabei wollte ich Berny doch nur mein eigenes Erstaunen vermitteln. Berny winkte müde ab.
»Ja, ja. Den Das-hat-er-noch-nie-getan-Effekt kenne ich. Den kriege ich hier öfter zu hören. Hat dein Hund überhaupt schon mal eine Fährte gemacht?«
Wie konnte mich Gundo nur so blamieren? Nahm er mir die Nacht im Zwinger etwa doch übel und zeigte mir das nun auf seine Weise?
Verzweifelt deutete ich vor Gundos Schnauze auf den Boden. »Such!«, sagte ich, »such doch endlich!« Ein jämmerliches Bitte konnte ich mir gerade noch verkneifen. Doch der Kerl ließ sich nicht bewegen, auch nur einen Meter der Fährte zu folgen.
»Ich schwöre, Berny, letzte Woche ist er eine prüfungsreife Fährte gelaufen. Ich weiß auch nicht, was mit ihm los ist!«

»Soso. Sind wir jetzt also beim Ich-weiß-auch-nicht-was-er-hat-Effekt. Du willst mir doch nicht weismachen, dass der Hund innerhalb weniger Tage alles vergessen hat? Wie dem auch sei, da müssen wir wohl ganz vorne anfangen bei euch. Dein Hund hat offensichtlich keinen blassen Schimmer, was du von ihm willst.« Er drehte sich um und murmelte: »Und so was schicken die mir zum Lehrgang.« Dann ließ er uns inmitten der Wiese stehen. Gundo war noch immer mit seinen ornithologischen Betrachtungen beschäftigt, und mir blieb nichts anderes übrig, als die für Gundo ausgelegten Gegenstände des Kollegen einzusammeln. Allmählich dämmerte es mir, was über die unerklärlichen Vorgänge beim Grundlehrgang gemunkelt wurde. Wie sollten wir die nächsten sechs Wochen überstehen?

Dass Gundos Arbeitsverweigerung schlichtweg an dem plötzlichen Ortswechsel und den unentwegt bellenden Hunden links und rechts lag, erkannte ich erst nach drei Tagen, als er sich an die Umstände gewöhnt und zu seiner Form zurückgefunden hatte. Jetzt zeigte er Berny, was in ihm steckte. Von Tag zu Tag steigerte er sich, wurde zusehends selbstbewusster, vor allem im Schutzdienst. Mit seinen Leistungen stieg meine Zuversicht, dass nun doch alles gutgehen und der Lehrgang vom Bestehen der Prüfung gekrönt werden würde.

Prüfungsangst

In der fünften Woche, an einem Freitag nach dem Gutenmorgenchor, empfing uns Auszubildende wie üblich aufgeregtes Gebell und Gejaule, als wir uns der Zwingeranlage näherten. Nur aus Zwinger Nummer 27 drang kein Ton, stattdessen beißender Gestank. Mein Magen krampfte sich zusammen, als ich die Bescherung entdeckte. Gundo hatte extremen Durchfall. Er selbst war nirgends zu sehen, erst als ich die Zwingertür öffnete: Er lag im Stroh seiner Hütte.

»Gundo?«, flüsterte ich erschrocken und kniete mich vor die Hütte. Als koste ihn das große Anstrengung, hob er den Kopf und wedelte schwach. Dann stand er mühsam auf, schleppte sich von seinem Lager nach draußen und blieb vor mir stehen, mit hängendem Kopf und Schwanz. Der ganze Hund nur noch ein Schatten seiner selbst. Ich nahm ihn in die Arme. Gundo zitterte. Seine Ohren fühlten sich heiß an. Er hatte Fieber.

Nun hatte ihn der berüchtigte »Einbruch«, wie die Kollegen es nannten, doch noch ereilt – wenige Tage vor der Prüfung. Die war mir in diesem Moment völlig egal. Meine ganze Sorge galt meinem Gefährten. Kraftlos, über Nacht scheinbar um Jahre gealtert, tappte er hinter mir her zur Krankenstation. Hoffentlich nichts Ernstes, hoffentlich bloß eine Magenverstimmung! Leider gab es in der Krankenstation keinen Tierarzt, doch der Zwingerwart machte zu meiner Erleichterung einen kompetenten Eindruck. Er untersuchte Gundo kurz, flößte ihm eine Flüssigkeit ein und zog eine Spritze auf. Gundo zuckte nicht einmal, als ihm das Medikament unter das Fell gespritzt wurde.

»Das wird ihm helfen«, versicherte der Zwingerwart und ver-

suchte, mich aufzumuntern. »War wohl etwas zu viel für deinen Hund, die letzten Wochen? So was kommt vor. Am Montag ist er wieder fit, keine Sorge! Ich gebe dir noch was mit.« Er drückte mir einen Beutel voll Kohlekompretten in die Hand. Das sollte helfen?
Zweifelnd blickte ich auf das Häufchen Elend neben mir und führte es zu meinem Auto. Gundo schaffte es nicht einmal, in den Kofferraum des Kombis zu springen, ich musste ihn hochheben. Nachdem ich den Zwinger gesäubert hatte, fuhren wir nach Hause. Im Gegensatz zu sonstigen Autofahrten sah ich während der ganzen Strecke nicht einmal die Spitze eines Ohres von Gundo im Rückspiegel. Erst als ich in unsere Einfahrt einbog, kam wieder etwas Leben in ihn. Die vertraute Umgebung und deren Geruch brachten ihn sogar zum Wedeln, wenn auch schwach.

An diesem Wochenende bestand ich darauf, dass Gundo im Haus schlafen durfte. Schon die erste Nacht daheim schien Wunder zu wirken. Samstagfrüh begrüßte Gundo mich munter. Seine Augen blickten klarer, mittags drängte er mich zu einem Spaziergang, und abends legte er mir auffordernd seinen Ball in den Schoß. Spielen!
»Damit warten wir lieber noch ein bisschen, mein Freund«, vertröstete ich ihn, steckte den Ball in die Sofaritze und kraulte Gundo das Fell. »Nicht dass du dich übernimmst. Werd erst mal gesund!« Als hätte er mich verstanden, legte er sich auf meine Füße und genoss wohlig brummelnd das Streicheln. Der Stein, der noch gestern auf meinem Herzen gelastet hatte, löste sich in Luft auf. Doch als ich mich am Montagmorgen auf den Weg nach Neuendettelsau machte, drückte ein neuer Stein. Prüfungsangst! Die vor mir liegende Woche würde zeigen, ob sich die Mühen der letzten zwölf Monate, insbeson-

dere der vergangenen fünf Wochen, gelohnt hatten. Gundo machte zwar einen fitteren Eindruck, doch so ganz auf dem Damm schien er nicht zu sein. Ich hoffte, ihn noch ein wenig schonen zu können, ehe am Dienstag der erste Prüfungsteil anstand – Unterordnung und Fährte.

»Und, was macht der Stuhlgang?«, begrüßte mich Berny, als hätte er uns über das Wochenende schmerzlich vermisst. Er, der sonst eher der Typ war, der zum Lachen in den Keller ging, strahlte mich an.

»Wenn du den von meinem Hund meinst, der ist wieder so, wie es sich gehört!« Auch ich musste unwillkürlich grinsen. »Und meiner geht dich nichts an.«

Berny lachte. »Na, ihr zwei werdet die Prüfung schon packen. Ihr zeigt mir eindeutig den Am-Anfang-ganz-schwach-und-dann-umso-stärker-Effekt. Damit kenn ich mich aus.«

Auch wenn Bernys plötzlicher Optimismus vielleicht nur Taktik war, ließ ich mich gern von ihm anstecken.

Das Büffeln hatte sich gelohnt! Mit dem schriftlichen Teil der Prüfung war ich als Erster fertig. Zu jeder Frage war mir eine Antwort eingefallen, und ich zweifelte nicht daran, dass die Antworten stimmten. Ich hatte Auskunft über Physis und Gesunderhaltung des Hundes gegeben und Besonderheiten erklärt wie den Unterschied zwischen Überbiss und Unterbiss. Leider wurde die Bezeichnung der Zähne nicht abgefragt. Die konnte ich im Schlaf auswendig.

Zu meiner Überraschung wurden die Ergebnisse bereits nach dem Mittagessen bekanntgegeben. Bruno, der Innendienstleiter, murmelte etwas wie »Wundere dich nicht«, als er mir meine Arbeit in die Hand drückte. Doch ich wunderte mich sehr.

Ich hatte 103 Punkte von 100 möglichen erlangt! Wie das zustande kam, konnte mir niemand erklären, denn in der Summe der Einzelbewertungen war die Punktzahl korrekt, wie ich staunend nachrechnete.
Selbstbewusst ging ich im Anschluss in die mündliche Prüfung. Erneut blieb ich keine Antwort schuldig; ich musste nicht einmal lange nachdenken. Warum ich diesmal nur 97 Punkte erreichte, erschloss sich mir erst später. Bei abzugsfreier Bewertung hätte mein Konto weiterhin einen Überschuss von drei Punkten aufgewiesen – polizeiinterne Logik? Nein, wir waren ja beim Zoll.

Unterordnung

»Polizeiobermeister Heer meldet sich mit Diensthund Gundo zur Unterordnung!« Vorschriftsmäßig stand ich stramm vor dem Prüfer, der mich streng musterte. Gundo saß bei Fuß links neben mir und gähnte laut. Das Gähnen war in diesem Fall kein Zeichen von Müdigkeit oder Langeweile, sondern deutete auf Verlegenheit oder Nervosität. Ich selbst war zuletzt bei meiner Führerscheinprüfung so nervös gewesen, was Gundo gewiss nicht entging. Krankheiten sind vom Menschen zum Hund nur in Ausnahmefällen übertragbar, Stimmungen dagegen umso mehr. Gundo spürte, dass heute etwas anders war als sonst, auch wenn die äußeren Umstände seit sechs Wochen gleich waren. Was war nur los mit Herrchen? Wahrscheinlich roch ich anders als sonst und bewegte mich anders und auch meine Stimme klang anders. Das alles merkte ich nicht. Mein Hund schon. Gundo kannte mich besser als ich.

Mit weichen Knien stapfte ich zum Startpunkt am Abrichteplatz, wo wir zeigen sollten, dass mein Diensthund alle Kommandos verstand und befolgte. Gundo ließ seinen Blick über die Wiese schweifen, über der noch der Dunstschleier des frühen Morgens waberte, und suchte nach dem Grund meiner Nervosität. Drohte von irgendwoher Gefahr, die er abwehren sollte? Ich zupfte vorsichtig an der Leine, um seine Aufmerksamkeit wieder auf mich zu lenken. Dennoch vergaß er, sich automatisch hinzusetzen, als wir am Startpunkt ankamen. »Sssstz!«, flüsterte ich in der Hoffnung, dass der Prüfer es nicht hörte. Aus dem Augenwinkel sah ich, dass der seinen Kugelschreiber bereits gezückt hatte. Zögerlich senkte Gundo seinen Hintern in das gefrorene Gras.

Ich holte tief Luft, beugte mich zu meinem Hund und löste die Leine von seinem Halsband. Die Unterordnung musste »oben ohne« gelaufen werden. »Alles ist gut«, raunte ich Gundo zu und strich ihm über den Kopf. Seinen Blick hätte ich mit der Frage »Und warum bist du dann so aufgeregt?« übersetzen können.

Ich sagte laut »Fuß« und lief strammen Schrittes los. Gundo blieb sitzen. Nein!!! Wie konnte er nur seinen Einsatz verpassen! Was war denn das jetzt wieder für ein Effekt? Erst als ich verzweifelt auf meinen linken Oberschenkel klopfte, sprang er auf und eilte mir hinterher. Als er endlich neben mir war, eng an meinem Bein, zischte ich ihm erneut ein »Fussss« zu, obwohl das an dieser Stelle nicht erlaubt war. Der Kugelschreiber des Prüfers zog eine lange Fährte über das Papier.

Nach zehn Schritten der erste Stopp. Erleichtert registrierte ich, dass sich Gundo diesmal automatisch setzte. Jetzt hatte er erkannt, worum es ging. »Fuß!« Vorschriftsmäßig folgte er dem Kommando und schaute mir aufmerksam ins Gesicht. Nach zehn weiteren Schritten der 90-Grad-Winkel nach

rechts. Geklappt! Noch einmal zehn Schritte, dann hielt ich planmäßig an und sagte laut und deutlich: »Steeeeh!« Gundo setzte sich.
Von irgendwo oben hörte ich die leise Stimme von Berny, gerade noch laut genug, dass ich sie verstehen konnte. »Elmar! Ruhig! Sei nicht so hektisch. Du bringst deinen Hund ja völlig durcheinander! Beruhige dich und mach weiter. Entspannt.« Ich widerstand der Versuchung, nach Berny zu suchen – hockte der auf irgendeinem Baum? –, und konzentrierte mich. Meine Nerven flatterten. So viele Fehler hatte Gundo seit Wochen nicht gezeigt. Das lag hoffentlich an mir, und ich würde es ändern: Tief atmete ich zweimal durch. Gundo schaute abwartend zu mir auf. Ich marschierte los, etwas langsamer diesmal, dafür rhythmischer. Das wirkte, ich hatte Gundos volle Aufmerksamkeit, wie ich an seiner gespannten Körperhaltung erkannte. Die Linkswendung. Perfekt! Wieder zehn Schritte, dann der Stopp, an dem sich der Hund auf Kommando hinlegen muss. Mein »Platz!« hörte sich wohl eher wie »Plotz!« an, aber Gundo verstand es trotzdem und schenkte mir einen Blitz, er ließ sich förmlich auf die Brust fallen. Jetzt das Ganze zurück – aber im Laufschritt! Gundo wirkte gelöst, und machte alles genau so, wie es von ihm erwartet wurde. Da spürte ich, dass ich nun endlich locker wurde.

Weiter ging es mit den sogenannten technischen Übungen. Wir steuerten zunächst die kleine Hürde an, ein ungefähr einen Meter hohes Holzzäunchen. Davor hieß es noch einmal, die Grundstellung einzunehmen, also stehen zu bleiben, während Gundo sich wieder automatisch hinsetzen sollte. Doch er dachte gar nicht daran, sich bremsen zu lassen, er war geradezu euphorisch und sprang, ohne zu zögern, über das Hindernis.

Ich versuchte zu überschlagen, wie viele Punkte wir schon verloren hatten. Hundert waren zu erreichen, unter siebzig Punkte hieß durchgefallen.
Die Kletterwand, ein zwei Meter hohes, wie ein Pultdach in der Wiese stehendes Hindernis, schien mir heute viel steiler als sonst. Hatten die da über Nacht getrickst? Auf »Hopp« startete Gundo durch, überkletterte mühelos die Wand und blieb, außerhalb meines Blickwinkels, dahinter stehen. Drei Sekunden musste ich warten, dann rief ich »Zurück! Hopp!«, in der Erwartung, dass Gundo, wie hundert Mal geübt, über das Hindernis zu mir zurückkehrte. Zurück kam er zwar, doch ohne Hopp. Stattdessen lief er um die Wand herum und setzte sich brav neben mich. Ich hörte die Punkte förmlich purzeln, und es war mir klar, dass ich nicht einmal im Traum daran denken durfte, einem Prüfer erklären zu wollen, dass mein Hund mit dieser Aktion besondere Intelligenz bewiesen hatte. Wieso es sich schwer machen, wenn es einfach auch ging?
Gundo erreichte zweiundsiebzig von hundert Punkten. Drei weniger, und er wäre schon in der Unterordnung durchgefallen. Und ich mit ihm. Dabei folgte Gundos unsicherste Disziplin erst noch, und zwar gleich als Nächstes: die Fährte!

Fährte

Es wäre mir lieber gewesen, die Fährtenprüfung hätte nicht vormittags, sondern am frühen Morgen stattgefunden, wenn das Gras noch gefroren, die Äcker mit Reif überzogen und die Spur des Fährtenlegers mit bloßem Auge zu sehen gewesen wäre. Nicht, dass es Sinn der Sache wäre, einer sichtbaren Fährte zu folgen, dazu bräuchte man keinen Hund. Aber wenn schon nicht hilfreich, wäre es zumindest beruhigend, Gundo auf dem richtigen Weg zu wissen. So musste ich mich auf seine Nase verlassen, die sich schon einige Male vom Trampelpfad der ortsansässigen Wildschweine hatte ablenken lassen und so die Generalprobe versaute.

»Vertrau deinem Hund!« Wie von einer Stimme aus dem Off hörte ich diese drei Worte, die der Leitsatz eines jeden Hundeführers sein sollten. Ich deutete auf den Boden und sagte zu Gundo: »Such!«
Zehn Minuten später klopfte mir Berny auf die Schulter und fragte augenzwinkernd:
»Ihr habt wohl heimlich geübt?«
Ich blieb ihm die Antwort schuldig und kraulte stattdessen begeistert Gundos Fell von hinten nach vorne und zurück. Er hatte die beste Fährte seines Lebens gelaufen, sich bei jedem »verlorenen« Gegenstand brav hingelegt, jeden Winkel genommen, als würde er an einer unsichtbaren Schnur gezogen. Perfekt!

Gundos letzte Aufgabe im olfaktorischen Bereich betraf das Stöbern nach Gegenständen. In der Praxis hilfreich zum Auffinden von Diebesgut, Tatwaffen oder Beweismitteln, hatten die Prüfer heute einen Hosenknopf, ein Schlüsselmäppchen und einen Kugelschreiber in das Suchfeld, eine durch Eckpfosten eingegrenzte Wiese, geworfen. Mit der Aufforderung »Such! Verloren!« schickte ich Gundo los. Hoch erhobenen Schwanzes und tiefer Schnauze schnupperte er das Grün ab und ließ sich von mir willig in die Richtungen weisen, in die er laufen sollte.
Gundo wusste nicht, wonach er konkret suchen sollte. Woher auch? Für ihn war jedes Ding interessant, dessen Geruch

sich von dem der Umgebung unterschied. Nach und nach fand er die Gegenstände und verwies sie mir, indem er sich dazulegte. Ins Maul nehmen und mir bringen, durfte er sie auf keinen Fall, denn dies könnte im Einsatz wertvolle Spuren vernichten. Der Prüfer setzte schwungvoll einen Haken in seine Liste.

Schutzdienst

Am letzten Morgen in der Zollschule hörte sich der »Gutenmorgenchor« gedämpft an. Jetzt ging es um die Wurst. Der dritte und letzte Teil der großen Prüfung stand an. Jeder unserer Hunde hatte seine Stärken, aber auch ein oder zwei Schwächen, die wir trotz des intensiven Trainings nicht ganz beseitigen konnten. Neigte der eine dazu zuzubeißen, obwohl er nur bellen sollte, fiel es dem anderen schwer, auf Kommando loszulassen. Und Gundo? Von allem ein bisschen.

Lange Flucht hieß die erste Übung. Ich kauerte neben Gundo am Waldrand, aus dem in einiger Entfernung der Figurant heraustrat und so tat, als hätte er uns nicht bemerkt.
»Pass auf!«, zischte ich Gundo ins Ohr, dann rief ich laut den Standardsatz: »Polizei! Bleiben Sie stehen, oder ich setze den Hund ein!« Durch Gundo ging ein Beben, der Täter lief weiter. Die Androhung, den Hund einzusetzen, ist rechtlich notwendig, um dem Täter die Chance einzuräumen, sich zu ergeben. Der Figurant beschleunigte sein Tempo. Ich wiederholte meine Ankündigung, dann ließ ich Gundo mit dem Kommando »Hol!« frei. Er sprintete los, ich hinterher. Als er den Rennenden fast erreicht hatte, hob mein Hund ab. Im Flug

krachte er in den Arm des Figuranten, verbiss sich darin und riss den Fliehenden beinahe um. Kaum das Gleichgewicht wiedergefunden, fuchtelte der nun drohend mit einem Stock. Gundo ließ sich davon nicht beeindrucken, riss und zerrte an dem Ärmel. Endlich hatte ich die beiden erreicht. Völlig außer Atem schrie ich den nächsten Standardsatz: »Bleiben Sie ruhig steeeeh'n!« Der Figurant erstarrte. Gundo schielte in meine Richtung. Er wusste, was jetzt kam: »Aus!« Er fiel förmlich aus dem Arm und legte sich hin, noch bevor ich »Platz!« sagen konnte. Vorauseilenden Gehorsam hatte ich bei ihm selten erlebt! Obwohl dies nicht perfekt war, war es kein Fehler. Ich ließ den Täter drei Schritte zurücktreten und die Arme heben. Gundo beobachtete ihn angespannt. Jetzt durfte er auf keinen Fall aufstehen. Wunderbar, er blieb liegen, auch während ich den Figuranten symbolisch nach Waffen abtastete. Es folgte der *Transport*, bei dem der *Festgenommene* einige Meter vor uns hergehen musste, Gundo neben mir bei Fuß.
»In Ordnung!«, rief der Leistungsrichter anerkennend.
Ich nahm Gundo an die Leine, warf ihm sein Spielzeug zu und lobte ihn überschwenglich. »Priiiima! Gut gemacht!« Gundo sprang mich an und leckte mir quer übers Gesicht.

Die nächste Übung fand im Wald statt: Stöbern nach Personen, inklusive Stellen und Verbellen, was bedeutete: Beißen verboten!
Wie gelernt, galoppierte Gundo los, kam zurück, rannte in die nächste von mir gewiesene Richtung. Allmählich entspannte ich mich, Gundo lief wie ein Uhrwerk. Im Dickicht fand er den Figuranten und meldete mir das bellend. Unter Beachtung der Eigensicherung pirschte ich mich an die beiden heran. Der Scheintäter lehnte an einem Baum, Gundo hüpfte vor ihm herum, verbellte ihn. Super! Auf mein Kommando legte sich

Gundo ins Platz. Ich entspannte mich noch mehr. Vielleicht zu sehr. In dem Moment, als ich an ihm vorbeiging, um den Figuranten zu durchsuchen, startete Gundo durch und fuhr ihm mit offenem Maul in den Oberschenkel. »Neiiin!«, schrie ich, »äh, Platz! Äh, aus!« Ich war derart überrascht, dass ich die Kommandos verwechselte. Und verzweifelt, denn Gundos unbefugtes Beißen konnte unser Scheitern bedeuten. Im Augenwinkel sah ich, wie der Prüfer kopfschüttelnd etwas notierte.
»Das war es dann wohl«, sagte ich entmutigt zu Berny, der die Szene beobachtet hatte.
»Warte erst mal ab, Elmar!«, tröstete er mich. »Wenn die restlichen Übungen gut verlaufen, lässt der Richter vielleicht Gnade vor Recht ergehen. Gib nicht auf, hörst du? Und vertrau deinem Hund!«

Der nächste Prüfungsteil hieß *Überfall mit kurzer Flucht*. Eine Übung, die Gundo bisher immer sehr gut bewältigt hatte. Um mich zu beschützen, gab er alles. Mit meinem vierbeinigen Bodyguard an der Leine machte ich mich zuversichtlich auf den Weg, an dem der Angreifer überraschend zuschlagen sollte. Wo genau, wusste ich selbst nicht.
Das gute Gefühl, einen Beschützer an seiner Seite zu haben, kennt wohl jeder. Als Kind der Papa oder der große Bruder, später vielleicht ein guter Kumpel, dessen schwarzer Gürtel in Karate ein beruhigendes Gefühl vermittelt. Oder eben ein wehrhafter Hund, wenn es nicht gerade ein Dackel oder Yorkshireterrier ist. Wobei Letztere oft sehr mutig sind, weil sie sich ihrer Untergröße nicht bewusst sind. Selbst vier Kilo Lebendgewicht können einen Bösewicht ärgern, wenn sie mit spitzen Zähnen in seiner Wade hängen. Als Paradebeispiel des Gegenteils gilt der Labrador. Ebenso wie beispielsweise Leonberger oder Beagle ist ihm jede Aggression abgezüchtet

worden. Dem Labrador sagt man nach, er würde Einbrecher begeistert begrüßen und ihnen zuvorkommend und stets gut gelaunt helfen, das Diebesgut zum Wagen zu tragen – ein idealer Familienhund. Wer dem Sein den Schein vorzieht, sollte sich einen Bernhardiner oder eine Dogge anschaffen: imposant im Auftreten, friedfertig im Umgang. Doch auch hier gilt: Ausnahmen bestätigen die Regel!

Ich war so in Gedanken versunken, dass der Angriff aus dem Hinterhalt unerwartet kam. Mit wildem Geschrei und stockschwingend stürzte der neben einem Felsen lauernde Figurant auf uns zu. Gundo zögerte keinen Wimpernschlag. Ehe ich reagieren konnte, hatte er den Scheintäter schon am Arm gepackt und zerrte ihn über den Fußweg. »Aus« und »Platz« klappten reibungslos. Überfall abgewehrt! Mein Herz hüpfte vor Glück. »Platz«, wies ich ihn an. Die Übung war noch nicht vorbei, es fehlte die kurze Flucht. Als ich den Figuranten nach Waffen abklopfte, stieß er mich zur Seite und sprintete los, so schnell es seine Schutzkleidung zuließ. Er kam nicht weit. Ausbildungsgemäß »setzte sich der Hund selbst ein«, wie es im Polizeihundeführerdeutsch heißt, diesmal ohne Kommando, und vereitelte die Flucht, indem er den Figuranten erneut festhielt. Damit war die Prüfung zu Ende! Aber hatten wir sie auch bestanden?

Wir sind Polizeihund!

Zur bestandenen Prüfung gab es keinen Pokal, bloß einen warmen Händedruck. Ich fühlte mich trotzdem, als hätte ich die Flug- und die Führerscheinprüfung gleichzeitig abgelegt und obendrein meine Doktorarbeit mit dem Prädikat *summa cum laude* zurückerhalten. Wir bekamen eine Urkunde, dass

Gundo vom Almanach die Prüfung zum Polizeidiensthund mit »gut« abgelegt hatte und nunmehr uneingeschränkt als solcher eingesetzt werden dürfe. Wir waren bereit, die Welt zu retten – wenn es nötig sein sollte.

Doch zunächst hieß es abwarten. Warten, ein Begriff, der in der Tätigkeitsliste eines Polizisten durchaus zu den Top Ten gehört. Sei es auf die Spurensicherung am Tat- oder den Krankenwagen am Unfallort, oder auf die Rückkehr des Einbrechers am seit Tagen überwachten Objekt. Für Gundo war Warten beinahe gleichbedeutend mit Strafe, ob im Auto, im Zwinger, im Haus. Auch wenn ich ihm die bevorstehenden Minuten oder manchmal auch Stunden immer mit einem »Schön warten, Gundo« schmackhaft machen wollte, gingen zeitgleich Rute und Ohren in die Armer-Hund-Stellung. Was sollte am Warten schön sein?
Drei Wochen nach der bestandenen Prüfung hatte Gundo seinen ersten großen Einsatz.

Igel mit Turnschuhen

Ich war bereits die halbe Nacht unterwegs gewesen, überall hingefahren, wo etwas los zu sein schien. Kein einziges Mal war ein Polizeihund benötigt worden. Gegen Mitternacht meldete sich vernehmlich mein Magen, und ich bestellte mir die obligatorische Pizza an meiner Lieblingsbude. Die *Diavolo extrascharf* brodelte noch in ihrem Karton, als der Funkspruch der Einsatzzentrale meinen Magen verstummen ließ: »Achtung, soeben Pkw-Aufbruch in der Bartholomäusstraße! Täter wurden vom Mitteiler gestört und laufen Richtung Wöhrder See. Drei junge Männer, einer davon ist dunkelhaa-

rig, mittelgroß, trägt hellblaue Jeans, helles Sweatshirt, Turnschuhe. Weiteres ist nicht bekannt. Wer fährt?«
Sofort begann das Funkgerät zu quietschen und zu krachen, wie immer, wenn mehrere Sprechtasten gleichzeitig gedrückt werden. Ich wartete ab, bis sich die Streifen einig waren, wer in welcher Reihenfolge sprechen durfte, schaltete währenddessen das Blaulicht an und gab dem betagten VW-Bus die Sporen. Der Wöhrder See, relativ nahe an Nürnbergs Altstadt gelegen, war um diese Uhrzeit in gut fünf Minuten zu erreichen. Ich schaffte es in vier.

Während eine Streifenbesatzung den Tatort anfuhr und eine weitere am nördlichen Ufer des Gewässers fahndete, näherte ich mich dem westlichen. Die Außenwerbung hatte ich ausgeschaltet, damit ich nicht schon von weitem als natürlicher Feind des gemeinen Autoknackers identifiziert wurde. Im Rückspiegel sah ich wie immer Gundo, der jetzt mit gespitzten Ohren die Umgebung beobachtete, als wüsste er, worum es ging. Ich zischte ein »Passs aufff!«, um ihn auf seinen möglicherweise ersten Echteinsatz vorzubereiten. Der Bully rollte derweil im Standgas an der Buschreihe entlang, die den Park von der Straße trennte. Gundo starrte über meine Schulter durch die Windschutzscheibe. Sehr schön, so stellte ich mir Aufpassen vor. »Guter Hund!«

Aus dem Gebüsch trat unvermittelt ein Kerl: Jeans, graues Sweatshirt, Turnschuhe. Das alleine machte ihn nicht verdächtig, wer weiß, wie viele im selben Moment in Nürnberg mit ähnlicher Kleidung herumliefen. Es war sein neutraler, fast schon gelangweilter Gesichtsausdruck, der das Bild komplettierte. Wer so bemüht ist, angesichts eines Streifenwagens Ruhe zu bewahren, muss etwas auf dem Kerbholz haben … oder?

Betont langsam stieg ich aus und lächelte freundlich. Bloß keinen Fluchtreflex auslösen! Bis ich Gundo aus Auto und Hundebox befreit hätte, wäre der Typ längst über alle Berge.

»Na, noch so spät unterwegs?« Einer meiner Standardsätze, wenn ich besonders belanglos klingen will.

»Ja«, antwortete der Angesprochene, »ich komme vom Training.« Er deutete auf seine Sporttasche, die er neben sich abgestellt hatte.

»Aha«, sagte ich. Von einer Sporttasche war in der Beschreibung keine Rede gewesen. Neonfarben, wie die war, hätte sie dem Zeugen auffallen müssen. Außerdem war der Bursche blond und deutlich größer als ich. Wenn der mittelgroß war, was war dann ich mit gut eins achtzig? Untergroß?

Um letzte Gewissheit zu erlangen und die Fahndung fortsetzen zu können, deutete ich auf die Tasche: »Machen Sie die bitte mal auf!«

Er zerrte am Reißverschluss. Ich erwartete verschwitzte Klamotten, feuchte Handtücher, einen Föhn vielleicht. Damit wäre alles klar gewesen. Doch die Tasche war leer!

Ich machte einen Schritt nach vorne. »Das müssen Sie mir erklären. Was trainieren Sie denn so? Mühle? Schach?«

Mit Gundo an meiner Seite hätte ich mich deutlich sicherer gefühlt. Der kommentierte die Szene mit wütendem Gebell aus dem Auto.

»O Scheiße. Hab meine Klamotten im Studio vergessen.«

»Aha«, sagte ich und bedeutete dem Mann, mich zu meinem Dienstwagen zu begleiten.

»Hey, das kann jedem mal passieren«, behauptete er.

Gundo bellte empört.

»Jedem«, wiederholte der Mann deutlich leiser.

»Klar«, sagte ich. Dies war ein eindeutiger Fall von verbalem Kopf-aus-der-Schlinge-Ziehen. Verdächtige benehmen sich unterschiedlich. Während die einen sich im wahrsten Sinne des Wortes um Kopf und Kragen reden und einem immer neue abstruse Lügengeschichten auftischen, sagen andere gar nichts. Mir sind diejenigen am liebsten, die alles zugeben. Die gibt es auch. Leider selten.

Auf halber Strecke zu meinem Auto hielt neben uns eine Streife, und jemand rief aufgeregt: »Das isser! Das ist einer von denen!« Die Kollegen hatten einen Zeugen an Bord. Der musste es wissen. Was wohl auch der Proband, wie wir ihn nennen, erkannte. Es verschlug ihm die Sprache; er wechselte zu jenen, die gar nichts mehr sagen.

Ganz zufrieden war ich nicht, als der Täter abtransportiert worden war. Zum einen fehlten die beiden Kumpane, zum anderen das Diebesgut. Mindestens ein Autoradio war gestohlen worden, hatte es über Funk geheißen. Hatte der Täter es unterwegs irgendwo deponiert oder weggeworfen? Gundo fand auf Kommando Kugelschreiber und Hosenknöpfe in hüfthohen Wiesen, also sollte so ein Kasten kein Problem für ihn darstellen, selbst wenn er irgendwo vergraben war. Streng dem ihm vertrauten Prozedere folgend, ließ ich Gundo am Durchgang zum Park »Platz« machen und ging bedeutungsvoll ein paar Schritte in die Grünanlage, als würde ich etwas verstecken. Gundo war sichtlich angespannt, schien aber dennoch nicht ganz bei der Sache zu sein. Jedenfalls hatte ich nicht seine volle Aufmerksamkeit: Seine Nase machte sich immer wieder selbständig und schnupperte hoch erhoben in den schwachen Wind. Was hatten seine hundlichen 220 Millionen Riechzellen erfasst, das meinen menschlichen fünf Millionen entgangen war?

Ich klatschte in die Hände und wies Gundo mit einem gedehnten »Suuuuch! Verlooooren!« die Richtung, in die er lau-

fen sollte. Gundo sprintete in eine völlig andere Richtung davon und verschwand Sekunden später unter den tiefhängenden Zweigen eines ausladenden Busches. Ich konnte hören, wie er sich aufgeregt schnuppernd durch tiefes Laub wühlte. Dann bellte er. Mit hoher Stimme. So wie er gern bellte, wenn er zum Beispiel einen Igel aufgespürt hatte.
Ich hob einige Äste an und leuchtete mit meiner Taschenlampe unter den Busch. Tatsächlich: Gundo stand bis zur Brust in einem Laubhaufen und bellte hinein. Klar, es war Spätherbst, um diese Zeit suchen sich Igel ihr Winterquartier, und was war besser geeignet als dieser wärmende Berg angehäufter Blätter? Ich hätte es wissen sollen. Gundo war schließlich nur ein Hund. Trotzdem war ich ein wenig enttäuscht, als ich ihn zurückrief. Gundo machte keine Anstalten, mir zu folgen, bellte stattdessen weiter. Tiefer, aggressiver. Ich begann, mir Sorgen um die armen Igel zu machen, obwohl Gundo noch nie einem etwas zuleide getan hatte. Wieder leuchtete ich unter das Geäst – und entdeckte einen Fuß mit Turnschuh, der aus dem Laub zuckte. Blitzartig wich meine Enttäuschung heller Begeisterung. Mit »Soooo isser braaav!« bestätigte ich meinem scharfgeruchsinnigen Streifenpartner, dass er alles richtig gemacht hatte. Was ihn dazu veranlasste, nun wie ein Ziegenbock auf dem Laubhaufen herumzuhüpfen und mit wenigen Zentimetern Abstand dort zu bellen, wo ungefähr der Kopf des Gesuchten sein musste, um sich anschließend wieder dem Turnschuh zuzuwenden. Beherzt biss er in die Blätter, zerrte den Stoff einer hellblauen Jeans hervor und schüttelte diesen mit dem darin befindlichen Bein. Mit strenger Stimme befahl ich Gundo, die Hose loszulassen und sich hinzulegen. Widerwillig folgte er meiner Anweisung.
»Wenn Sie nicht mit erhobenen Händen herauskommen, muss ich den Hund erneut einsetzen!«, rief ich in den Busch.

Die Antwort kam wie aus der Pistole geschossen: »Bitte nicht! Ich komme!« Dann meldete sich zu meiner Verblüffung eine zweite Stimme: »Ich auch!« Im Gegensatz zu Gundo, der längst wusste, dass sich in dem Haufen zwei Lumpen versteckten, war ich völlig überrascht. Ich beorderte Gundo ins »Fuß«, worauf er sich links neben mich setzte. Seit an Seit beobachteten wir die zwei jungen Männer, die mit erhobenen Händen und kalkweißen Gesichtern im Schein meiner Taschenlampe ins Freie traten. Einem der beiden hing die Jeans unterhalb des Knies in Fetzen, aber sein Bein hatte glücklicherweise keinen Kratzer abbekommen. Sein graues Sweatshirt war schweißdurchtränkt. Er war mittelgroß und hatte dunkles Haar.

Das vermisste Autoradio fand Gundo später ebenfalls unter dem Laubhaufen. Was bewies, dass mein Partner durchaus Prioritäten setzte in der Erfüllung seiner dienstlichen Aufgaben.

DROGENKARRIERE

Jeder Polizeihund durchläuft in seiner Karriere als Erstes die Ausbildung zum Schutzhund. Als Gundo diese seinerzeit bestanden hatte, gab es noch nicht so viele Möglichkeiten der Spezialisierung wie heute. Personensuchhunde waren noch nicht im Dienst, auch keine Banknotenspürhunde. Für Lawinenhunde haben wir in Mittelfranken naturgemäß keinen Bedarf. Die damals angebotenen Lehrgänge betrafen Drogen-, Sprengstoff- oder Leichensuchhunde.
Die Vorstellung, dass Gundo in Zukunft Leichen ausbuddeln und ich, neben ihm stehend, der Entfaltung des Buketts entgegenriechen würde, war mir unangenehm. Nicht auszudenken, wollte er mir nach einem solchen Erfolg auch noch begeistert über das Gesicht lecken! Um diesem Horrorszenario vorzubeugen, meldete ich mich freiwillig für den Rauschgiftspürhundelehrgang. Das hatte auch noch andere Gründe: Ein Drogenspürhund ist praktisch ein Erfolgsgarant, denn Drogen werden wesentlich häufiger gefunden als Sprengstoff.

Der Lehrgang zum Drogensuchhund dauerte zehn Wochen. Für Gundo war diese Zeit ein Riesenspaß, denn sein Beute- und Spieltrieb wurden nicht nur ausgenutzt, sondern sogar noch gesteigert. Schritt für Schritt machte er Bekanntschaft mit den Gerüchen aller gängigen illegalen Drogen. Dazu wurden Behältnisse, *Bringsel* genannt, mit Rauschgift präpariert. Dies gewährleistet, dass die Hunde nicht mit dem Stoff in Berührung kommen. Es könnte tödlich für sie enden. Gundo lernte auch ein neues Kommando: »Such's Gifti!« Anfangs wurden die Bringsel, zumeist in Form von Kunststoffröhren und Schläuchen, in hohes Gras geworfen. Ein leichtes Spiel für einen Hund. Im Laufe des Seminars dachte sich der Ausbilder immer gewieftere Verstecke aus, die den Hund forderten, sein Spielzeug zu finden und zutage zu fördern. Letztlich sucht ein Rauschgiftspürhund nicht nach Drogen, sondern nach seinem Spielzeug, und die Freude ist groß, wenn er fündig wird. Sowohl bei ihm als auch bei seinem Führer, was dieser zeigen muss. So feiert er jeden Erfolg mit seinem Hund und tobt mit ihm herum, dass ein Außenstehender wohl nur den Kopf schütteln würde.

Von allen »Polizeibeamten« bekommt keine Gruppe bei Ausübung ihrer Pflichten so viel Lob wie die Diensthunde. Selbst wenn der Hund nur sein Spielzeug bringt, freut sich sein Führer regelmäßig wie ein Schneekönig. Jeder Erfolg wird lautstark und mit Spielen belohnt. Davon können zweibeinige Polizisten nur träumen, die von den lieben Mitbürgerinnen und Mitbürgern leider oft schwach angeredet werden, um es mal freundlich zu formulieren. Dabei weiß man doch: Motivation beflügelt. Auch ein Polizeibeamter freut sich, wenn er mal ein Lob hört. Dafür, dass er den Verkehr regelt, wenn die Ampeln ausgefallen sind – oder einfach schnell zur Stelle war. Im Gegensatz zu unseren vierbeinigen Kollegen beißen wir nicht!

Es kursiert das Gerücht, Rauschgifthunde wären süchtig. Ja, das stimmt: nach ihrem Spielzeug. Wären sie drogenabhängig, wäre der »Verschleiß« an vierbeinigen Fahndern sehr hoch, kaum ein Hund würde das dritte Lebensjahr erreichen. Außerdem verstieße es gegen das Tierschutzgesetz. Und ich wäre kein Hundeführer.

Wenn die Ausbildung heute auch anders abläuft, eines ist geblieben: Sobald der Hund etwas gefunden und angezeigt hat, sei es aktiv durch Kratzen oder passiv durch Hinsetzen, wird zur Belohnung sofort ausgiebig mit ihm gespielt. Zugegeben, im Einsatz hielt ich mich damit meist zurück. Allein die Vorstellung mutet seltsam an, im Wohnzimmer eines Drogendealers mit einem Hund herumzutollen, während die Handschellen klicken.

Gundo bestand die Prüfung mit Bravour. Diesmal bekam ich nicht nur eine Urkunde, sondern zum Üben auch ein Paket, von dem Drogenkonsumenten vermutlich träumen. Sein Inhalt bestand aus allem, was der Schwarzmarkt damals zu bieten hatte. Ob Haschisch oder Marihuana, Heroin oder LSD, Amphetamin in kristalliner Form oder als Pulver, es fehlte nichts, was des Süchtigen Herz begehrte. Besser gesagt das meines Hundes. Gundo aber machte da keinen Unterschied. Für ihn war alles schlichtweg nur eins: Gifti! Die heiße Fährte zum Spielen. Selbstverständlich war alles fein säuberlich gewogen, abgepackt und beschriftet. Vertrauen ist gut, Kontrolle ist besser. Hin und wieder wurden die Päckchen gegen neue getauscht.

So tauchten wir in eine Welt ein, die ich noch nicht kannte. Immer wieder wurden wir nun von Streifen oder der Kripo gerufen, um nach verstecktem Rauschgift zu suchen. Diese Durchsuchungen fanden in Abweichung zur TV-Realität selten in gepflegten Villen, überwiegend in verwahrlosten, oft zugemüllten Wohnungen statt.

Kaffee und Socken

Das Fachkommissariat für Rauschgiftdelikte hatte ihn schon lange im Visier. Er stand im Verdacht, den Markt mit hochreinem Heroin zu versorgen – zu rein. Mit einer derartigen Konzentration des Stoffes hatten einige Süchtige nicht gerechnet. Im Vertrauen auf die handelsübliche Beimischung von Streckungsmitteln wie Paracetamol, Backpulver, Vitamin C oder gar Strichnin auf zwanzig bis dreißig Prozent Heroingehalt hatten sie sich Überdosen gespritzt, die bei zwei von ihnen zur Atemlähmung und damit zum Tod führten. Ein Dritter lag seit seinem letzten »Schuss« im Koma.

Die vielfältigen Bemühungen der Kripokollegen, dem Verdächtigen den Handel mit diesem Heroin nachzuweisen, waren bisher ins Leere gelaufen. Wochenlang hatten sie ihn observiert, sogar sein Telefon abgehört, Scheinkäufe versucht. Der Verdächtige war sehr vorsichtig, es war ihm nicht beizukommen. Bis gestern. Bei einer zufälligen Personenkontrolle am Nürnberger Hauptbahnhof hatten Kollegen der Inspektion Mitte ein Tütchen mit Marihuana, gerade ausreichend für einen Joint, bei ihm gefunden. »Eigenbedarf«, hatte er sich verteidigt. Klar, was sonst. Aber das genügte dem Ermittlungsrichter, um im Zusammenhang mit dem bestehenden Verdacht einen Durchsuchungsbeschluss zu unterschreiben.

Ich wartete mit Gundo an meiner Seite zur Sicherheit einen Treppenabsatz unterhalb der Wohnungstür, als einer der vier Kollegen in Zivil den Klingelknopf drückte. In solchen Situationen besteht die Gefahr, von Gerangel an der Tür … oder Schlimmeres wie Schusswaffengebrauch. Bei einem Handgemenge könnte der Polizeihund die falsche Person packen. Insofern war es den Kollegen sehr recht, dass Gundo sich ein Stockwerk tiefer befand. Irgendetwas rappelte in der Wohnung, was wohl den Glockenton darstellen sollte. Ansonsten blieb es ruhig. Kommentarlos holte Andy, einer der Kripobeamten, ein selbstgebasteltes, zweifach geknicktes Blech aus der Hosentasche und schob es in Höhe des Schlosses in den Türspalt. Viele Beamte fabrizieren ihr »Einbruchswerkzeug« selbst. Sobald ein Durchsuchungsbeschluss vorliegt, ist das Betreten einer Wohnung erlaubt, auch wenn der Eigentümer nicht zu Hause ist. Bei verschlossener Tür wird ein Schlüsseldienst gerufen, die Kosten gehen zu Lasten des Beschuldigten. Oder ein Polizeibeamter öffnet die Wohnung – so spart man sich die Wartezeit, bis der Schlüsseldienst vorfährt. Im Film werden Türen gern eingetreten. Das kommt bei Gefahr in Verzug auch im Polizeialltag vor, wenn es um die Rettung von Leben geht oder ein Täter durch ein Fenster entkommen könnte. Ich selbst habe in meiner Laufbahn nur selten Türen eingetreten. Unvergessen ist mir mein erstes Mal. Ich musste so oft gegen die außergewöhnlich massive Tür treten, dass ich mir den Fuß verstauchte. Doch es lohnte sich: Mein Kollege und ich vom Streifendienst konnten die Frau, die ihren Selbstmord angekündigt hatte, retten. Von Türsprengen per Schulter rate ich ab. Türen sind im Allgemeinen stabiler als Schlüsselbeine.

Andy ging einen Schritt zurück. Mit einem leisen Klicken schwang die Tür auf. Wir lauschten mit angehaltenem Atem. Für einen Augenblick herrschte absolute Stille. Die Kollegen nickten sich zu und stürmten mit »Polizei!«-Gebrüll die Wohnung. Gundo sprang bellend in die Leine, er wollte mitmachen! Ich hielt ihn zurück, hörte Türen schlagen und ein

Glas auf dem Boden zerspringen. Wenige Sekunden später steckte Andy den Kopf heraus und grinste:
»Kannst reinkommen. Niemand zu Hause.«
Ich ließ mich von meinem hoch motivierten Hund die Stufen hinaufziehen, bremste ihn jedoch energisch vor der Wohnung.
»Ich glaube, ihr kommt besser noch mal raus. Ich möchte nicht, dass euch mein Kollege hier mit dem Täter verwechselt.«
Gundo machte »Waff!«. Er hatte gern das letzte Wort.
»Klar.« Andy kannte das Prozedere: »Zuerst sucht der Hund mit der Nase, danach wir manuell. Aber pass auf, in der Küche ist uns was runtergefallen. Wir haben die Tür zugemacht. Nicht dass er sich seine Pfötchen verletzt.« Andy schaute auf Gundos Füße. »Äh, Pranken«, verbesserte er sich.

Ungeduldig warteten meine Kollegen, bis ich Gundo klargemacht hatte, dass es jetzt um »Gifti suchen« und nicht um »Lumpen fangen« ging. Es gelang mir nicht, seine anhaltende Körperspannung verriet es mir. Also ließ ich ihn in die Wohnung preschen und erst einmal Dampf ablassen. Unbeirrt galoppierte er an einem Sideboard im Flur vorbei, auf dem eine grüne Plastikschale in Form eines Hanfblattes stand. Das Stückchen Haschisch, das in deren Mitte prangte, schien Gundo nicht wahrgenommen zu haben. Oder interessierte es ihn nicht?
Es dauerte keine Minute, bis er sämtliche offenen Räume der heruntergekommenen Wohnung abgestöbert hatte. Die Pizzaschachteln mit schimmelgrünem Inhalt, den überquellenden Mülleimer und weiteren, nicht identifizierbaren Dreck, der überall herumlag, beachtete er nicht. Allmählich wurde er ruhiger und stellte seine Geruchssensoren von Angstschweiß auf Drogen um.

»Gifti«, ermunterte ich ihn zusätzlich, »such das Gifti!«
Gundo lief an dem Schränkchen mit der Hanfblattnachbildung entlang, diesmal intensiv schnuppernd – aber ohne Reaktion. Was war nur los mit ihm?
Mit deutlich hörbarem »Pf-pf-pf« arbeitete sich Gundo systematisch durch die Räume, stieß schließlich die nur angelehnte Tür zum angrenzenden Schlafzimmer auf und verschwand darin.

Etwas polterte. Gundo vergnügte sich mit einer kniehohen Porzellanvase, rollte sie quer durch den Raum. Eine alte Socke fiel heraus, Gundo packte und schüttelte sie begeistert. Mein Kollege liebte alte Socken. Daran war ich schuld: Ich hatte sie ihm von klein auf in den Zwinger gelegt, um ihn mit meinem Geruch vertraut zu machen. Überflüssige Liebesmüh, wie ich heute weiß, ein typischer Anfängerfehler, die eigenen Socken so hoch zu bewerten.
Verlegen schaute ich über meine Schulter, doch die Kollegen warteten brav im Treppenhaus. So blieb mir die Peinlichkeit erspart, ihnen das Verhalten meines Hundes erklären zu müssen. Mit spitzen Fingern nahm ich Gundo die Socke ab, die einen säuerlichen Geruch verströmte, und ließ sie angeekelt auf das Bett fallen. Gundo widmete sich erneut der Vase, steckte seine Schnauze tief in deren Öffnung und wedelte erfreut. Ein Blick in das Gefäß bestätigte meine Befürchtung: Da waren noch mehr Socken! Ich überlegte kurz. Prüfend musterte ich Gundo. »Meinst du?«, fragte ich, ohne eine Antwort zu erwarten. Dann zog ich meine dünnen Lederhandschuhe straffer, krempelte die Ärmel zurück und angelte einen stinkenden Socken nach dem anderen aus der Vase. Darunter tauchte grobes, dunkelbraunes Pulver auf. Kaffee! Ein beliebtes, wenn auch unwirksames Mittel, den Geruch von Rausch-

gift zu kaschieren. Mit zunehmender Aufregung leerte ich den Inhalt der Vase vorsichtig auf den Boden. Jep! Das Kaffeepulver war durchsetzt mit sogenannten Plomben, zusammengedrehten Zellophanstückchen, verkaufsfertig befüllt mit jeweils einer Ration Heroin. Dutzende.
Ich klopfte Gundo kräftig auf die Flanken und durchwuschelte sein Fell, rief fortwährend »Suuuper!«, »Feiiiin gemacht!«, »Priiimaaa!«. Gundo grunzte vor Behagen.
»Alles in Ordnung bei euch?«, hörte ich Andys Stimme im Treppenhaus hallen.
»Und ob!«
Gundo nutzte die Gelegenheit und preschte hinaus in den Flur. Er steuerte direkt das Sideboard an, stellte sich auf die Hinterläufe und stupste, wild wedelnd, mit seiner Nase fortwährend an die Plastikschale mit dem Haschisch, so, als wollte er mir mitteilen: »Guck mal! Da ist noch was! Da ist noch was!«
Nun war ich vollends baff. Gundo hatte dieses kleine Stückchen Haschisch vorhin nicht nur registriert, sondern sich sogar gemerkt! Warum er es mir nicht sofort gezeigt hat, wird für mich immer ein Rätsel bleiben.

Andy war nicht weniger begeistert, als ich ihm Gundos Fund präsentierte: »Jetzt haben wir ihn! Wow, jetzt haben wir ihn!« Er fiel sogar auf die Knie, aber nicht vor Bewunderung, wie ich einen Moment lang hoffte, sondern um die im Kaffee sichtbaren Plomben zu zählen, ohne sie zu berühren. Schließlich waren sie mögliche Spurenträger, außerdem musste die Situation erst einmal fotografiert werden.
»Das sind mehr als siebzig Plomben, Elmar. Damit können wir dem Typen endlich den Handel nachweisen. Durchaus möglich, dass dein Hund dem einen oder anderen Junkie das Leben gerettet hat.«

So pathetisch kannte ich Andy gar nicht, aber letztendlich hatte er recht. Dies war eine der Sternstunden unseres Berufes. Wir hatten ein Verbrechen, dem Menschen zum Opfer hätten fallen können, vereitelt. So was kommt leider nicht täglich vor, auch wenn es eine hohe Motivation für den Beruf des Polizisten darstellt. Mit einem ehrfürchtigen Blick auf Gundo fügte Andy hinzu: »Du kannst sehr stolz auf ihn sein.«
Das hätte er mir nicht sagen brauchen, mich zerriss es ja schon fast vor Stolz. Ich bemühte mich um Fassung.
»Nun fehlt noch der Dealer. Kennt ihr seinen Aufenthaltsort?«
Andy nickte. »Unser Observationsteam hat ihn vorhin zwar kurz verloren, aber inzwischen in der Innenstadt wieder aufgenommen.«
»Na dann«, freute ich mich.
Andy zückte sein Handy. »Okay, jetzt könnt ihr ihn festnehmen … Ja, genau … mindestens siebzig Plomben … nein, der Hund hat den richtigen Riecher gehabt.«

Frühdienst mit Gundo

Um vier Uhr morgens klingelte mein Wecker. Wie jedes Mal hielt ich das für ein Missverständnis. So früh aufzustehen grenzt an Körperverletzung. Was auch Gundo fand, der einfach weiterschlief oder es wenigstens probierte. Aber dann saß er eine halbe Stunde später doch in seiner Transportbox. Und schlief weiter, während ich uns nach Nürnberg chauffierte, wo meine Kollegen, die in dieser Nacht Dienst gehabt hatten, schon auf uns warteten. Kaum öffnete ich die Tür zur Dienststelle, standen sie auf. »Gute Nacht, Elmar.«
»Gute Nacht«, erwiderte ich und beneidete sie. Meiner Meinung nach gehörte ich auch ins Bett.

Ich habe gelesen, dass es Eulen und Lerchen unter den Menschen gibt, Nachtaktive und Frühaufsteher. Diese Vorliebe basiert offenbar auf einer genetischen Grundlage. Es heißt, an diesem Code könne man kaum etwas ändern, auch wenn man sich mit Willenskraft an bestimmte Zeiten zu gewöhnen versuche. Doch so richtig wohl fühlt sich die Lerche nach Mitternacht nie. Und ich, als Eule, leide am Frühdienst. Im Gegensatz zu mir hatte Gundo die Möglichkeit, sein Schlafdefizit bei jeder sich bietenden Gelegenheit nachzuholen. Darum beneidete ich ihn manchmal. Denn für mich fing der Dienst um halb sechs Uhr morgens gelegentlich mit einem Einsatz an. Wenn ich Glück hatte, konnte ich mir noch einen Kaffee kochen und im Computer nachlesen, wie die Nacht verlaufen war. Bei der Hundestaffel gibt es keinen Publikumsverkehr. Wer Anzeige erstatten will, muss zu einer der Inspektionen. Gerade beim Frühdienst halte ich das für einen Vorteil. Denn ehrlich gesagt, habe ich um 5:30 Uhr noch keine Sprechstunde.

Wenn kein Einsatz anstand, fuhren Gundo und ich gegen sieben Uhr auf Streife. Zwischendurch gab es auch Gassi für Gundo, in Zivil. Sein Geschirr mit dem Aufdruck Polizei legte ich ihm nur im Einsatz um. So erkannte er auch selbst immer, wann es ernst wurde. Nach dem Gassi schlief er weiter. Hunde schlafen rund sechzehn Stunden am Tag. Ich wäre rundum zufrieden mit der Hälfte gewesen! Am Ende des Frühdienstes kannte ich nur ein Ziel: das heimische Sofa. Wenn ich gegen 14 Uhr zu Hause war, trennte mich lediglich eine kurze Gassirunde davon. Gundo legte sich davor. Manchmal auch neben mich, meine Hilflosigkeit ausnutzend. Gelegentlich zuckten seine Pfoten im Schlaf. Wenn er im Frühdienst keine Lumpen gestellt hatte, holte er das jetzt in seinen Träumen nach.

Gundos Fachhochschulreife

Im Alter von vier Jahren legte Gundo die Polizeihundeprüfung 2 ab. Davor besuchten wir einen vierwöchigen Lehrgang, in dem ausschließlich Situationen mit dem Hund geübt wurden, die in der Praxis vorkommen können. Einbrecher nutzen alles, was sich bietet, um sich vor dem Diensthund zu verstecken. Gundo lernte, sich noch mehr auf seine Nase als auf seine Augen zu verlassen. Täter können ebenso in einem Schrank, unter einem Gitterrost oder in einem Regal in vier Meter Höhe darauf hoffen, dass die Polizei wieder abzieht. Oder auf einem Baum, dem Hochsitz eines Jägers, in einem Erdloch. Der Phantasie sind keine Grenzen gesetzt. Der Hundenase zum Glück auch fast nicht.

Manchmal wartet ein Verbrecher auf eine günstige Gelegenheit, den suchenden Beamten anzugreifen. Durch das Nachstellen solcher Situationen wird dem Hundeführer »eingeimpft«, dass dies überall und jederzeit passieren kann. Der Hund wird damit vertraut gemacht, stets in Bereitschaft zu sein, einen solchen Überfall abzuwehren. Routine kann tödlich sein, wenn sie zu Nachlässigkeit führt, weil man glaubt, alles laufe automatisch. Eigensicherung ist das höchste Gebot jedes Einsatzes. So wurde gerade in diesem Lehrgang Vorsicht geübt, bis sie uns zu den Ohren herauskam. Gundo war wie immer mit Feuereifer bei der Sache. Er bestand die »Fachhochschulreife«, wie ich die abschließende Prüfung nannte, als Zweitbester mit *sehr gut.* Nur ein Punkt trennte ihn von dem Prädikat *vorzüglich.* Heute gibt es dieses Punktesystem nicht mehr.

MANN MIT HUND

Unser Vermieter hatte mal wieder die Miete erhöht, und meine Frau und ich stellten fest, dass es für uns günstiger wäre, ein Haus zu kaufen, obwohl wir über keine allzu hohen Rücklagen verfügten. Wir suchten wie so viele andere rund um Nürnberg nach einem schönen alten Bauernhof, den wir renovieren wollten. Wie viele andere mussten wir einsehen, dass dieser Traum vom Glück auf dem Lande unsere finanziellen Möglichkeiten sprengte. Auch die Nähe zur Großstadt war unerschwinglich, und so wurden die Kreise, die wir zogen, immer weiter, bis wir ein bezahlbares Grundstück in der Oberpfalz, eine Dreiviertel-Autobahnstunde von Nürnberg entfernt, fanden. Nun begann eine nervenaufreibende Zeit, die alle kennen, die selbst einmal gebaut und dann beschlossen haben: nie wieder! Auch für Gundo war der Hausbau eine aufregende Zeit. Hunde mögen keine Veränderungen.

Eines Tages stellte ich Gundos Zwinger auf das Grundstück. Interessiert schaute er mir dabei zu und schnüffelte zwischendurch immer wieder in seinem neuen Revier herum. Allmählich sah das finnische Holzblockhaus, für das wir uns entschieden hatten, schon richtig wohnlich aus. Fenster und Türen waren eingebaut, das Dach gedeckt. Noch stand das Haus alleine, umgeben von Wiesen, Äckern und Wäldern, mit einigem Abstand zum Dorfrand. Dies würde sich im Lauf der Zeit ändern. Wie gesagt: Wir waren nicht die Einzigen …

Der Wagen der Elektriker fuhr termingerecht vor. Ich legte Gundo ins »Platz« und begrüßte die beiden Handwerker, die im Keller den Sicherungskasten anschließen wollten. Wir gingen zusammen nach unten, der Meister erklärte mir, welche Sicherung für welchen Stromkreis zuständig sein würde. So merkte ich nicht, dass der Geselle zum Wagen zurückkehrte, um Werkzeug zu holen.

Plötzlich hörte ich: »Autsch! Autsch! Hörst du auf! Weg!«

Ich stürzte dem Rufen entgegen und sah den Mann mit heruntergezogener Hose und blutendem Hinterteil in der Einfahrt stehen. Stolz und mit federndem Gang kam Gundo schwanzwedelnd zu mir. Offensichtlich hatte er sein neues Revier akzeptiert und angemessen verteidigt.

»Ist was passiert?«, rief ich erschrocken.

Gundo wedelte auffordernd. Wo blieb sein Lob?

»Platz!«

Das verstand er nun gar nicht, machte es aber.

Zum Glück war die Wunde am Allerwertesten des Elektrikers nicht tief, und er verkraftete den Schrecken mannhaft.

»Ein Stromschlag ist schlimmer«, meinte er trocken.

Mir war das wahnsinnig peinlich, und ich erklärte dem Handwerker, dass das nicht die Schuld meines Hundes gewesen war, der im Prinzip alles richtig gemacht hatte, sondern meine. Die Schadenersatzforderung in Form eines Kastens Bier beglich ich noch am selben Tag.

Die folgenden Monate waren geprägt von kleinen und größeren Problemen am Bau. So fehlten die im Kaufpreis enthaltenen Fußbodenbeläge. Ich musste sie nachkaufen, und Einbrecher nutzten die einsame Lage des Hauses, um eines Nachts, als Gundo und ich unterwegs waren, um Einbrecher zu schnappen, alles zu stehlen, was nicht niet- und nagelfest war.

Am 1. Juni 1995 war es endlich so weit: Wir bezogen unser neues Zuhause. Ich gewöhnte mich schnell ein. Meine Frau aber fühlte sich einsam in dieser ländlichen Umgebung, und so blieb es ihrerseits bei einer Stippvisite. Nach einem Jahr zog sie aus – mit ihren beiden Töchtern und dem Pflegesohn, den wir mittlerweile aufgenommen hatten. Auf einmal war ich allein in einem Riesenhaus. Mit Gundo. Der musste nicht mehr in den Zwinger. Und war happy. Und ich? Wusste nicht, wie es weitergehen sollte. Gundo probierte auf seine Weise, mich aufzuheitern. Legte mir seinen Ball vor die Füße, schließlich macht Ballspielen glücklich, forderte mich zu allerhand Blödsinn auf, tanzte durchs Wohnzimmer in dem Versuch, seinen eigenen Schwanz zu fangen. Es kam mir vor, als wollte er mich trösten. Manchmal schaffte er es sogar.

In meiner Freizeit begann ich, für Zeitungen zu schreiben. Ich berichtete über Kulturveranstaltungen und Events in der näheren Umgebung, wie den Auftritt einer Bauchtanzgruppe und ähnliche Highlights. Gundo war immer an meiner Seite, auch wenn er öfter im Auto auf mich warten musste. Vielleicht redete ich noch ein bisschen mehr mit ihm als früher. Er war einer der besten Zuhörer, die ich jemals hatte.
Im Sommer zündete ich im Garten manchmal ein Lagerfeuer an und briet für uns Würste an einem Stock. Ein Fest für Gundo, er rückte dicht auf. So saßen wir lange am Feuer. Heer und Hund. Eigentlich fehlte uns doch nichts, oder?

Frau mit Hund

Als Single, der nun allmählich wieder mit offenen Augen durch die Welt lief, fiel mir schon bald Anna auf, die Seele des kleinen Wirtshauses, in dem ich mir oft Pizza und Pasta to go holte. Sie war mir sehr sympathisch, aber natürlich konnte mein Herz nur erobern, wer das Herz meines Hundes eroberte. Anna liebte Gundo von Anfang an. Doch ihr Hund Drago konnte Gundo nicht riechen, und das machte unsere Beziehung kompliziert. Von wegen zu viert schöne Spaziergänge unternehmen. Das ging nur an der Leine mit Abstand. Drago war ein Huskyrüde, ein Bär von Hund. Ein gutmütiger Kerl, aber nicht bei Gundo. So wurde es noch komplizierter, als Anna zu mir zog. Ein Hund im Garten, der andere im Haus. Und umgekehrt. Es war stressig, sie getrennt zu halten. Annas Tochter Melanie gegenüber, sie war zwölf, benahmen sich beide Hunde wie Lämmer, einzeln. Eigentlich hatte ich allein schon zwei Hunde. Gundo schaltete je nach Ort um. In Nürnberg ließ er den Polizeihund raushängen, war wachsam und auch mal giftig. Zu Hause zeigte er sich als das lustige, verspielte, liebe Schmusetier. Anna und ich ließen uns von der Antipathie unserer Hunde nicht beeinflussen, schließlich waren wir die Chefs, und heirateten nach drei Jahren.

Spürnase contra Koksnase

Es regnete in Strömen. Gerade hatten wir einen Porsche durchsucht. Zufrieden streichelte ich Gundo über das feuchte Fell und reichte ihm einen Streifen getrockneten Pansen in die Autobox. Seine Leibspeise, über deren Ausdünstungen wir gegensätzlicher Meinung waren. Duft oder Geruchsbelästigung? Hier schied ich als Futterkonkurrent gerne aus. Vorsichtig nahm Gundo mir das Leckerli aus der Hand, rollte sich in seiner Box zusammen und kaute andächtig.

Eine Streife hatte den Porschefahrer angehalten, weil er ständig dicht auffuhr. Als die Kollegen die Kelle aus dem Fenster hielten, hatte der Fahrer noch schnell etwas aus dem Auto geworfen. Das Päckchen Amphetamin, ein illegales Aufputschmittel, war im Straßengraben rasch gefunden. Der Sportwagenbesitzer, ein Endzwanziger mit straff nach hinten gegelten Haaren, gab sich ahnungslos. Nein, das Rauschgift gehöre selbstverständlich nicht ihm, was die Beamten sich da unterstehen würden! Und überhaupt, wie sie dazu kämen, harmlose Bürger zu belästigen, während anderswo das Verbrechen tobe. Schließlich entrichte er im Monat mehr Steuern, als die beiden zusammen verdienten. Dank Leuten wie ihm sei der Staat überhaupt in der Lage, ihre Gehälter zu bezahlen.

Die Kollegen hatten sich unbeeindruckt gezeigt vom erfindungsarmen Gefasel des Sportwagenfahrers. Einen solchen Unsinn hören wir Polizeibeamte oft. Stattdessen hatten sie seine Personalien vom Computer der Einsatzzentrale überprüfen lassen. Sechsundneunzig Einträge! Neben diversen

Körperverletzungen, Diebstählen und Betrügereien auch Zuhälterei und Drogenhandel in nicht geringem Umfang. Ein stattliches Register für einen Achtundzwanzigjährigen! Erst vor drei Monaten hatte er seine letzte Haftstrafe abgesessen. Den Porsche hatte er sicher nicht mit dem Geld bezahlt, das er währenddessen mit Tütenkleben verdient hatte.

Als ich mit Gundo dazukam, saß der eifrige Steuerzahler auf der Rückbank des grün-weißen BMW und lamentierte lautstark. Die Kollegen hatten einen Rauschgifthund angefordert, da der dringende Verdacht bestand, dass noch weitere Drogen in dem Auto versteckt waren. Während ich mir mit hochgeschlagenem Kragen den Sachverhalt erklären ließ, wartete Gundo blinzelnd neben mir. Er mochte es nicht, wenn ihm Regentropfen in die Augen fielen. Verständlich.

Wie gewohnt ließ ich Gundo zuerst außen am Auto suchen, die Stoßstangen, Radkästen, Türschweller. Überall eben, wo sich Hohlräume als Versteck anboten. Das Wasser perlte ihm inzwischen schon von den Spitzen der waagerecht gestellten Ohren, aber er schnupperte konzentriert und blieb schließlich mit der Nase förmlich am Türspalt der Beifahrerseite hängen. Aha!

Ich zog ihn am Halsband ein wenig zurück und öffnete die Tür.

Ein Aufschrei tönte aus dem Streifenwagen der Kollegen:

»Wehe! Wehe der Köter hinterlässt auch nur einen Pfotenabdruck auf meinen Ledersitzen!«

Bei einem Pfotenabdruck wird es kaum bleiben, dachte ich grinsend. Aber ich zuckte trotzdem zusammen, als Gundo in das edle Coupé sprang. Durch die Frontscheibe beobachtete ich, wie er den Hals streckte – dann sah ich nichts mehr von ihm. Von einer Sekunde auf die andere waren sämtliche Scheiben des Sportwagens blind. Gundo hatte sich, bevor er sich an die Arbeit machte, erst einmal gründlich geschüttelt.

Begleitet von einer wüsten Schimpfkanonade aus dem Hintergrund riss ich die Tür wieder auf. Der Innenraum triefte nun annähernd so stark wie vorher mein Hund. Der war indessen dabei, mit Pfoten und Zähnen die lederbezogene Konsole zwischen den Sitzen zu demontieren. Begeistert wedelte er dabei mit dem Schwanz. Eindeutig aktives Anzeigeverhalten! Um den Schaden in Grenzen zu halten, hob ich Gundo voll des Lobes aus dem Auto und ließ ihn erst einmal Platz machen. Dann untersuchte ich die Stelle, die ihn so in Euphorie versetzt hatte, und beförderte ein transparentes Plastiktütchen ans Taschenlampenlicht, das zwischen Sitz und Konsole klemmte. Es war leer. Aber nicht leer genug für die feine Nase meines Spürhundes: Weiße Spuren im Inneren deuteten darauf hin, dass sich in der Tüte einmal eine illegale Substanz befunden hatte. Kokain, wie der anschließende Schnelltest bewies.

Warum ich trotz der verschwindend geringen Menge mit dem Fund zufrieden war? Gundo hatte mir einmal mehr seinen überaus sensiblen Geruchssinn bewiesen.
Später erfuhr ich, dass der Staatsanwalt noch während der Nacht die Durchsuchung der Wohnung des Beschuldigten in dessen Heimatstadt angeordnet hatte. Dort konnten die Kollegen mehrere hundert Gramm Kokain, verkaufsfertig in kleinen Plastiktütchen, sicherstellen.

Eine Hundenase lässt sich kaum täuschen, heißt es. Das bloße Anzeigen von Rauschgift reicht allerdings nicht als Beweis vor Gericht, da braucht es etwas Sicht- und Fassbares in Form der Droge, nicht nur den Hauch davon. Deshalb führt das aktive Anzeigeverhalten des Hundes manchmal dazu, dass ein Auto auseinandergenommen wird. Vor einigen Jahren zeigte sich der Hund eines Kollegen vom Kardantunnel eines holländischen Fords schwer beeindruckt. Schnaubend und schnaufend steckte er seine Schnauze zwischen die Sitze, biss und kratzte. Weder sein Führer noch die Kollegen konnten etwas finden. Der Wagen wurde sichergestellt und in die Werkstatt des Präsidiums gebracht. Nach und nach bauten die Mechaniker die gesamte Innenausstattung der Limousine aus. Mit zunehmender Verzweiflung erkundigte sich der Hundeführer nach dem Resultat. »Nichts«, hörte er jedes Mal.

»Das kann nicht sein!«

»Is' aber so«, meinte einer der Mechaniker sichtlich genervt.

Der Führer konnte sich das Fehlverhalten seines Partners nicht erklären. So etwas war noch nie vorgekommen, und es verunsicherte ihn stark. Schließlich brachte die Befragung des holländischen Fahrers Licht ins Dunkel. Vielleicht hatte er sogar Mitleid mit dem Hund. Er gab zu, dass er in Holland gelegentlich Marihuana konsumiere, dort ist das straffrei, und ja, es könne durchaus sein, dass ihm mal ein Krümel zwischen die Sitze gerutscht sei. Diesen Hauch hatte der Hund wahrgenommen. Mein Kollege war sehr erleichtert. Es gibt nichts Schlimmeres für einen Hundeführer als fehlendes Vertrauen in seinen Hund. Das ist für beide Seiten eine schwere Last.

Gundo und Gabbana

Gundo saß schon in der Gitterbox und hechelte die Heckscheibe des zivilen Opel Astra blind, für den ich mich in dieser Nachtschicht entschieden hatte. Da ich der einzige Hundeführer im Dienst war, hatte ich freie Auswahl, was den Fuhrpark betraf. Es war 23 Uhr, und wir waren seit drei Stunden im Dienst. Ich stieg in den Kombi und schaltete das Funkgerät ein. Jemand gab gerade ein Kennzeichen zur Überprüfung an die Einsatzzentrale durch. Ich erkannte die Stimme von Chris, einem jungen, netten Kollegen von der Zivilen Einsatzgruppe ZEG. Wir hatten schon das eine oder andere Mal miteinander zu tun gehabt.

»Kennzeichen ohne«, antwortete der Funksprecher, was bedeutete, dass es weder zur Fahndung noch aus sonstigem Grund ausgeschrieben war. »Ist für einen BMW der Dreier-Serie, Farbe Rot, ausgegeben.«

»Für einen roten BMW?« Chris' Stimme wechselte von betont lässig auf leicht hektisch. »Vor uns fährt ein weißer Transporter, kein roter Personenwagen. Ist eine uniformierte Streife in der Nähe? Wir brauchen eine zur Anhaltung!«

Zivilstreifen forderten für Verkehrskontrollen meistens einen »uniformierten« Streifenwagen an, um Missverständnisse zu vermeiden. Und Ausreden wie: »Ich dachte, Sie sind Straßenräuber. Deshalb habe ich Gas gegeben!«

»Wo?« Eine erste Streife meldete sich.

Mit »Wo denn?« eine weitere.

»Wir sind in der ...«

Dann folgte das übliche Gequietsche und unverständliche Gekrächze des Funkgerätes, wenn viele gleichzeitig redeten. Ich hörte »Fürth« und »Karolinenstraße« heraus. Von Nürnbergs Stadtmitte aus gesehen, ziemlich weit entfernt. Außerdem saß ich in einem Zivilfahrzeug. Ich lenkte den Astra in Richtung Südstadt. Dort war in den letzten Wochen öfter in Bekleidungsgeschäfte eingebrochen worden. Vielleicht hatte ich Glück und erwischte den Klamottendieb?

»Täter flüchtet!« Die Stimme von Chris schrillte aus dem Lautsprecher. »Er hat uns wohl erkannt, plötzlich volle Kanne den Stempel reingehauen und das Auto stehen lassen!«

»Wo?«, wollte die Zentrale wissen.

»Äh, Fürth, Schwabacher Straße! Täter ist jetzt irgendwo auf dem Gelände des Autohändlers hier. Wir brauchen Streifen zum Umstellen. Und einen Hund!«

»Hund kommt!«, brüllte ich in das Mikrofon und wendete, dass die Reifen meines Wagens wimmerten und mir ein Passatfahrer den Vogel zeigte. Im Rückspiegel konnte ich sehen, wie sich Gundo gewohnt souverän gegen die Fliehkraft in die Kurve legte. Er war längst Profi geworden während wilder Autofahrten. Wäre ich nur gleich nach Fürth gefahren! Ohne Blaulicht und Tatütata brauchte ich jetzt, sämtliche roten Ampeln missachtend, mindestens eine viertel Stunde. Übrigens darf die Polizei auch mit abgeschaltetem Horn oder einem Zivilwagen Verkehrsregeln missachten, wenn es geboten erscheint. Verursacht der Fahrer jedoch einen Unfall, ist er verantwortlich wie jeder andere auch.

Die Bremsscheiben meines Astra dampften, als ich neben dem Lieferwagen hielt. Chris stand an dessen offener Schiebetür und winkte ab: »Kannst deinen Hund im Auto lassen. Wir haben schon alles abgesucht, der Kerl ist weg.«

Er deutete in den Kastenwagen. »Voll bis unters Dach mit gestohlener Kleidung, nur vom Feinsten: Chanel, Dolce und Gabbana, Gucci und so weiter.«

»Warum habt ihr nicht auf mich gewartet?«, ärgerte ich mich

ein wenig. »Das ist doch bestimmt der Einbrecher gewesen, den wir schon lange suchen! Steht die Absperrung noch?«
»Nee, die Kollegen sind abgezogen. Der Täter ist bestimmt hinten über den Zaun abgehauen. Sonst hätten wir ihn gefunden.«
»Dann braucht ihr das nächste Mal auch nicht mehr nach einem Hund schreien«, hielt ich Chris entgegen.
Nicht zum ersten Mal war Gundo und mir die Chance genommen worden, einen Ganoven aufzustöbern, weil die Kollegen zu ungeduldig gewesen waren.

Ich ließ meinen Blick über das Gelände des Autohandels schweifen. Blitzende Neuwagen, geparkt in Reih und Glied, hell ausgeleuchtet von großen Scheinwerfern an jeder Ecke des Grundstücks. Wo Licht ist, gibt es bekanntlich auch Schatten. Und dunkle Ecken, wo man sich gut verstecken kann. Kurz entschlossen öffnete ich die Heckklappe des Astra, ließ Gundo heraus und nahm ihn an die Leine.
»Wenn ich schon mal da bin, kann ich meinen Hund ja trotzdem stöbern lassen«, brummte ich.
Chris zuckte mit den Schultern. »Wie du meinst. Ich muss hier sowieso noch auf den Abschleppdienst warten. Wenn was ist, kannst du mich rufen.« Er winkte mit seinem Funkgerät.
Ich kletterte über die gut einen Meter hohe Mauer, Gundo nahm sie mit einem Satz. Mit einem geflüsterten »Pass auf!« kniete ich mich neben ihn und stellte ihn auf die Situation ein. Mein Partner spitzte die Ohren und schnupperte in Richtung des Fuhrparks. Er zitterte vor Anspannung und leckte sich aufgeregt über die Nase.
»Wo ist der Lump?«, zischte ich.
Gundo antwortete mit einem langgezogenen Fiepen.

Nach der obligatorischen Androhung, den Diensthund einzusetzen, gab ich Gundo frei. Wie von einem Bogen abgeschossen, spurtete er los. Durchaus etwas stolz beobachtete ich, wie er im Galopp und systematisch die Wagenreihen absuchte, selbständig keine Reihe ausließ. Ich erkannte die Erfahrung, die er sich in seinen mittlerweile sieben Dienstjahren angeeignet hatte, musste ihn kein einziges Mal leiten und auf eine überlaufene Gasse zwischen den Autos aufmerksam machen. Wenn auch kein Täter mehr da war, die Suche war perfekt.

Ich wollte Gundo gerade zurückrufen, als er urplötzlich seinen Lauf abbremste. Seine Krallen kratzten über den Asphalt. Ein geschlossener Streusandkasten an der gegenüberliegenden Mauer hatte seine Aufmerksamkeit erregt. Er presste seine Nase an den Spalt zwischen der grauen Wanne und dem grünen Deckel, sog tief die Luft ein – und begann zu bellen. Zunächst noch etwas zögerlich, dann immer lauter, immer wütender! Es war wieder dieses ganz spezielle Bellen, begleitet von einem grollenden Unterton: Gundo hatte einen Menschen gefunden. Versteckt in dieser Kiste.

Ich unterdrückte den Impuls, einfach loszusprinten. Auf meine Eigensicherung achtend, aber gleichzeitig um die Sicherheit von Gundo besorgt, pirschte ich mich in der Deckung der Autos so schnell wie möglich an ihn heran. Was, wenn der Täter bewaffnet war? Wenn er auf meinen Hund schoss? Gundo hegte solche Bedenken natürlich nicht. Als ich ihn endlich erreichte, sprang er begeistert auf die Kunststoffbox. Mit einem scharfen »Hier!« rief ich ihn zu mir. Zu meiner Erleichterung folgte er meinem Befehl sofort, obwohl er nur zu gern den Lumpen aus der Kiste gezogen hätte. Im Schutz einer Mercedes-S-Klasse brüllte ich meinen Standardsatz: »Hier spricht die Polizei! Kommen Sie raus!« *Oder ich setze*

den Hund ein, ließ ich erst mal weg. Gundo winselte ungeduldig. Nichts rührte sich. Der Kasten stand weiterhin da, als würde er nur Streusand enthalten. Ich musste deutlicher werden:
»Polizei! Kommen Sie raus aus der Kiste! Oder der Hund kommt rein!« Gundo schickte ein bestätigendes »Wau!« hinterher.
Das wirkte. Langsam hob sich der Deckel um wenige Zentimeter. Ich schaltete die Taschenlampe ein. Zwei ängstlich geweitete Augen musterten die Umgebung. Vorsichtig richtete ich mich auf und gab mich zu erkennen. Das reichte Gundo als Signal, wieder durchzustarten. Kurz bevor er den Sandkasten erreichte, fiel der Deckel zu. Rums. So wütend hatte ich meinen Hund selten erlebt. Aggressiv bellend kratzte er mit beiden Pfoten an dem glatten Kunststoff. Der Einbrecher musste irgendetwas Besonderes an sich haben, was Gundo derart in Rage brachte. Vielleicht aber dünstete er stark aus vor Angst. Er tat mir beinahe leid.
Den Gedanken, Chris zu Hilfe zu holen, verwarf ich. Zu groß war die Gefahr, dass Gundo ihn sich als Ersatzmann schnappen würde. Diesmal bedurfte es mehrerer Kommandos mit der abschließend scharfen Drohung: »Wenn du jetzt nicht hergehst ...!«, um Gundo zum Zurückkommen zu bewegen. Ich klopfte ihm anerkennend die Flanke, hielt ihn aber am Halsband fest, als ich meine Absicht über die Mercedes-Kühlerhaube hinweg erneut ankündigte:
»Sie kommen jetzt raus da! Es wird Ihnen nichts passieren, solange Sie sich friedlich verhalten. Haben Sie das verstanden?«
Der Einbrecher hob die Klappe wieder an, diesmal so weit, bis sie senkrecht stand. Ein Hüne, schwarz gekleidet, stieg aus dem Sandkasten, so groß, dass ich mich wunderte, wie er da überhaupt hineingepasst hatte. Ich forderte ihn auf, sich auf

den Boden zu legen. Für mich eine Grundregel der Eigensicherung. Ein liegender Täter kann nicht so leicht angreifen.
»Aber …«
»Auf den Boden!«
»Aber …«
»Fiep!« Gundo wollte wieder mitspielen.
»Nix aber! Hinlegen, habe ich gesagt!«
»Aber da ist es nass!«
Erst jetzt bemerkte ich die flache Pfütze, an deren Rand der Riese mit hängenden Schultern stand. Nun hatte ich wirklich Mitleid mit ihm.
»Gehen Sie einen Schritt zur Seite und legen Sie sich dort hin!«
Erleichtert tat er, wie ihm geheißen, hob automatisch die Hände in seinen Nacken. Ein Profi! Das war wohl nicht seine erste Festnahme.

Gundo hatte das Geschehen aufmerksam beobachtet, bereit, nötigenfalls einzugreifen. Aber nun fuhr er plötzlich herum. Dabei verdrehte er mir den Arm, da ich ihn noch immer am Halsband festhielt.
»Hoppla, immer schön langsam!«, tönte es hinter einem einige Meter entfernt geparkten Range Rover hervor. Es war Chris, der sich wohl schon eine Weile dort versteckt gehalten hatte. »Ich hoffe, du hast deinen Kollegen im Griff.«
Hatte ich, wenn auch mit schmerzendem Handgelenk.
Chris machte einen großen Bogen um uns herum, kniete sich neben den Liegenden und legte ihm Handschellen an. Dann half er ihm auf die Beine und führte ihn zum Ausgang des Abstellplatzes. Ich folgte den beiden mit ausreichendem Abstand, um Gundo nicht doch noch in Versuchung zu führen.

Nachdem Chris den Festgenommenen auf die Rückbank seines Zivilwagens, einem unauffälligen Golf, gesetzt hatte, drehte er sich zu mir und grinste verlegen: »Respekt, Kollege. Hätte wirklich nicht gedacht, dass der Typ noch da ist. Einen super Hund hast du da. Echt volle Kanne gut!«
Da konnte ich ihm nur volle Kanne beipflichten.

Der letzte Atemzug

»Ich habe des Öfteren darüber nachgedacht, warum Hunde ein derart kurzes Leben haben, und bin zu dem Schluss gekommen, dass dies aus Mitleid mit der menschlichen Rasse geschieht; denn da wir bereits derart leiden, wenn wir einen Hund nach zehn oder zwölf Jahren verlieren, wie groß wäre der Schmerz, wenn sie doppelt so lange lebten?«

Sir Walter Scott

Seine Schnauze war grau geworden, und manchmal, wenn das Licht in einem bestimmten Winkel in seine Augen fiel, war darin ein bläulicher Schimmer zu sehen. Harmlose Alterserscheinungen. Dass sich diese in den letzten Wochen auch zunehmend konditionell bemerkbar machten, wollte ich zunächst nicht wahrhaben. War er nicht erst neulich über den hüfthohen Zaun gesprungen, als wäre er ein junger Hund, um der Nachbarskatze zu zeigen, wer hier der Chef war?

Dass es ihm jetzt schwerfiel, ins Auto zu springen, lag bestimmt nur am vorangegangenen langen Winter. Mit elf Jahren war Gundo zwar nicht mehr der Jüngste, aber ich hatte schon von Schäferhunden gehört, die fünfzehn Jahre und äl-

ter geworden waren. Die Wärme des Frühlings und Sommers würde seinen Knochen und Gelenken guttun.
Trotzdem war ich eines Tages vorsichtshalber zum Tierarzt gegangen. Ich hatte Blutspuren in Gundos Kot bemerkt. Der Doktor hatte mich beruhigt, so was könne schon mal vorkommen, wenn eine Ader platze. Nichts Ungewöhnliches oder Besorgniserregendes. Er gab mir ein paar Tabletten mit und meinte, ich solle nächste Woche noch mal kommen, wenn es nicht besser werde.

Etwas später hatte Gundo mir seine zerkaute Frisbee-Scheibe gebracht und mich aufgefordert, sie für ihn zu werfen. Ein wenig beängstigend war es gewesen, wie unbeholfen und tapsig er versuchte, sie aufzufangen. Aber nun lag er im jungen Gras und genoss sichtlich die sanften Strahlen der Maisonne. Ab und zu schnappte er nach einem Insekt, das ihn nervte.

Gundo hatte schon ganz andere Sachen überstanden. Damals, als ich noch regelmäßig meinen Freund Hannes in dessen Pferdestall besuchte, hatte er sich heimlich an einer Dose Hufpflegefett gütlich getan. Ich hatte mich einerseits gewundert, dass ihm so was schmeckte, und andererseits geärgert, denn eine Grundreinigung des Zwingers wegen des befürchteten Durchfalls stand zu erwarten. Am Abend hatte Gundo apathisch gewirkt, nicht fressen wollen, nicht Gassi gehen. Ich hatte Hannes angerufen und mir die Inhaltsstoffe des Hufpflegemittels vorlesen lassen. Neben Vaseline, verschiedenen Ölen und Kräuterextrakten ein Frostschutzmittel, das das Einfrieren des Fettes verhindern sollte. Glykol! Spätestens seit dem österreichischen Weinskandal war bekannt, dass es zum einen süß schmeckt und zum anderen gesundheitsschädlich ist. Ein weiterer Anruf, diesmal bei meinem Bruder,

bestätigte meine Befürchtung. Er wies mich an, Gundo sofort zum Tierarzt zu bringen, sonst würden seine Nieren irreparabel geschädigt. Eine Stunde später hing Gundo am Tropf. Drei Tage musste er in der Tierklinik bleiben.
Ein Jahr später überlebte Gundo seine nächste schwere Krankheit. Ich hatte ihn gerade gefüttert, in der Küche und eben nicht im Zwinger, als er plötzlich versuchte, sich zu übergeben. Für einen Hund normalerweise kein Problem, das kommt schon mal vor. Doch er quälte sich damit, erfolglos, als wäre seine Speiseröhre verstopft ... abgeschnürt! Wie nahe ich mit diesem Eindruck der Wirklichkeit kam, stellte ich fest, als sich Gundo vor Schmerzen wand und seine Taille binnen Minuten anschwoll. Anzeichen einer Magendrehung! Der Magen eines Hundes hängt, von dehnbaren Bändern gehalten, im Bauchraum zwischen Speiseröhre und Darm. Insbesondere große Hunde und solche mit tiefem Brustkorb laufen Gefahr, dass sich der Magen bei einer ungünstigen Bewegung um die eigene Achse dreht, er dadurch von der Durchblutung abgeschnürt wird und Ein- und Ausgang verschlossen werden. Die Eingeweide gasen auf und drücken auf alle sie umgebenden Organe. Dies führt innerhalb von zwei bis drei Stunden zu einem qualvollen Tod.

Unter Missachtung sämtlicher Verkehrsvorschriften raste ich zur Tierklinik. Übermächtig meine Angst, Gundo zu verlieren. Zu oft schon hatte ich mitbekommen, dass – vor allem im Zwinger gehaltene – Hunde von Kollegen auf diese Weise grauenvoll gestorben waren, ohne Chance auf Rettung, weil niemand ihre Not bemerkte. Der Veterinär erwartete mich auf der Straße vor seiner Praxis. Gundo konnte schon nicht mehr aus eigener Kraft aufstehen, geschweige denn aus dem Auto springen. Im Laufschritt trug ich ihn zu dem Edelstahltisch im Röntgenraum. Eine Aufnahme bestätigte die Diagnose. Gut eine Stunde später, in der ich Tausende von Schritten auf und ab durch das Wartezimmer lief, durfte ich in das erleichterte Gesicht des Tierarztes schauen. Die Operation war ohne Komplikationen geglückt. Folgeschäden waren dank der Früherkennung nicht zu erwarten. Es war alles gutgegangen. Wieder einmal.

Also würde jetzt auch alles gutgehen. Musste. Ich wollte der Befürchtung, dass mich mein bester Freund und ständiger Begleiter bald verlassen könnte, keinen Raum geben. Nicht daran denken. Alles wird gut. Auch diesmal. Und wie gesagt: Wenn der Sommer kommt …

Leises Winseln weckte mich bei Sonnenaufgang. Gundo, der die ganze Nacht auf seinem Lammfell neben meinem Bett scheinbar ruhig verbracht hatte, versuchte aufzustehen. Es gelang ihm nicht. Behutsam nahm ich ihn in meine Arme, hob ihn hoch, trug in vorsichtig in den Garten und legte ihn ins Gras. Mühsam hob er den Kopf, seine angstvoll geweiteten Augen suchten meinen Blick. Die Seele zum Bersten gespannt, erschüttert bis in die letzte Faser meines Körpers, setzte ich mich zu ihm. Hilflos. Ich bettete seinen Kopf in meinen Schoß, redete flüsternd mit ihm und kraulte sein weiches Fell. Da holte er noch einmal tief Luft, ehe er mit einem leisen Stöhnen zum letzten Mal ausatmete.
Ich heulte wie ein Kind. Und ich schämte mich nicht dafür.

Mann ohne Hund

Drei Tage später saß ich im Büro meines Chefs und unterschrieb das Formular, das er mir vorgelegt hatte. Darin stand, dass Diensthund Nr. 50, Gundo vom Almanach, am 10. Mai 2001 ausgemustert worden war. Grund: Ableben.
Anschließend legte er das Blatt im Ordner *Inventar*, Unterverzeichnis *Diensthunde*, ab und schob ihn in die Lücke zwischen all den anderen Akten im Schrank hinter sich. Eine Weile betrachtete er mich, das um Fassung ringende Häufchen Elend vor ihm. Ich glaube, er hatte Mitleid, aber er ließ sich das kaum anmerken.
»Tja, Elmar, auch das gehört zum Geschäft. Leider. Jetzt brauchen wir erst einmal einen neuen Hund für dich. Zufällig wurde uns gestern einer angeboten. Sehr günstig. Ein Belgischer Schäferhundrüde, zwei Jahre alt. Wir könnten ihn sofort kaufen. Auf Probe, versteht sich.«
So schnell ging das also. Kaum war Gundo zu den Akten gelegt, wurde eine neue geöffnet. Aber letztendlich war ich Hundeführer und wollte es bleiben. Sollte ich also nach vorne schauen und mich mit dem Gedanken an einen anderen Hund anfreunden? Ich wehrte mich dagegen. Denn wäre dies nicht Verrat an meinem treuen Freund und Begleiter der letzten zehn Jahre?
»Einen Belgischen?«, fragte ich, »einen Mali?«
Mein Chef streckte sich in seinem Drehstuhl. »Ja, warum nicht?«
Weil ich Malinois, genannt Mali, nicht besonders mochte. Ich dachte an die wenigen, die wir in der Staffel hatten. Zugegeben, es war faszinierend, ihre Bewegungsfreude und -sicherheit zu beobachten, ihre Leichtfüßigkeit, ihr Temperament

und Durchsetzungsvermögen. Angeblich neigten sie auch weniger zu Hüftproblemen und Krankheiten. Was mich an ihnen störte, war ihre Nervosität, die sich häufig in Hyperaktivität und Hektik äußerte. Malis schienen nie zur Ruhe zu kommen, immer unterfordert und unausgelastet zu sein. Bei ihnen fehlte mir, was unter anderem einen Riesenschnauzer, Rottweiler oder eben Deutschen Schäferhund auszeichnet: die Ausstrahlung von Souveränität. Diesen Eindruck hatte ich zumindest bei den Exemplaren gewonnen, die ich bis dahin kannte. Heute weiß ich, dass es auch ausgeglichene Vertreter dieser Rasse gibt. Insbesondere Ferdinand, der Hund eines Kollegen, hat mich mit dem Belgischen Schäferhund versöhnt. Aber den kannte ich damals, am Tag drei nach Gundos Tod, noch nicht.

»Ich hätte lieber eine Hundeauszeit«, sprach ich laut aus, was ich seit Gundos Tod fühlte und dachte. Ich wusste auch schon, wie ich die gestalten wollte. »Am Schwarzen Brett hängt eine Ausschreibung für die Multinationale Friedensmission in Bosnien-Herzegowina der Vereinten Nationen. Dafür würde ich mich gerne bewerben, für maximal ein Jahr. Dein Einverständnis vorausgesetzt.«

Mein Staffelleiter musterte mich eine Weile. »Dir ist bewusst, dass hohe Anforderungen an die Bewerber gestellt werden? Die physische, aber insbesondere die psychische Belastbarkeit wird vor Entsendung ins Ausland ausgiebig getestet. Außerdem ist gutes Englisch in Wort und Schrift Voraussetzung für eine Bewerbung …«

»Einen Versuch ist es auf jeden Fall wert.«

»Von mir aus, probier es. Ich habe keine Einwände.« Ich hörte, dass er mir das Bestehen der Tests in meiner momentanen Verfassung nicht zutraute. Dass er mich damit erst recht motivierte und meinen Ehrgeiz anspornte, ahnte er wohl kaum.

Um das belgische Sonderangebot musste ich mich dennoch kümmern. Der Mali tat mir den Gefallen und erfüllte sämtliche Vorurteile, die ich seinerzeit gegen diese Rasse hegte. Zum ersten Mal war ich froh, dass ein Hund die Probezeit nicht bestand. Ich jedenfalls hatte meine quasi bestanden. Die Bayerische Bereitschaftspolizei, Abteilung Multinationale Friedensmission, teilte mir mit:

Sehr geehrter Herr Heer,
nachdem Sie das Assessmentcenter mit dem Prädikat »Gut geeignet« bestanden haben und die Fortbildungs- und Vorbereitungsseminare ebenfalls erfolgreich durchlaufen haben, dürfen wir Ihnen heute den Tag Ihrer Entsendung nach Bosnien-Herzegowina mitteilen: Montag, den 21. Januar 2002.
Über die genauen Ausreisemodalitäten werden Sie noch rechtzeitig informiert. Wir weisen darauf hin, dass Ihr Verbleib im Entsendungsland vom Bestehen eines abschließenden Englischtestes seitens der Vereinten Nationen am Folgetag im UN-MainHeadQuarter in Sarajevo abhängt.
Mit freundlichen Grüßen

ELF MONATE UND EIN TAG: INTERNATIONAL POLICE TASK FORCE

In einem Büro des UN-Hauptquartiers in Sarajevo schüttelte mir ein sommersprossiger Ire herzlich die Hand und überreichte mir das Ergebnis meines schriftlichen Englischtests. »Welcome to the mission!«
Er hatte ihn tatsächlich ausgesprochen, diesen Satz, auf den ich monatelang hingearbeitet hatte. Ich strahlte. Ein guter Beginn des Jahres 2002, das nun schon wieder drei Wochen alt war. Die scheinbare Floskel hatte symbolträchtigen Charakter. Erst jetzt stand fest, dass ich als Mitglied der *International Police Task Force,* IPTF, am Wiederaufbau von Bosnien-Herzegowina, insbesondere an dessen Polizeistruktur, mitarbeiten durfte.

Trotz aller Vorbereitung wusste ich immer noch nicht, was mich vor Ort erwarten würde. Es gab vielfältige Möglichkeiten innerhalb der Organisation der Vereinten Nationen, und ich plante, möglichst viele davon auszuprobieren. Vor allem wollte ich ein Jahr lang nichts mit Hunden zu tun haben! Sooft ich an Gundo dachte, sosehr ich ihn vermisste, redete ich mir dennoch ein, wie schön es sei, endlich mal wieder eine elegante, schwarze Jacke oder Hose anziehen zu können, ohne diese vorher mühsam und zumeist erfolglos von Hundehaaren zu befreien. Dass ich keine solche Jacke im Gepäck hatte, ignorierte ich.

Von Sarajevo bekam ich in den ersten Tagen nicht viel mit. In Gesellschaft anderer Neuankömmlinge aus ganz Deutschland saß ich in Lehrsälen und wurde über die »Dos and Don'ts«, die Ge- und Verbote im Gastland aufgeklärt und mit einer Vielzahl verschiedener Formulare vertraut gemacht. Nach Sonnenuntergang senkte sich ein Schleier über die Stadt: Abgase der Autos und Schornsteine; ein zäher Nebel, der die Sichtweite oft auf weniger als fünf Meter beschränkte. Die Luft roch, als würde man im Schlot einer Fabrik sitzen.

»Wie geht's dir?«, fragte Anna am Telefon.

»Gut«, sagte ich, ohne es recht zu wissen, und traute mich nicht zu fragen, wie es ihr ging, weil sie mir das schon deutlich gesagt hatte, zwischen den Zeilen und Sätzen. Praktisch litt sie unter der Trennung, die sie theoretisch guthieß. Das machte mir praktisch ein schlechtes Gewissen, das ich theoretisch nicht guthieß. Auf keinen Fall wollte ich darüber nachdenken, dass die Hälfte aller Polizistenehen nach einer Auslandsmission in die Brüche gingen, wie mir ein Kollege aus Schleswig-Holstein am dritten Abend nach dem vierten Bier gut gelaunt mitteilte.

An einem Februarmorgen unter strahlend blauem Himmel traf sich das deutsche Kontingent vor dem *MainHeadQuarter.* Eine lange Schlange weißer Toyota 4Runner wartete mit laufenden Motoren, um uns in alle Landesteile Bosniens zu verteilen. Nach etwa fünfstündiger Fahrt über dreihundertzwanzig Kilometer schlaglochübersäter Asphaltpisten und Behelfsbrücken erreichten wir Bihać, unweit der kroatischen Grenze. Olli, unser Fahrer, ein Missionshaudegen aus dem Ruhrpott, fuhr den Geländewagen, als wollte er einen neuen Geschwindigkeitsrekord aufstellen. Der Anblick der von Maschinengewehrsalven gezeichneten Fassaden zerstörter Häuser und öder Geisterdörfer – immerhin vier Jahre nach dem Krieg – inmitten der wunderschönen Landschaft beeindruckte mich tief. Nicht nur die Kleinstadt Grahovo wirkte, als

wäre die serbische Armee hier gerade erst abgezogen. Olli erzählte uns, dass Grahovo früher eine quirlige Stadt mit dem Flair südlicher Lebensfreude gewesen sei. Aha, dachte ich und sah menschenleere Straßen, fensterlose Häuser. Tot.
Ich blickte in eine Welt, die ich bis vor kurzem nur aus den Nachrichten gekannt und weit weg gewähnt hatte. Jetzt war ich mittendrin.
»Da unten, das ist Bihać«, ließ Olli mich wissen und durchkurvte die letzten Serpentinen mit wimmernden Reifen.
Bihać. Diese Stadt war sehr oft in den Nachrichten vorgekommen – und sah ganz anders aus, als ich sie mir vorgestellt hatte. Obwohl es auch hier zerschossene Häuser und Ruinen gab, wirkten die Menschen lebensfroh. Ich atmete auf. Die rund sechzigtausend überwiegend jungen Einwohner blickten optimistisch in ihre Zukunft. Wie ich. Olli bemerkte meinen überraschten Gesichtsausdruck, deutete ihn jedoch falsch.
»Ja, Elmar, hier ist was geboten! Vor allem Mädels, kann ich dir sagen, Mädels! Zum Glück bin ich verheiratet.« Er zwinkerte mir zu.
»Bin ich auch«, antwortete ich und schaute automatisch auf mein Handy. Noch immer kein Empfang.
»Deutsche Simkarten kannste hier vergessen«, klärte Olli mich auf. »Netz bekommste bestenfalls oben am Plješevica, aber dann zahlst du dich blöd.«
»Plesche… was?«
Olli stieß Geräusche aus, die ich ebenfalls nicht deuten konnte: »Brsch, brsch!« Er schlug mit der Faust auf die Hupe am Lenkrad.
Der alte, verbeulte Golf vor uns machte einen Satz und blieb wieder stehen. Olli sagte noch etwas, das sich wie »Budla« anhörte, dann wandte er sich wieder mir zu. »Also, der Plješevica, das ist der Berg hinter uns. Kauf dir eine lokale

Simkarte, die funktioniert hier und ist viel billiger. Und ›brsz‹ heißt ›schnell!‹. Oder auch ›weg da!‹. Die Bedeutung von ›budala‹ musst du nicht unbedingt kennen.« Er lachte. »Ich zeige dir erst mal deine Wohnung. Ist gleich da vorne.« Schon nutzte er die nächste Lücke im Gegenverkehr.

Die vollmöblierte Zweizimmerwohnung war gepflegt und erstaunlich komfortabel: Satellitenfernsehen mit deutschen Programmen, Zentralheizung, Balkon und sogar eine Waschmaschine. Das war viel mehr, als ich erwartet hatte. Ivo, der Besitzer, vermietete bevorzugt an UN-Personal und verlangte das Doppelte der ortsüblichen Miete, aber die war gemessen an deutschen Verhältnissen immer noch günstig.
Deutsche Verhältnisse. Davon hatte ich mich erst einmal verabschiedet.

Der Tote in den Brombeeren

Am nächsten Morgen warf mich die vierfach megaphonverstärkte Stimme vom nahe gelegenen Minarett noch vor dem Wecker aus dem Bett und erinnerte mich daran, dass die bosnische Bevölkerung weitgehend muslimischen Glaubens ist. Das hatte ich angesichts der durchweg westlich orientierten Kleidung der Menschen am gestrigen Nachmittag beinahe vergessen. Dienstbeginn war acht Uhr. Nach und nach trudelten meine künftigen Kollegen ein und begrüßten mich herzlich. Vor zwei Tagen hatte man mir zwar passable Englischkenntnisse bescheinigt, dennoch verstand ich nun teilweise nur »Railwaystation«. Die unterschiedlichen Akzente ließen mich zweifeln, ob meine Kollegen tatsächlich Englisch sprachen. Oder hatte ich über Nacht alles vergessen?

Bradley, der Commander der IPTF-Station Bihać und somit mein Chef, gab sich Mühe, seinen Atlanta-Slang zu unterdrücken, und führte mich in meine neue Aufgabe als *Police-Monitor* ein. Monitor? Ach richtig, Beobachter! Das hörte sich nach einem gemütlichen Job an. War es aber nicht! Ich sollte die Arbeit der lokalen Polizei auf ihre Recht- und Verhältnismäßigkeit überprüfen, Beschwerden von Bürgern nachgehen und die Unterlagen von Polizeibewerbern sichten. Ich musste also Entscheidungen treffen, die naturgemäß nur selten zur Zufriedenheit aller beteiligten Parteien ausfallen konnten, zumeist ausschließlich auf den Fakten und der Rechtslage begründet, und manchmal vielleicht auch gegen mein Gerechtigkeitsgefühl. Mir schwante, dass diese Aufgabe hohes Konfliktpotenzial barg. Zur Seite gestellt wurde mir ein *Language-Assistent,* eine hübsche Bosnierin namens Rozi, die alle Schriftstücke ins Englische übersetzen und bei Gesprächen dolmetschen würde.

Kurz vor der Mittagspause klopfte es an der Tür meines Büros. Ein Mann, dessen Alter ich nicht schätzen konnte, kam herein. Entweder war er gezeichnet von Krieg und schwerer Arbeit oder er war wirklich über siebzig. Umständlich rückte er den Stuhl zurecht, den ich ihm anbot, und zeigte mir ein verlegenes zahnfreies Lächeln. Freundlich erwiderte ich es. Der Mann nickte und seufzte schwer. Dann begann er stockend zu sprechen. Obwohl Rozi übersetzte, schaute er nur mich an. Ich nickte viel und brummte »Hm«. Es dauerte, bis der Mann zur Sache kam. Dann aber präsentierte er uns einen Knaller. Er sei gestern in den Wäldern oberhalb von Bihać unterwegs gewesen. Dabei sei er auf eine Leiche gestoßen, die dort wohl schon eine Weile liege. Er könne den Fundort nicht genau beschreiben, ihn mir aber zeigen.

Eine Leiche! Ich sprang auf, als hätte ich in eine Steckdose gegriffen, und rief den *Station Commander* an. Zehn Minuten später saß ich in Bradleys Wagen. Wir folgten einem Streifenwagen der lokalen Polizei, in dem neben dem Polizeichef von Bihać und zwei weiteren Kollegen auch der Zeuge saß. Er wies den Weg, der uns schon bald in unwirtliches Gelände führte. Schließlich war kein Weiterkommen mehr, wir hätten unseren Weg zu Fuß fortsetzen müssen. Ich öffnete die Tür des Wagens. Bradley hielt mich zurück. »Nein, Elmar, das ist nicht unser Job. Diese Gegend ist nicht minenfrei, und niemand erwartet, dass wir für einen Toten unser Leben riskieren.«
»Klar, Minen«, nickte ich und schloss die Tür wieder. Natürlich wusste ich es, das war eines der Hauptthemen in den Vorbereitungslehrgängen gewesen, aber es war mir nicht in Fleisch und Blut übergegangen wie den Kollegen, die hier schon länger Dienst taten. Fast ein bisschen beschämt dachte ich an die deutschen *Tretminen* in Grünanlagen und Parks, die man sich ohne Lebensgefahr vom Schuh wischen konnte. Künftig würde ich darauf verzichten, die Hinterlassenschaft von Hunden so zu bezeichnen.

Bradley wendete den Wagen und parkte neben den uniformierten Kollegen. Dann diskutierte er eine Weile mit den bosnischen Polizisten und dem Zeugen und ließ mich schließlich wissen: »Die Streifenbeamten gehen mit dem Zeugen zum Fundort. Sie sind ortskundig und sicher, auf keine Mine zu treten.«
»Aha«, nickte ich beeindruckt.
Bradley senkte die Stimme. »Darauf würde ich nichts geben. Wie sehr ihr Chef dieser Einschätzung vertraut, zeigt die Tatsache, dass er bei uns bleibt.« Er spuckte seinen Kaugummi ins Gras.

Bradley arbeitete seit über fünf Jahren für die UN. Er wusste bestimmt, wovon er redete und was zu tun und zu lassen war. Außerdem war er der Boss und traf die Entscheidungen. Also setzte ich mich neben ihn ins Auto und wartete angespannt. Jeden Moment hätte ein Knall beweisen können, dass die Kollegen sich in der Einschätzung der Situation getäuscht hatten. Nach gut einer Stunde, in der ich gefühlte sechzig Zigaretten rauchte, kamen die drei unversehrt zurück und reichten ihrem Chef die Digitalkamera, mit der sie die Leiche fotografiert hatten. Der gab sie unbesehen weiter an Bradley. Er klickte sich durch die Fotos auf dem Display und hielt es in meine Richtung. Ich erkannte ein Skelett, halb überwuchert von Brombeer- und anderem Gestrüpp. Auf einer Großaufnahme war zu erkennen, dass ein Stück der Schädeldecke fehlte. Ein Schauer lief mir über den Rücken.

»Das ist mit großer Wahrscheinlichkeit ein Kriegstoter«, erklärte Bradley. »Ich schätze, der liegt dort seit sechs bis acht Jahren, vielleicht sogar länger. Und da wird er vorläufig auch bleiben.« Bradley tippte auf dem Navigationsgerät im Auto herum, um den Längen- und Breitengrad unseres Standortes zu speichern.

»Ihn zu bergen«, fuhr er fort, »wäre viel zu gefährlich und aufwendig. Irgendwann, wenn die Räumkommandos die Minen entfernt haben, wird auch dieser Mensch seine letzte Ruhestätte finden.«

Schweigend fuhren wir zurück in die Stadt. Der Gedanke an den Toten ließ mich nicht los. Bestimmt stand er auf einer der endlosen Vermisstenlisten, die überall in den Rathäusern aushingen. Und bestimmt gab es Angehörige, die noch immer hofften, dass sie ihren Vater, Sohn oder Bruder doch noch in die Arme schließen konnten. Erst jetzt fiel mir auf, dass ich nicht einmal wusste, ob die Leiche männlich gewesen war. Auf den Fotos war das nicht zu erkennen. Wenn Leichen im Freien liegen, ist es oft schon nach wenigen Tagen schwierig, das Geschlecht auf den ersten Blick zu bestimmen, besonders im Sommer. Wäre nicht der Geruch, könnte man glauben, ein Lumpenbündel entdeckt zu haben.

Die Drogenlieferung

Es hatte sich herumgesprochen, dass ich in meinem »richtigen Leben« Diensthundeführer war, und als solcher schien ich gefragt zu sein in Bosnien. Aus allen Teilen des Landes erhielt ich Anfragen, ob ich mich zur jeweiligen UN-*Training-Unit* als Ausbilder der Hunde beziehungsweise deren Führer bewerben wolle. Ich konzentrierte mich auf mein geplantes hundefreies Jahr und ignorierte die Angebote.
Bis mich Jan, ein schwedischer Kollege, ansprach. Er war mir in den wöchentlichen Freitagsbesprechungen schon einige Male aufgefallen. Nicht nur, weil er alle anderen um einen Kopf überragte. Er strahlte Ruhe aus und lächelte oft. Ein sympathischer Kollege.
»Ich habe gehört, du bist Hundeführer«, sagte er mit einem spitzbübischen Lächeln.
Ich ahnte, was folgen würde, deshalb überlegte ich einen Moment, bevor ich antwortete. »Ja, in Deutschland schon …«
»Der *Dog-Unit* hier in Bihać fehlt seit langem ein zweiter Ausbilder. Wie wär's, wenn du dich bewirbst?«
Nein danke, dachte ich. Aber neugierig war ich schon und fragte einfach mal so: »Wer ist der andere Trainer?«
Jan lachte. »Ich natürlich.«
Jan war Ausbildungsleiter einer Hundestaffel in Schweden.

Im Gegensatz zu mir war er mit dem Ziel nach Bosnien gekommen, auch hier das zu tun, was er am besten konnte. Und sein Wissen weiterzugeben. Das erschien mir schlüssig. Aber deshalb musste es noch lange nicht auf mich zutreffen. Schließlich war ich nicht immer Hundeführer gewesen und hatte noch andere Fähigkeiten. Ich fühlte mich, als würden ein Engel und ein Teufel auf meinen Schultern sitzen, die gleichzeitig auf mich einredeten. Der eine ermahnte mich, meinen Vorsatz einzuhalten: ein Jahr keine Hunde! Der andere hatte interessanterweise eine lange Schnauze mit schwarzglänzender Nase und hechelte mir ins Ohr, dass ein Leben ohne Hunde doch nichts für mich wäre. Und außerdem ging es hier um die Mission. Fragte sich bloß, welche. Und vor allem hätte ich gern gewusst, wer von beiden der Engel und der Teufel war, denn sobald ich meinte, sie identifiziert zu haben, war schon wieder alles anders. Gut, dass Jan mein inneres Gerangel unterbrach: »Wie wär's, wenn du dir den Job einfach mal anschaust.«

Wenige Tage später fuhren wir zusammen zur Hundestaffel Bihać. Die Dienststelle war in desolatem Zustand. Das Bürogebäude, das mich eher an ein Transformatorenhäuschen erinnerte, bestand aus einem karg ausgestatteten Raum und einer Stehtoilette. Nebenan, in einer ehemaligen Fabrikhalle, in deren Fassade Löcher von Granateneinschlägen klafften, waren die Hundezwinger untergebracht. Nicht so wirklich gemütlich. Schräg gegenüber auf einer Wiese versuchte ein junger Polizist, einem Schäferhund das Bei-Fuß-Laufen beizubringen. Im Licht der Vormittagssonne glänzte das Fell des gepflegten Tieres rötlich. Schön sah das aus. Besser wäre es gewesen, wenn ihn sein Führer dazu hätte motivieren können, im Laufen zu ihm aufzublicken. Dazu hätte er nur einen

Ball, ein Spielzeug einsetzen müssen. Ich wandte mich ab. Nein, nein, ich würde ihm jetzt keinen Tipp geben, wie er den Hund ermuntern konnte, sich besser auf ihn zu konzentrieren. Das war nicht meine Aufgabe. Ich wollte ja bloß mal gucken … oder?
Fünf Minuten später war ich mit Händen und Füßen in ein Gespräch verwickelt. Der junge Polizist freute sich über meine Tipps, und an meiner Hose klebten ein paar Hundehaare, am Knie prangte ein dunkler feuchter Fleck von einer neugierigen Schnauze. Am Rand der Wiese stand Jan, die Arme vor der Brust verschränkt. Sein Grinsen reichte bis nach Sarajevo.

Meinem Versetzungsgesuch wurde überraschend schnell stattgegeben. Ich wurde sogar befördert: vom Hundeführer zum Ausbilder. Auf meinen beiden Schultern saßen zwei fette Jas. Mit jeder Faser meines Körpers spürte ich, dass ich mich richtig entschieden hatte. Hier war mein Platz. Mein Tatendrang schmeckte schon fast nach Euphorie. Ich konnte es kaum erwarten, mit dem Training zu beginnen – und genauso ging es auch der Staffel, wie ich an den freundlichen und offenen, wenn auch manchmal scheuen Blicken bemerkte, die mich musterten, als Jan mich vorstellte.
Die Einheit bestand aus zwölf Polizisten und ebenso vielen Hunden: zehn Deutsche Schäferhunde, ein Rottweiler und ein Labrador. Die angehenden Hundeführer stammten, wie auch ihre Kollegen in Deutschland, aus dem Streifendienst. Die meisten waren zwischen dreißig und vierzig, einer Mitte zwanzig, der Älteste hatte die fünfzig überschritten. Fast alle hatten sich erst nach Kriegsende bei der Polizei beworben. Vorher hatten sie vom Maurer bis zum Lkw-Fahrer verschiedene Berufe ausgeübt. Zunächst sehr vorsichtig, tasteten sie sich an mich heran. Wer war der Neue, dessen Rat sie nun

befolgen sollten? Hatte er Erfahrung, wusste er, was er tat? Das würde ich ihnen beweisen müssen. Aber zunächst stand ich Rede und Antwort, erzählte von meiner Staffel, von Gundo und meinen Erlebnissen mit ihm. Der Dolmetscher stockte, als ich kurz von Gundos Tod erzählte. In den Augen mancher Männer entdeckte ich Mitgefühl, und einige schauten verstohlen zu ihren Hunden.

Schließlich machten wir uns an die Arbeit. Jan hatte mich schon darauf vorbereitet, dass der Ausbildungsstand der Staffel sehr unterschiedlich war. Vom Anfänger bis zum Profi war alles vertreten, sowohl bei den Zwei- wie auch den Vierbeinern. Es gab auch ein, zwei Problemhunde. Langweilig würde es mir hier ganz bestimmt nicht werden!
Bruno war in dieser Staffel wahrscheinlich mein schwierigster Fall. Als ich dem imposanten Rottweiler das erste Mal begegnete, stellte er sich scheinbar selbstbewusst vor seinen Führer Bogdan und brummte warnend. Bogdan, ein schlaksiger Enddreißiger mit tiefen Geheimratsecken, die er mit darübergekämmten Strähnen zu kaschieren versuchte, war neu in der Staffel und strahlte Unsicherheit aus. Je mehr ich mich den beiden näherte, desto kleiner schien Bruno zu werden, während sich sein Rückenfell bis zur Irokesen-Frisur aufstellte. Wäre er nicht kupiert gewesen, hätte er sicherlich seinen Schwanz eingezogen. Als ich unmittelbar vor den beiden stand, hatten sie ihre Aufstellung geändert. Bogdan vor mir, Bruno hinter ihm. Beide zeigten mir die Zähne. Der Hund aus Angst, Bogdan lächelte verlegen. Zähnefletschen ist nicht zwingend mit Aggression gleichzusetzen, sie kann auch Unsicherheit bedeuten. Insbesondere, wenn der Hund dabei stressbedingt hechelt und sich zurückzieht. So wie Bruno. In Deutschland wäre er zum Züchter zurückgeschickt worden.

Sein gesamtes Verhalten deutete darauf hin, dass ihm eine der Grundvoraussetzungen für einen Polizeihund fehlte: Mut. Oder zumindest Unbefangenheit, aus der im Laufe der Ausbildung Mut werden könnte.

Jan erklärte mir einen weiteren Unterschied zu Deutschland und Schweden: »Hier gilt: Gekauft ist gekauft. Hunde können nicht umgetauscht werden. Es gibt keine Probezeit. Wir müssen das Beste draus machen, das Beste aus den Hunden rausholen, die wir jetzt haben.«

Mir schwante, wie viel Arbeit vor uns lag. Je besser ich die Staffel kennenlernte, umso mehr Arbeit wurde es. Ivan, ein kurzhaariger, dunkel gestromerter Schäferhund ging auf alles los, was Räder hatte. Vom Fahrrad über die Schubkarre bis zum Kinderwagen, nichts wäre vor ihm sicher gewesen, hätte ihn sein Führer Josip von der Leine gelassen. Oder Karlo. Er war nicht nur der Schwerenöter der Staffel, sondern zudem auch noch ein Ausbrecherkönig. Jan erzählte mir, dass sein Besitzer schon einige Male ohne Hund zum Dienst gekommen war, weil Karlo wieder einmal ausgebüxt war, um die läufigen Streunerhündinnen im Umkreis von fünf Kilometern zu beglücken. Und schließlich war da noch Labrador Medo, zu deutsch Bär. Er machte seinem Namen keine Ehre. Im Gegenteil, Medo war ein quirliges, lustiges Kerlchen von knapp zwei Jahren, der in der Staffel offiziell als Rauschgifthund geführt wurde. Ausnahmsweise nur als solcher, denn als Schutzhund wäre er wegen seiner typischen Labrador-Gutmütigkeit nicht geeignet gewesen. Allerdings hatte Medo bislang noch keine Bekanntschaft mit Drogen gemacht, da für die Ausbildung schlichtweg keine vorhanden waren.

Jan hob resigniert die Schultern, als ich ihn darauf ansprach. »Ich versuche seit Monaten, ein paar Gramm wenigstens der gängigsten Betäubungsmittel über das Forensikinstitut in Sarajevo zu bekommen. Die sitzen auf Tonnen von dem Zeug. Doch sie rücken nichts raus. Wahrscheinlich befürchten sie, wir wollen damit handeln.«

Fassungslos starrte ich Jan an.

Der lachte. »Sei froh, dass die Staffel überhaupt Hunde hat! Wenn du eine Weile hier bist, wirst du erkennen, dass nicht einmal das selbstverständlich ist.«

Tatsächlich hatte die Einheit nach ihrer Gründung Ende der 1990er-Jahre monatelang keinen einzigen Hund besessen, weil es in Bosnien keine Züchter gab. Schließlich erhielten die damaligen UN-Ausbilder aus Dänemark die Genehmigung, in Österreich und Ungarn Hunde zu kaufen. Auf Streuner wollte man nicht setzen; zu Recht: Die wenigsten von ihnen waren gesund und im Wesen kaum als Diensthund geeignet – Menschen gegenüber entweder zu scheu oder zu unterwürfig. Einen Hundeplatz gab es in Bihać nicht. Wir trainierten irgendwo im Gelände. Mir wurde flau, als Jan bei unserer ersten Fahrt zum Training den Landcruiser über Feldwege zu einer bis zum Horizont reichenden Wiese steuerte. Die beiden Dienstfahrzeuge der Staffel folgten uns mit gehörigem Abstand.

»Bist du dir sicher, dass es hier keine Minen gibt?«, fragte ich Jan.

»Keine Sorge.«

Das beruhigte mich kaum. »Was macht dich da so sicher?«

»Weil hier im Sommer regelmäßig Schaf- und Kuhherden drübergetrieben werden. Meines Wissens haben alle Tiere die Gegend auf ihren eigenen Hufen verlassen.«

Auch eine Möglichkeit, Minen zu räumen, dachte ich mir. Nach Schätzungen der UN lauerten noch rund eine halbe Million im bosnischen Boden. Pläne, wo genau, fehlten. Aus diesem Grund verstand ich nicht, warum keine Sprengstoffsuchhunde ausgebildet werden sollten. Bis zum Ende der Mission erhielt ich dafür keine schlüssige Erklärung. Hinter vorgehaltener Hand wurde gemunkelt, dass dies wirtschaftliche Gründe habe. Internationale Firmen waren für das Entfernen der Sprengkörper im ehemaligen Kriegsgebiet zuständig. Damit verdienten sie viel Geld. Manche behaupteten, dass Hunde zum Minensuchen nicht geeignet wären, da sie mit ihrem Gewicht die Minen auslösen könnten. Was schon dadurch widerlegt wurde, dass die beauftragten Firmen Hunde einsetzten. Letztendlich kam ich zu dem Schluss, dass die UN unsereins und den bosnischen Hundeführern einfach nicht zutraute, unfallfrei Minensuchhunde auszubilden. Vielleicht hatten sie damit nicht einmal unrecht. Ich jedenfalls konnte gut damit leben, keine hinterhältigen Kriegswaffen aufspüren zu müssen. Die Aufgaben der UN waren ohnehin ziviler Natur: das Land weg vom Krieg in die Normalität führen. Einer der vielen Wege in diese Normalität war der Aufbau der Polizei. Sie hatte sich um die Folgen und Aufklärung der alltäglichen Kriminalität und deren Abwehr zu kümmern. Polizeihunde konnten dafür sehr hilfreich sein.

An meine Rolle des Ausbilders gewöhnte ich mich allmählich. Ich dachte oft an meinen ersten Trainer Kurt, von dem ich viel gelernt hatte, entwickelte jedoch meinen eigenen Führungsstil. Kurt hatte Fehler gern groß thematisiert, sich viel Zeit für negative Kommentare und wenig für Lob und Motivation genommen. Bei mir wurden Erfolge gelobt, und mit großer Freude sah ich, dass die Staffel hoch motiviert trainierte. Mit Jan verstand ich mich genauso gut, wie ich es erwartet hatte. Der Schwede teilte meine Einstellung. Das färbte auf unsere Truppe ab. Die Stimmung war fröhlich, morgens begrüßten uns die Männer mit einem herzlichen Handschlag.

Sie freuten sich auf das Training. Wie ich. Noch schöner wäre es gewesen, wir hätten einige Hundeführerinnen im Team gehabt, um den Machohaufen aufzulockern. Auch hier war Jan derselben Meinung wie ich – und hatte eine Erklärung parat: »Die Bosnier sind, wie du weißt, weitgehend Muslime. Ich vermute, die meisten glauben noch, Frauen seien für diesen Job nicht geeignet oder gehörten an den Herd. Deshalb sieht man wahrscheinlich auch unter den Streifenpolizisten nur sehr selten weibliche Kollegen.«

Wenn Bosnien auch bei weitem nicht so religiös geprägt war wie manche arabische Staaten und ich nur äußerst selten Frauen in Burkas begegnete, so spielten Glaube und Tradition doch eine wesentlich größere Rolle als bei uns in Deutschland. In meinen Augen vor allem dann, wenn es um die vermeintlichen Vorrechte des Mannes ging. Sobald es aber um die Regeln des Ramadan ging, hatte ich andererseits den Eindruck, dass sich kaum mehr Menschen daran hielten, als Christen in Deutschland an die vorösterliche Fastenzeit. Nur Schweinefleisch war tabu. Das gab es auch nirgendwo zu kaufen. Alkoholgenuss war im Grunde ebenso verboten. Aber es kam offenbar darauf an, warum man ihn trank!
Eines Abends im Ramadan traf ich meinen Vermieter Ivo vor dem Haus. Er hatte es sich in der Wärme der untergehenden Sonne auf einem Campingstuhl bequem gemacht, in der Hand ein Schnapsglas, die Slivovic-Flasche neben sich. Ivo sprach ein bisschen Deutsch. Augenzwinkernd fragte ich ihn: »Na, ist Schnaps denn zurzeit erlaubt?« Er grinste und bot mir ein Glas an, was ich dankend ablehnte.
»Das ist kein Schnaps«, antwortete er, »das ist Medizin!« Dem alten Apothekergrundsatz »Viel hilft viel« folgend, schenkte er sich noch einmal nach.

Alles in allem gewann ich im Laufe der Zeit den Eindruck, dass sich Bosnien auf dem Scheideweg zwischen Tradition und Moderne befand – mit deutlicher Tendenz in westliche Richtung. Vor allem, was die Jugend des Landes betraf.

Zwei Monate nachdem ich zur Hundestaffel gewechselt hatte, geschah ein kleines Wunder. Bradley überreichte mir nach der Mittagspause beinahe feierlich ein Päckchen aus Sarajevo. Der Absender war das Forensische Institut.
»Ist nicht wahr!«, staunte ich.
Bradley grinste. Und tatsächlich: Ich packte diverse Tüten unterschiedlicher Größe mit Rauschgift aller Art aus. Ich war den zuständigen Mitarbeitern aber auch ziemlich lästig geworden mit meinen meterlangen Mails. Wie eine Beute hielt ich das Päckchen in die Luft. In dieser Sekunde machten mich Drogen glücklich. Endlich hatten wir, was wir zur Ausbildung eines Drogenspürhundes brauchten.

Der Hund auf dem Gebetsteppich

Alle dreißig Tage fuhr ich nach Hause. Es wurde immer deutlicher, dass Anna und ich uns auseinandergelebt hatten. Ich kam mir vor, als führte ich ein Doppelleben. Während der freien Tage in Deutschland besuchte ich mit Anna Freunde und Verwandte und kümmerte mich um kleinere Reparaturen am Haus. Im Dienst war ich der UN-Polizist mit Immunitätsstatus, annähernd wie ein Diplomat, frei und ungebunden, der tun und lassen konnte, was er wollte, und auf niemanden Rücksicht nehmen musste. Ich pendelte zwischen zwei Welten und spürte deutlich, in welcher es mir besser gefiel. Obwohl es dort wenig Freizeit gab.

Nur am Samstag und Sonntag arbeiteten wir weniger als zehn Stunden. Weil es keine privaten Verpflichtungen gab, ging ich abends mit den Kollegen oft aus. Ich hatte die Wahl vom gemütlichen Dinner in einem der vielen Restaurants über Disco-Besuche bis hin zu Partys, zu denen die unterschiedlichen Kontingente einluden. Bei einem pakistanischen Fest mit den besten Hühnerbeinen, die ich je gegessen habe, setzte sich ein arabisch aussehender Kollege mit schwarzen Locken und Hornbrille neben mich. »Hello, I am Ziad.« Seine etwas schiefen Zähne blitzten.

»Hello, I am Elmar. From Germany.«

»I know«, sagte Ziad. In meiner Uniform war ich schon von weitem als Deutscher erkennbar. Die Deutschen trugen als einzige Grün statt Schwarz oder Dunkelblau. Ziad reichte mir eine Flasche Bier, um mit mir anzustoßen. »I am from Cairo.«

Mit dem Alkoholverbot des Islam nahm auch er es offensichtlich nicht sehr genau. Ich prostete ihm zu – und so begann ein kurzweiliger Abend, der in eine bis heute andauernde Freundschaft mündete. Ziad liebt Hunde, das erzählte er mir als Erstes. »Bis vor kurzem hatte ich selbst einen Boxerrüden namens Guevarra.«

Ziad schien ein unkonventioneller Bursche zu sein, den es nicht kümmerte, dass in der muslimischen Religion neben Schweinen auch Hunde als unrein gelten. Der Ägypter verzog sein Gesicht gespielt schmerzlich. »Aber dann ist etwas Blödes passiert.«

»Was denn?«, schrie ich ihm ins Ohr, weil irgendjemand die Musik noch lauter aufgedreht hatte.

»Guevarra hat auf den Gebetsteppich meines Vaters gepinkelt.«

Nur mit Mühe konnte ich mir ein Grinsen verkneifen. Ziad

nahm es mir nicht übel. Er grinste selbst und erzählte weiter: »Ich konnte den Hund vor dem Zorn meines Vaters retten. Er hätte ihn am liebsten aus dem Haus gejagt!«

»Das kann ich mir gut vorstellen. Und dann?«

»Ich musste meinen Hund einem Freund schenken. Mein Vater ist ein guter Mensch, doch er ist nicht über das Vergehen des Hundes hinweggekommen. Manchmal vermisse ich ihn so sehr. Und du? Hast du auch einen Hund in Deutschland?«

Ein Freund von Ziad, der ihn herzlich begrüßte, nahm mir die Entscheidung ab, ob ich von Gundo erzählen sollte, und ich lenkte das Gespräch im Folgenden weit weg von Hunden.

Tief in Gedanken befand ich mich zwei Stunden später auf dem Heimweg. Ich passte nicht richtig auf und wich vom gewohnten Weg ab, lief eine Abkürzung durch Brachland. Oft war mir eingetrichtert worden, dass dies nie passieren dürfte. Plötzlich blitzte etwas auf im spärlichen Licht der Straßenlaterne. Ein Edelstahlring, an dem ein Splint befestigt war. Mir wurde heiß. Ich hatte einen der wichtigsten Grundsätze missachtet: Betrete niemals unbefestigten Grund! Fast täglich gab es Tote und Schwerverletzte durch Minen. Die Luft anhaltend ging ich in die Hocke und betrachtete den Ring im Licht meines Handys genauer. Es war offensichtlich die Sicherung einer Handgranate, der dazugehörende Sprengkörper fehlte. Auf dem Rückweg bemühte ich mich hoch konzentriert, die Fußabdrücke zu treffen, die ich in dem weichen Boden hinterlassen hatte. Erst auf dem sicheren Asphalt der Straße atmete ich frei durch.

Auftragskiller

»Hast du die Schüsse gehört?«, fragte ich Jan, als wir eines Morgens unterwegs zur Hundestaffel waren. Einige Male war ich in der Nacht davon aufgeschreckt.

Jan nickte bedrückt. »Es gibt sehr viele herrenlose Hunde hier, und für Tierheime hat der Staat kein Geld übrig. Stattdessen hat er eine Prämie von fünf Marka Konvertibla pro getötetem Hund ausgelobt. Zwei Euro fünfzig für ein Hundeleben. Das ist billiger. Solange es Leute gibt, die bereit sind, an Säuberungsaktionen wie der heute Nacht teilzunehmen, wird sich daran nichts ändern.«

Ich spürte, dass meine Unterlippe vor Wut zitterte, und biss darauf. Schon das Wort »Säuberungsaktion« tat mir weh. Waren Hunde etwa Dreck? Jeder von ihnen war ein Individuum, fühlte wie wir Freude, Schmerz und Angst, wollte leben! In Deutschland war das Töten eines Tieres »ohne vernünftigen Grund« eine Straftat. Hier wurde es staatlich gefördert und entlohnt. Das überstieg meine Vorstellungskraft. Zumal in anderen Ländern längst erwiesen war, dass Sterilisieren beziehungsweise Kastrieren wesentlich effektiver wäre. Und nur unwesentlich teurer.

Ich dachte an all die Streuner, die mir regelmäßig in Bihać und Umgebung begegneten. Auf dem Weg zum Dienst lief mir jeden Morgen ein weißer Bullterrier über den Weg. Er hatte offenbar schreckliche Erfahrungen gemacht: Ihm fehlte ein Auge. Die Verletzung sah nach einem brutalen Schlag aus. Der Gedanke, wie ein Mensch mit einem Kantholz oder einer Eisenstange auf diesen armen Kerl eingeprügelt hatte, überschwemmte mich mit Mitleid. Konnte ich auch nicht wiedergutmachen, was ihm angetan worden war, so hatte ich doch das Bedürfnis, ihm zu zeigen, dass nicht alle Menschen böse waren. Aber jedes Mal, wenn ich mich ihm näherte, wich er ängstlich zurück. Sollte er jemals Vertrauen in unsereins gehabt haben, er hatte es verloren.

Erst jetzt fiel mir auf, dass er heute früh nicht da gewesen war. Mit wachsender Besorgnis dachte ich an die ausgemergelte Hündin, die nahe der Zwingeranlage lebte. Ihr herabhängendes Gesäuge zeugte davon, dass sie irgendwo Welpen versteckt hielt. Auch diese Hündin war anfangs sehr vorsichtig gewesen, doch seit Jan und ich ihr regelmäßig etwas zu fressen mitbrachten, wurde sie ein wenig zutraulich. Sie ließ sich zwar weiterhin nicht anfassen, wich unseren Händen aus, aber die Dankbarkeit in ihren braunen Augen schon über eine Handvoll Trockenfutter berührte mich tief. Mittlerweile wusste sie genau, um welche Zeit wir eintrafen und wartete auf uns.

Heute nicht. Als wir auf das Gelände einbogen, war ihr gewohnter Platz leer. Auch in der Umgebung konnte ich sie nirgendwo entdecken. Ich stürzte in das Büro, wo einer der Hundeführer saß. Ohne Dolmetscher versuchte ich, mit einem Kauderwelsch aus Deutsch, Englisch und Handzeichen zu erfahren, ob er etwas über den Verbleib der Hündin wusste. Er schaute mich verwundert an, dann verstand er, hob die rechte Hand in Augenhöhe, streckte sie aus und krümmte mehrmals den Zeigefinger. Dann zuckte er die Schultern und wandte sich wieder seinen Unterlagen zu.

Wie konnte er nur so teilnahmslos sein? Er hatte doch selbst einen Hund! Da fiel mir ein, dass er in den letzten Monaten des Krieges zwei seiner Brüder und den Vater verloren hatte. Vielleicht erklärte das seine Gleichgültigkeit streunenden Hunden gegenüber.

Mit stechenden Bauchschmerzen begann ich, zusammen mit

Jan alle Versteckmöglichkeiten im Umkreis abzusuchen. Vielleicht hatte sich die Hündin mit ihren Welpen irgendwo verkrochen? Gleichzeitig befürchtete ich, ihre kleinen Kadaver zu finden. Unsere Suche blieb erfolglos. Nach einer halben Stunde gaben wir auf.

Auch Jan war traurig. Er fragte mich: »Was hättest du getan, wenn wir die Hundefamilie gerettet hätten? Sie mit nach Deutschland genommen?«

»Warum nicht?«, antwortete ich trotzig. »Bevor ich sie diesen Mördern hier ausliefere …« Ich sagte tatsächlich Mörder und bemerkte, dass ich mich zum ersten Mal unwohl fühlte in diesem Land.

»Du kannst nicht alle Hunde retten«, gab Jan zu bedenken.

Leider hatte er recht. »Aber vielleicht wenigstens einen.«

Zwei Stunden später bückte ich mich, um mein Schuhband neu zu knoten. Im Augenwinkel nahm ich eine Bewegung unter dem ausgedienten Ford Transit wahr, der von Pflanzen halb überwuchert in der Nähe unseres Büros stand. Was war denn das? Nach einer Ratte hatte das kleine Fellbündel nicht ausgesehen. Ich schlich mich auf Zehenspitzen an, ging in die Knie, legte mich schließlich auf den Bauch. Und schaute in ein braunes, faltiges Gesicht mit Schlappohren, aus dem mich zwei grüne Augen argwöhnisch musterten. Das kleine Hundemädchen, höchstens drei Wochen alt, zitterte. Behutsam zog ich es unter dem Autowrack hervor. Eine Handvoll Hund, dessen Herzschlag ich in meinen Fingern spürte. Unwillkürlich drückte ich meine Nase in sein flaumiges Fell. Es roch nach Pilzen. Welpen riechen immer so. Irgendwie nach frischen Champignons.

»Da hat offenbar jemand das Massaker überlebt«, sagte Jan, als ich ihm das kleine Bündel zeigte. Seine Stimme klang belegt.

Zart strich er mit dem Rücken seines Zeigefingers über die Schnauze des Welpen, der sich nun an mich kuschelte.
»Und jetzt? Machst du deinen Vorsatz wahr, Elmar?«
Als er meinen Gesichtsausdruck sah, lachte er. »Gut, dann besorgen wir erst einmal das Nötigste für die Kleine!«
Er chauffierte mich zu dem Supermarkt mit Heimtierabteilung. Dort hatten wir auch das Futter für die Mutter des Welpen besorgt. Während Jan das Hündchen beaufsichtigte, kaufte ich Dosenfutter, ein Halsband, eine Leine. Und für den Transport einen Rattankorb. Der sollte auch als Schlafplatz dienen, also stattete ich ihn gleich noch mit einem weichen Kissen aus.
Als ich zum Auto zurückkam, lag die Kleine in Jans Schoß und blinzelte mich verschlafen an. »Sie braucht einen Namen«, stellte Jan fest. Das Hundebaby öffnete die Augen und schaute uns neugierig an. Wie grün seine Augen waren. Beinahe türkis, wie der Fluss Una, der sich durch Bihać schlängelte. »Una«, sagte ich, »sie soll Una heißen.«
Ab sofort saß Una während unseren Fahrten auf der Rückbank in ihrem Korb. Dessen Henkel hielt ihren zusehends wachsenden, spitzen Zähnchen nicht lange stand und lag schon bald in Fetzen zerkaut im Fußraum des Toyotas. In den Pausen spielte Una mit den großen Diensthunden, die alle bezaubernd sanft mit ihr umgingen. Drei Wochen lang war sie das Maskottchen der Staffel, dann nahm ich sie mit nach Deutschland. Für Anna war Una Trost und Ablenkung zugleich. Ihr geliebter Drago war in der Zwischenzeit im Alter von zwölf Jahren gestorben. Auch ich vermisste ihn sehr.

Staffel im Tiefflug

In den letzten warmen Tagen Anfang November 2002 verabschiedeten sich immer mehr Kollegen. Fast täglich gab es *Farewell Partys* der unterschiedlichen Kontingente, die zumeist wehmütig, mitunter auch tränenreich verliefen. Ersatz kam keiner mehr; die UN-Mission sollte zum Jahreswechsel enden und das Mandat an die Europäische Union übergeben werden. Jan und ich hatten uns vorgenommen, die Diensthunde nach den vorgeschriebenen, amerikanischen Kriterien zu prüfen, auch wenn wir nicht mit allem einverstanden waren. Sie unterschieden sich zum Teil von der deutschen Prüfungsordnung. Die Hunde mussten sich zum Beispiel robbend anschleichen können. Eine Bewegung, die einem Raubtier nicht fremd sein dürfte. Doch wie bringt man sie einem Hund bei? Unsere Hunde zu Hause mussten nicht robben, die in Jans Heimatland liefen auch durchwegs aufrecht. Mein Antrag, die Übung ersatzlos zu streichen, da der Krieg ja schließlich vorbei sei, war schon im Sommer vom Ausbildungsbeauftragten Charles White in Sarajevo abgelehnt worden. Nun war ich es, dem etwas Neues beigebracht werden sollte.

Diese Aufgabe übernahm Alem, einer der Hundeführer, der mir von Anfang an sehr positiv aufgefallen war. Ich mochte die Art, wie der junge Mann mit seinem Schäferhund umging, niemals laut oder grob, aber konsequent. Er und sein schwarzer Pablo vertrauten einander sichtlich und bildeten ein Superteam. Pablo beherrschte die Kunst des Robbens perfekt. Nicht ohne Stolz zeigte Alem es mir: Auf ein Kommando, das sich wie »Puschti« anhörte, pirschte sich Pablo ähnlich einem Wolf beim Anblick eines Rehs vorwärts. Alle paar Meter sank er noch ein Stückchen tiefer in Deckung und legte seinen Kopf zwischen die Pfoten. Dennoch hatte dieses Verhalten nichts Unterwürfiges. Pablo behielt seine selbstbewusste Ausstrahlung, seinen Stolz. Ich war beeindruckt.

Zu Jans und meiner Erleichterung übernahm Alem diesen Teil der Ausbildung und erklärte seinen Kollegen, wie man aus einem Hund eine Robbe machte. Die Hundeführer legten ihre Tiere ins »Platz« und knieten sich neben sie. Mit der linken Hand zogen sie die Hunde an kurzer Leine vorsichtig vorwärts und verhinderten mit der aufgelegten rechten, dass sie aufstanden. Das klappte natürlich nicht sofort. Einige der Hunde blieben einfach liegen, andere rollten sich zur Seite, wälzten sich und standen auf. Verlegenes Lachen der Polizisten und Geschimpfe, welches mir der Dolmetscher nicht übersetzte, wechselten sich ab. Geduldig zeigte Alem, wie die Kollegen das Ausweichen der Hunde verhindern sollten. Und richtiges Verhalten belohnen: mit einem Stückchen bosnischer Hartwurst, die dem Hund zwischen die Pfoten gelegt wurde. Eine Stunde später schafften es alle Hunde, mindestens einen Meter weit zu kriechen. Nur das mit der Ausstrahlung war noch verbesserungswürdig. Einige sahen bei der Übung eher aus wie begossene Pudel denn wie gestandene Polizeihunde. Aber ich war davon überzeugt, auch das würde Alem noch hinkriegen. Ich bedankte mich herzlich bei ihm und schlug ihn einige Tage danach als künftigen Ausbilder der Staffel vor. Diesen Antrag nahm Charles White an.

Mission possible

Die *Training Unit,* die für die Ausbildung sämtlicher Sondereinheiten zuständig war und zu denen auch die Hundestaffel zählte, zeigte mehr und mehr Auflösungserscheinungen. Ende November waren neben Jan und mir nur noch einige Kollegen aus den USA, Jordanien und Pakistan weitgehend damit beschäftigt, die *United Nations Mission Bosnia Herzegowina* – UNMIBH – abzuwickeln. Inventar und Bürocontainer wurden verkauft, ebenso ein Großteil des Fuhrparks. Nur noch vereinzelt fuhren die weißen Geländewagen mit den großen schwarzen Buchstaben UN durch die Straßen von Bihać.

Für Jan und mich war die Mission nicht beendet, solange unsere Truppe keine Prüfung abgelegt hatte. Wie auch in Deutschland haderte ich mit der Regelung, dass die Leistung eines Hundes an einem einzigen Tag darüber entschied, ob er künftig als Polizeihund geführt werden darf oder nicht. Wir kannten unsere Vierbeiner, ihre Stärken und auch ihre Schwächen. Schließlich hatten wir sie über neun Monate begleitet und ausgebildet. Bruno, der Rottweiler, hatte sich zum hervorragenden Fährtensucher entwickelt, war im Schutzdienst aber entsprechend seiner persönlichen Veranlagung, die er von Anfang an gezeigt hatte, nicht zum Helden avanciert. Damit widersprach er der landläufigen Auffassung, dass alle Rottweiler gefährlich seien. Dagegen war mit Alems Pablo in dieser Disziplin nicht zu spaßen. Selbst in entspannter Atmosphäre konnte sich ihm keiner von uns nähern, ohne damit rechnen zu müssen, gebissen zu werden. Dafür war er leicht ablenkbar – ein hoppelnder Hase am Horizont, und die Spu-

rensuche wäre für Pablo zumindest vorübergehend gelaufen. Und die Prüfung damit endgültig. Am zuverlässigsten erschien mir Labrador Medo. Aber der musste auch nur Rauschgift suchen, und darin war er brillant.
Jan machte ein ernstes Gesicht. »An dem abschließenden Test führt kein Weg vorbei.«
»So sind die Regeln«, nickte ich.
»Aber da wir beide den Prüfer gut kennen, bin ich davon überzeugt, dass keiner der Aspiranten durchfallen wird.« Ein Schalk blitzte in Jans Augen auf. Was bedeutete das? Es war doch vorgesehen, dass Charles White aus Sarajevo die Prüfung abnehmen würde, und ihm war ich persönlich noch nie begegnet. Der Schalk in Jans Augen verwandelte sich in ein breites Grinsen. »Charly hat eben angerufen. Er hat zu viel zu tun und schafft es nicht, nach Bihać zu kommen. Da ich in Schweden berechtigt bin, bei Prüfungen zu richten, hat er mir diese Aufgabe übertragen.«
Entgeistert starrte ich Jan an. Und dann grinste auch ich.
»Selbstverständlich bin ich ein strengerer Prüfer als Charly«, behauptete Jan.
»Daran zweifle ich keine Sekunde«, erwiderte ich und fragte: »Und was ist mein Job bei der Prüfung?«
»Na, du bist natürlich mein Assistent, was sonst.«
»Klar. Was sonst. Dass ich da nicht selber draufgekommen bin!«
Feixend wie zwei Lausbuben, die etwas auszuhecken hatten, zogen wir uns in unser Büro zurück und bereiteten die Prüfungsbögen vor.

In dieser Nacht schlief ich unruhig. Was, wenn Alems Pablo bei der Prüfung lieber einem Kaninchen hinterherjagte, als der Fährte zu folgen? Oder Bruno zwar die Schutzdienstübung bestand, sein tolpatschiger Führer Bogdan ihm aber bei der Unterordnung so oft auf die Pfoten trat, bis der keine Lust mehr hatte, bei Fuß zu gehen? Auch wenn es Jan und mir nun überlassen blieb, wie eng oder weit wir die Prüfungsordnung auslegten, über gravierende Fehler durften wir nicht hinwegsehen.

Meine Sorgen waren überflüssig. Am späten Nachmittag des darauffolgenden Montags standen uns die zwölf Hundeführer erwartungsvoll gegenüber. Sie, respektive ihre Hunde, hatten sich durchweg wacker geschlagen. Es war in keinem Fall nötig, ein oder gar beide Augen in irgendeiner Disziplin zuzudrücken. Jan und ich überreichten jedem Hundeführer guten Gewissens eine Urkunde, die bescheinigte, dass sein Tier ab sofort als Polizeidiensthund geführt werden durfte. Dass dies gebührend gefeiert werden musste, versteht sich von selbst. Eigentlich war es schon viel zu kühl an diesem Abend, aber die glücklichen Hundeführer besorgten einen Grill, Lammkoteletts und einige Flaschen des obligatorischen Slivovic. Auch ich freute mich über den Erfolg, aber richtige Partystimmung wollte bei mir nicht aufkommen. Denn an diesem Abend endete meine Mission in Bosnien-Herzegowina.

Am 22. Dezember um zehn Uhr hob unser Flugzeug von der Startbahn ab und zog eine enge Schleife über das verschneite, in seinem Dunstschleier verschwindende Sarajevo. Der Himmel über uns war tiefblau, die Sonne strahlte. Ich wollte nicht nach Hause. Ich wollte da bleiben, wo in den letzten Monaten ziemlich viel Daheim gewachsen war. Doch meine Zeit in Bihać war vorbei. Ich musste nach vorne, in die Zukunft schauen. Wie die aussehen sollte, war mir in diesem Moment schleierhaft.

DER TRAUMHUND

Nun war ich also wieder im eigenen Haus. Aber ich fühlte mich nicht daheim. Alles war mir vertraut – und doch fremd.
Unruhe trieb mich um. Ich schlief schlecht, und wenn ich träumte, dann von den Kollegen, die nun wieder in alle Welt verstreut waren. Und von meiner Wohnung in Bihać. Ich wollte zurück – oder wenigstens weg! Zum Glück musste ich nicht sofort zum Dienst. Ich durfte den gesamten Jahresurlaub 2002 nachholen und flog nach La Gomera. Allein. Anna hatte mich dazu ermutigt. »Du musst erst mal zur Ruhe kommen, Elmar. Und auch …«
»Ja?«
»Wieder zu dir finden.«

Unter der spanischen Sonne, mit mir allein an schwarzen Stränden, wurde mir schnell klar, dass es ein Leben nach der Mission gibt. Am neunten Tag packte ich meinen Koffer, nahm die nächste Fähre und das nächste Flugzeug. Ich wollte nach Hause. An den Ort, wo ich hingehöre. Ich freute mich auf mein altes Leben mit seinen neuen Herausforderungen … besonders auf die vierbeinigen!

Als hätte er das gespürt, rief mich ein Kollege aus meiner Staffel an. »Hallo Elmar, hier ist der Leo!«
Auch während meiner Zeit in Bihać hatten wir Kontakt gehalten. Ich konnte Leo gut leiden. Davon abgesehen hatte er mit Bux vom Maibach einen großartigen Hund.

»Ich habe gehört, du kommst demnächst wieder zum Dienst?«, fragte Leo.
»Das ist richtig.«
Leo redete nicht lang um den heißen Brei herum. »Dann brauchst du einen neuen Hund.«
»Noch mal Treffer.«
»Ich wüsste einen für dich.«
»Aha? Aber bitte keinen Mali!«
»Nein, keine Sorge. Einen Deutschen Schäferhund. Allerdings schon gut fünf Jahre alt. Dafür bereits voll ausgebildet. Du kennst ihn …«
Ich überlegte. Seinen eigenen konnte er nicht meinen, auch wenn er in diesem Alter sein musste. Bux war ein Traumhund, so, wie ich mir einen Schäferhund vorstellte. Stattlich, aber nicht übergroß, weitgehend schwarzes, nicht zu kurzes Fell, mit einer Ausstrahlung, die jedem sofort Respekt einflößte. Bester sämtlicher Lehrgänge, die Leo mit ihm absolviert hatte. So einen Hund gibt man nicht her. Hatte womöglich ein anderer Kollege die Hundeführerei aufgegeben? Ich war nicht mehr auf dem Laufenden.
»Ich rede vom Buxi«, sagte Leo, und mir verschlug es die Sprache.
»Elmar, du weißt doch, ich habe mir inzwischen einen Welpen, den Flint, großgezogen«, fuhr Leo fort. »Der Flint kommt meinen persönlichen Vorstellungen näher. Das klingt komisch, ich weiß, aber irgendwie stimmt die Chemie zwischen Flint und mir mehr. Die Bindung ist sehr eng. Der Kleine wäre jetzt so weit, dass er Diensthund werden könnte. Aber eben nur, wenn jemand anderer aus unserer Staffel Buxi übernimmt.«
Meine Gedanken schweiften zu Gundo. Ihn hatte ich nach zehn Jahren beerdigen müssen.

»Hallo?«, fragte Leo. »Bist du noch dran?«
»Ja.« Das Gleiche würde mir mit Buxi schon nach fünf oder sechs Jahren drohen.
»Mir fällt das nicht leicht, Elmar.« Leo stockte. »Deshalb kommt für mich nur einer aus der Staffel in Frage, und das bist du! Bei dir hätte der Buxi es gut, da bin ich mir sicher.«
Meine Stimme klang rauh. »Danke Leo.« Ich wusste sehr genau, was es bedeutete, wenn man seinen Hund einem anderen Menschen anbot. Konnte es einen größeren Vertrauensbeweis unter Hundeführern geben?
Leo räusperte sich. »Ich glaube, du und Buxi, ihr zwei würdet prima zusammenpassen. Mit ihm wärst du auch sofort einsatzbereit. Du kannst es dir ja mal überlegen.«
Leo hatte mit allem recht. »Ich glaube, das brauche ich nicht. Es wäre dumm, dein Angebot abzulehnen. Allein, wenn ich daran denke, wie viele Hunde auf Probe ich schon zurückgeben musste. Das will ich nicht schon wieder durchexerzieren.«
Leo seufzte. »Ja, so geht es vielen von uns. Ich hab echt Glück gehabt mit dem Flint. Da hat alles auf Anhieb gepasst.«
»Sympathisch war mir der Buxi schon immer.«
»Eben«, Leo hörte sich erleichtert an. »Also frage ich morgen den Chef? Ich wollte erst deine Zustimmung einholen.«
»Die hast du, Leo. Ja, frag den Chef. Und … danke!«

Drei Tage später trafen wir uns auf einer Wiese nahe Nürnberg. Ich hatte die Taschen voller Leckerlis und Leo einen Fotoapparat dabei. Er bat mich, von ihm und Bux ein gemeinsames Foto zu machen, und ging neben dem Prachtkerl in die Hocke. Ein letztes Mal nahm er ihn die Arme, während ich den Auslöser klicken ließ. Buxi spitzte die Ohren und beobachtete mich aufmerksam. Lotete er aus, ob ich eventuell ein

Lump war, den es zu vertreiben galt? Nein, Buxi hatte Menschenkenntnis. Oder Hunger? Wahrscheinlich beides, denn er nahm das Trockenfutter aus meiner Hand erfreut an und drückte sich sogar an mein Bein, als ich ihn streichelte. Leo nutzte die Gelegenheit, übergab mir unauffällig die Leine und lief zügig zu seinem Auto. Als er die Tür zuschlug, sprang Buxi in die Leine. Ich hatte Mühe, sie festzuhalten.

»Ruuuuhig, Bub, wir bleiben da. Komm, wir gehen Gassi!«

Doch der Bub dachte nicht daran, mit einem wildfremden Menschen spazieren zu gehen. Stattdessen drehte er sich um und biss mir in die Fessel. Das dicke Leder meiner Stiefel verhinderte zwar, dass die Zähne durchdrangen, doch der Druck der kräftigen Kiefer war trotzdem schmerzhaft. Ich ließ mir nichts anmerken, griff in meine Jackentasche und hielt dem Hund eine weitere Handvoll Leckerlis vor die Schnauze. Er ignorierte sie. Seine dunkelbraunen Augen fixierten die meinen. Was tun? Würde ich jetzt Angst zeigen, hätte der Rüde zumindest vorläufig Oberwasser. Ich ging auf ihn zu und an ihm vorbei, ohne seine Reaktion zu beachten. Als sich die Leine spannte, sagte ich nichts weiter als »Komm!« und zog ihn mit mir. Eine Sekunde später war Bux neben mir und zwickte mich zart in die Faust mit dem Futter. Ich blieb stehen.

»Na, Buxi, zweite Kontaktaufnahme?« Ich lächelte ihn an. »Die gefällt mir besser als die erste.«

Buxi setzte sich ohne Aufforderung hin, leckte sich die schwarze Nase glänzend und wedelte einen Triangel in den Schnee. Der Appetit war wohl doch größer als das Misstrauen. Oder eben die Menschenkenntnis. Ich fütterte ihm den gesamten Inhalt meiner Jackentasche, dann gingen wir über einen Umweg zurück zu meinem Auto. Ohne zu zögern, sprang Bux in den Kofferraum des Kombis.

Das Traumteam

Ich rechnete damit, dass Buxi trauern würde. Schließlich hatte er sein Leben ab der achten Woche mit Leo verbracht. Urplötzlich war er nicht nur von ihm, sondern auch aus seiner vertrauten Umgebung gerissen. Ich versuchte, ihm die Umstellung so leicht wie möglich zu machen. Auch auf die Gefahr hin, dass er zunächst ein paar Pfund zunehmen würde, verwöhnte ich Buxi mit Leckerlis aller Art: von Fleischwurststückchen über Büffelhautknochen, Ochsenziemer und Schweineohren bis hin zu Vanilledrops. Und ich spielte mit ihm bis zur Erschöpfung, die sich bei mir meist zuerst einstellte. Natürlich kamen auch die Streicheleinheiten nicht zu kurz, wobei ich feststellte, dass mein Bedürfnis, ihm diese zu geben, weit größer war als seines, sie zu erhalten. Nein, ein großer Schmuser war Buxi nicht. Er genoss es durchaus, gekrault und gestreichelt zu werden, aber die Grenzen dafür hatte er eng gesteckt. Nach einigen Sekunden wandte er sich regelmäßig ab und bedeutete mir damit: »Das war schön, aber es reicht jetzt.« Dieses Verhalten war mir vertraut. Gundo war auch kein großer Schmuser gewesen. Dass Hündinnen diesbezüglich anders sind, sollte ich erst später erfahren.

Nicht ganz zufällig vergingen mehrere Wochen, bis sich Leo und Buxi wiedersahen. Wir hatten in dieser Zeit selten zusammen Dienst, und wenn doch, schlug Leo einen großen Bogen um seinen ehemaligen Hund. Vielleicht wollte er es ihm leichtermachen. Oder sich selbst?

Es war an einem Samstag, als knapp die Hälfte unserer Staffel für einen Einsatz bei einem Bundesligaspiel angefordert wurde. Der Platz vor unserer Dienststelle war mit Streifenwagen zugeparkt, die Hunde darin bellten sich wie immer gegenseitig an. Nur wenige unserer Vierbeiner vertragen sich. Wie auch, wenn jeder der Chef im Rudel sein will? Auch in dieser Hinsicht sind Hunde Menschen nicht unähnlich. Also ist es für uns obligatorisch, zumindest die Rüden getrennt zu halten. Eine Rauferei endet in aller Regel für einen oder sogar beide Kontrahenten beim Tierarzt.

Hündinnen hatten wir zu dieser Zeit nicht in der Staffel; mein Chef war dagegen. »Weiber bringen den ganzen Haufen durcheinander«, antwortete er mir lapidar, als ich nach dem Grund fragte. Ich ging davon aus, dass er damit wirklich nur die vierbeinigen meinte. Und da kam auch schon die Bestätigung: »Vor allem, wenn sie läufig sind.« Bei der Vorstellung, wie eine derart duftende Hündin Herzen in die Augen sämtlicher Rüden zaubert und sie vom Dienstplan ablenkt, musste ich grinsen. Aber war das der einzige Grund? Eine sterilisierte Hündin würde nicht mehr läufig werden. Waren Mädels prinzipiell zahmer? Ich hatte diesbezüglich keine Erfahrung. Noch nicht.

Buxi hatte, wie die meisten unserer Hunde, die Angewohnheit, jeden lautstark vertreiben zu wollen, der sich »seinem« Auto näherte. Das war besonders unangenehm, wenn ein Passant nach dem Weg fragen wollte:

»Entschuldigen Sie, wissen Sie …?« Der Rest der Frage ging schon im Gebell unter.

»Wie bitte?«, fragte ich höflich.

»Ich wollte wissen …« Unhöflich unterbrach Bux.

»Ja?«, fragte ich erneut.

»… in die …« *Wauwauwau*

»…straße …«

Nein, Buxi hatte kein Verständnis für Menschen ohne Orientierungssinn. Bevor ich ihn grob ansprechen musste, stieg ich lieber aus. Und pflegte auf diese Weise immerhin Bürgernähe.

Leo war an diesem Samstag mit von der Partie. Zwar war Flint noch nicht so weit, bei der befürchteten Randale eingesetzt zu werden, aber er sollte sich zumindest an die Geräuschkulisse im Fußballstadion gewöhnen. Buxis Ohren waren gespannt wie ein Bogen vor dem Abschuss. Er hatte Leo zwei Meter neben unserem Auto entdeckt und starrte durch das Fenster. Mit gemischten Gefühlen beobachtete ich meinen Kameraden, den ich nun schon ganz schön tief ins Herz geschlossen hatte. Wie würde er reagieren? Zu meiner, aber wohl mehr noch zu Leos Überraschung verbellte ihn Buxi, als wäre er ein Fremder. Ich konnte mir nicht vorstellen, dass er ihn so schnell vergessen hatte. Als wir uns nach dem Einsatz, der wider Erwarten friedlich verlief, noch einmal trafen, bellte Buxi zwar nicht, doch er wirkte verunsichert, als Leo sich näherte. Anscheinend wusste er nicht, wie er sich verhalten sollte. Sich freuen, ihn stellen oder neutral verhalten? Er entschied sich für Letzteres. Im Vorbeigehen schnupperte er beiläufig an Leos Bein, um sich dann hoch konzentriert den Duftmarken anderer Hunde im Gras zu widmen. Vielleicht war Leo ein wenig enttäuscht, aber er lachte: »Na, Buxi? Aus den Augen, aus dem Sinn? Hauptsache, es geht dir gut!«

Ja, es ging ihm gut, das konnte ich ihm deutlich ansehen. Sein Gang war federnd, das Fell glänzte. Er wirkte rundum zufrieden mit seinem Leben.

Ich freute mich, dass sich Buxi offenbar für mich entschieden hatte. Spätestens jetzt wusste ich: Wir gehören zusammen. Bux und ich waren ein Team. Ein Traumteam sogar, wie sich bald zeigen sollte.

Buxi und die Frauen

Una fand Buxi toll! Er zeigte sich als toleranter Vorgesetzter, der der Kleinen fast alles durchgehen ließ. Sie verstanden sich prächtig. Leider war das zwischen Anna und mir nicht mehr so. Wir hatten keinen Streit, uns aber kaum etwas zu sagen. Nach einigen Wochen packte ich das Nötigste zusammen und zog mit Buxi zu einem Freund, bis Anna eine Wohnung gefunden hätte. Das Gefühl, erneut gescheitert zu sein, bedrückte mich. Passten Frau und Mann auf Dauer überhaupt zusammen? Ich schwor mir, nie mehr zu heiraten.

Buxi hatte keine Probleme mit der Verkleinerung unseres Rudels.
Er schloss sich mir noch enger an. In der Freizeit machten wir längere Spaziergänge denn je, und nachts schlief er brav neben meinem Bett ein – um morgens an meinen Füßen aufzuwachen. Ich sah ihm diese kleine Ungezogenheit nach. Nein, ich genoss sie.

Bux hatte eine niedrigere Reizschwelle als Gundo. Was sein Vorgänger harmlos bewertet hatte, war für ihn oft Grund, den Polizeihund herauszukehren. Misstrauisch betrachtete er jeden ihm Unbekannten, der mir seiner Meinung nach zu nahe kam, und knurrte ihn warnend an. Also hielt ich jedermann beziehungsweise jedefrau auf Abstand mit der vorsorglichen Warnung, dass mit meinem Hund nicht zu spaßen sei. Der hohe Flirtfaktor durch die Gegenwart eines Hundes – man muss nicht lange nach einem Grund suchen, jemanden anzusprechen – sank mit Buxi gegen null. Unterhaltungen fanden, wenn überhaupt, nur mit Distanz und rufend statt.

»Das ist aber ein schöner Hund!«
»Danke, finde ich auch!«
»Darf man den streicheln?«
»Ähm, lieber nicht!«
»Schade!«
Das war's dann mit netten Bekanntschaften. Polizeihunde können auch einsam machen. Vor allem, wenn man übervorsichtig ist, wie ich anfangs mit Buxi. So entging mir, dass er sehr wohl einen Unterschied zwischen Mann und Frau machte … Bis zu jenem unvergesslichen Einsatz in einer Mainacht, lau wie im Juli.

Das Fenster geöffnet, lässig den linken Ellbogen am Türrahmen, ließ ich meinen Streifenwagen durch den Stadtteil Eibach rollen. Das Funkgerät quasselte unentwegt: hier eine Ruhestörung durch angeblich lärmende Jugendliche, dort eine Geruchsbelästigung wegen eines übermäßig qualmenden Grills. Typisch für Nächte wie diese. Nichts, was sich nicht auch ohne Polizei regeln ließe. Doch manche Beschwerdeführer fanden es bequemer, den Notruf zu wählen, als sich selbst mit ihren Nachbarn auseinanderzusetzen. Die Reviere waren ausgebucht, führten bereits Wartelisten, gestaffelt nach Anrufeingang und Priorität, die die Streifen nach und nach abarbeiten mussten. So hörte sich die Anfrage der Einsatzzentrale an die Inspektion Süd auch eher vorsichtig an: »Haben Sie eventuell noch eine oder zwei Streifen für Reichelsdorf? Dort rotten sich angeblich Mitglieder zweier rivalisierender Gangs zusammen. Eine Schlägerei scheint sich anzubahnen.«
Das klang nach einem Einsatz für einen Diensthund. Ich war nicht weit weg. Ich nahm den Hörer in die Hand, um mich zu melden.

Der Funksprecher der Inspektion kam mir zuvor. »12/5, das müsst ihr übernehmen. Ihr seid meine letzte Streife. Ist zufällig ein Hund in der Nähe?«
»Wir sind in Reichelsdorf, praktisch um die Ecke«, bestätigte 12/5 den Einsatz.
»Und ich bin in drei Minuten auch da. Mit Hund!« Endlich hatte ich eine Lücke im Funkverkehr gefunden.

Ich zuckte zusammen, als ich auf den Parkplatz zwischen den Hochhäusern einbog. Zwei Gruppen, zusammen weit mehr als einhundert Jugendliche und Erwachsene, standen sich gegenüber und brüllten aufeinander ein. In der schmalen Gasse dazwischen versuchten zwei Kollegen, die drohende Massenschlägerei zu verhindern und die Kontrahenten auf Abstand zu halten. Ein aussichtsloses Unterfangen. Ich sprang aus dem Auto und befreite Bux aus seiner Box. Aufgeregt bellend zerrte er mich in Richtung der tobenden Menschenmenge. Ich ließ ihn gewähren. Erleichtert stellte ich fest, dass einige Leute freiwillig wichen, andere vertrieb Bux knurrend und mit klackerndem Gebiss. Da entdeckte ich die Frau. Sie sah mich nicht, und leider sah mein Kollege sie auch nicht. Voller Aggressivität schlug sie mit einer Holzlatte von hinten auf seinen Kopf. Mein Kollege stürzte zu Boden, die Frau prügelte hemmungslos auf ihn ein, er riss die Arme hoch, um sich zu schützen.
»Aufhören und hinlegen, sonst setze ich den Hund ein!«, brüllte ich. Buxi drehte die Ohren für einen Augenblick nach hinten in meine Richtung. »Sonst setze ich den Hund ein!« Buxi war bereit. Die Frau erstarrte mit erhobenem Prügel und schaute uns überrascht an. Dann ließ sie das Holz fallen und rannte davon.
Ich zögerte im Zwiespalt, ob ich mich um meinen Kollegen

kümmern sollte. Doch der winkte am Boden liegend ab: »Ich bin so weit okay.«
Dass das stimmte, bezweifelte ich. Blut tropfte über sein Gesicht, doch offenbar benötigte er keine rasche Erste Hilfe. Buxi hatte die Fliehende keine Sekunde aus den Augen gelassen und sprang bellend in die Leine. Ein letztes Mal rief ich der Schlägerin hinterher, sie solle stehen bleiben. Keine Reaktion. Ich klinkte den Karabiner an Buxis Halsband aus: »Voran!«
Wie eine Rakete schoss er los. Mit angelegten Ohren sprintete er der Frau nach. »Voran« bedeutete für ihn, dass er die Täterin zunächst stellen und verbellen sollte – vorausgesetzt, sie blieb stehen. Doch sie rannte weiter. Buxi hatte sie fast erreicht, setzte zum Sprung an – und zögerte plötzlich. Irgendetwas verwirrte ihn. Und mich auch. Von links näherte sich der Frau in vollem Lauf ein Kollege des inzwischen eingetroffenen SEK. Er hatte den Hund noch nicht wahrgenommen, und Buxi musste sich entscheiden: Mann oder Frau? Erschrocken stellte ich fest, dass er sich für den Mann entschied und auf diesen losstürmte.
»Plaaaatz!«, brüllte ich mit sich überschlagender Stimme. Bux gehorchte. Er ließ sich geradezu fallen, es sich aber nicht nehmen, wenigstens nach dem Bein des vorbeilaufenden Kollegen zu schnappen. Knapp daneben. Ich atmete auf.
Sekunden später hatte ich meinen Hund erreicht, rief zur Sicherheit noch einmal »Bleib! Platz!« und half dem Kollegen vom SEK, die wild um sich schlagende Frau zu bändigen und ihr Handschellen anzulegen. Dann lobte ich Buxi überschwenglich und nahm ihn an die Leine. Immer mehr Streifen aus den umliegenden Landkreisen trafen ein. Allmählich brachten wir die Situation unter Kontrolle, Buxi half bellend und zähnefletschend mit. Am Ende zählten wir siebzehn Verletzte und einundzwanzig Festgenommene, gegen die wegen Landfriedensbruch ermittelt werden würde.

Im Auto stellte ich Buxi Wasser in die Box und schaute ihm dabei zu, wie er die Schüssel gierig ausschlabberte. Warum hatte er die Täterin verschonen und stattdessen den Kollegen beißen wollen? Buxi leckte sich übers Maul und beobachtete mich aufmerksam. Da begriff ich, warum er die Frau entkommen hatte lassen. Er kannte keinen weiblichen Figuranten, hatte immer nur Männer gestellt. Lumpen waren ausschließlich Männer. Frauen waren die Guten. Deshalb hatte Buxi sich für den Mann entschieden. Da dieser sich im richtigen Augenblick als Alternative zu »der Guten« anbot, war ihm die Wahl nicht schwergefallen.

Die Polizei und die Frauen

Wie sich die bayerische Polizei bis Ende der 1980er Jahre als reiner Männerverein präsentierte, so war es auch bei der Diensthundestaffel – die frauenfreie Zeit währte hier sogar noch länger. Dies bedeutete nicht, dass sich Frauen weniger als ihre männlichen Kollegen dafür eigneten oder interessierten, ihren Streifenpartner gegen einen Diensthund zu tauschen. Aber die Voraussetzung, vor der Bewerbung einige Jahre Diensterfahrung zu sammeln, mussten sich die Kolleginnen zunächst erarbeiten.
2001 war es so weit: die erste Frau in der Staffel. Nach und nach folgten weitere. Heute sind es schon sechs von gut fünfzig Kollegen.

Die Frauen brachten einen frischen Wind mit. Ich wage zu behaupten: einen wärmeren. Die Witze, die erzählt wurden, waren weniger derb, der Umgang untereinander wurde weicher. Natürlich gab es auch Kollegen, die, aus welchen Grün-

den auch immer, über weiblichen Zuwachs grundsätzlich nicht begeistert waren, doch sie befanden sich in der Minderzahl. Ich jedenfalls freute mich, hatte ich es doch schon öfter bedauert, ausschließlich mit Männern zusammenzuarbeiten. Allmählich hörte man das Geständnis: »Ich liebe meinen Hund«, wofür man früher durchaus belächelt wurde – wenn man sich das überhaupt zu sagen traute –, auch von männlichen Kollegen. Nicht von allen. Einige meiner Kollegen würden diesen Satz nicht über die Lippen bringen. Vermutlich halten sie ihn für unmännlich. Dass sie ihre Hunde weniger lieben als die anderen, die das äußern, bezweifle ich.
Mir kam diese emotionale Veränderung innerhalb unserer Einheit entgegen. Über Gefühle zu sprechen war kein Tabu mehr. Selbst für Tränen, etwa über den Verlust des Diensthundes, musste sich keiner mehr schämen. Und diejenigen unserer Hunde, die wie Buxi meinten, dass Frauen grundsätzlich »die Guten« seien, bekamen endlich die Gelegenheit, an weiblichen Figuranten zu lernen. Dank des vertrauten Geruches der Schutzkleidung war die Umstellung vergleichsweise leicht für sie. Schwieriger war es, bei Übungen die in neutraler Kleidung versteckte Kollegin als Lumpen zu identifizieren und entsprechend zu verbellen. Oder besser gesagt als Lumpin? Ich kreierte in diesem Zusammenhang das Wort Lumpine, das allerdings noch keinen Einzug in das allgemeine Vokabular der Diensthundeführer und -führerinnen gefunden hat. Letztendlich sollte ein Polizeihund keinen Unterschied zwischen Männlein und Weiblein machen. Wie auch wir, wenn es um die Arbeit geht!

Nachtschicht mit Buxi

Für den Funksprecher der Inspektion West hießen alle Hunde Fiffi. Längst hatte ich mich daran gewöhnt.
»Elmar, könntest du mal in die Treppenstraße 35 fahren und deinen Fiffi schnüffeln lassen?«
»Worum geht es? Habt ihr was gefunden?«
»Nein, eigentlich bloß eine Ruhestörung. Aber der Streife kommt da etwas verdächtig vor. Der Wohnungsmieter scheint clean zu sein, jedenfalls ist er nicht in unserem Computer. Schau doch einfach mal vorbei, wenn du gerade nichts Besseres zu tun hast.«
Hatte ich nicht. In der Treppenstraße angekommen, ließ ich Buxi erst einmal im Auto. Ein Kollege wartete bereits vor der Wohnungstür. »Eigentlich haben wir keinen konkreten Verdacht«, erklärte er mir. »Aber der Kerl da drin hat auffällig lange gebraucht, bis er die Tür geöffnet hat. Mein Bauchgefühl sagt mir, dass da etwas nicht stimmt.«
»Dein Bauchgefühl in Ehren, aber das wird als Rechtsgrundlage nicht reichen«, bremste ich den Kollegen.
»Ich weiß. Aber der Kerl fühlt sich sehr sicher. Er hat nichts gegen eine Durchsuchung.«
»Wenn das so ist.«
Mein Kollege nickte. »Schau einfach mal.«

Die Wohnung war sehr groß und geschmackvoll eingerichtet. Alle Gegenstände erweckten einen teuren Eindruck. Allein die Designer-Stereoanlage, Ursprung der Ruhestörung, schätzte ich im Preis auf ein Jahreseinkommen meinerseits. Deren Besitzer, Jens Müller, ein gepflegter Mann, begrüßte mich mit einem Händedruck.

»Kommen Sie ruhig herein! Wo haben Sie denn Ihren Hund? Man sagte mir, es würde ein Hund angefordert. Ich habe nichts zu verbergen. Ganz im Gegenteil. Ich freue mich auf den Hund. Ich liebe Hunde. So was erlebt man ja nicht täglich.«

Was nett klang, kam mir verdächtig vor. Welcher unbescholtene Bürger lädt die Polizei dazu ein, seine Wohnung zu durchsuchen? Meine in vielen Dienstjahren erworbene Menschenkenntnis sagte mir, dass diese Freundlichkeit auch ein Ablenkungsmanöver sein könnte. Der Balanceakt zwischen begründetem Verdacht und Vertrauen in die Mitmenschen gelingt nicht immer. Wir Polizisten laufen leicht Gefahr, zu misstrauisch zu werden und müssen hier besonders aufmerksam sein. Leichtgläubigkeit wäre fatal.

Ich ließ meinen Blick durch das penibel aufgeräumte Wohnzimmer wandern. Die auf einem Fensterbrett abgestellte Feinwaage passte nicht in den Gesamteindruck.

Jens Müller grinste. »Die ist für meine Goldreserven. In Anbetracht der allgemeinen Wirtschaftslage habe ich einen großen Teil meines Vermögens in Edelmetall angelegt. Ich wiege das gerne nach.«

»Was sind Sie denn von Beruf?«

»Geschäftsmann. Im- und Export.«

»Und was im- und exportieren Sie so?« Beiläufig hob ich die Waage an. Darunter kam ein kleiner, silbern gerahmter Kosmetikspiegel zum Vorschein, auf dem eine Rasierklinge lag. Ein Hauch weißen Staubes trübte das Glas in den Ecken.

Jens Müller rief: »Ach, da ist der Spiegel ja! Meine Bekannte hat schon zweimal angerufen und gefragt, ob sie einen Spiegel bei mir vergessen hat.«

»Nicht nur vergessen, sondern versteckt«, vermutete ich.

Müllers Augen wurden zu schmalen Schlitzen. Er ärgerte

sich, dass er den Schnupfspiegel beim Aufräumen übersehen hatte. Seine Selbstzufriedenheit platzte. Er zeigte sein wahres Gesicht, was mich fast ein wenig freute. Meine Menschenkenntnis hatte mich zu Recht gewarnt.
»Dann bringen Sie doch Ihren blöden Scheißköter, wenn Sie das anzweifeln!«
Ich ignorierte die Beleidigung und bewertete sie als klare Einverständniserklärung für eine Wohnungsdurchsuchung. Zur Sicherheit holte sich mein Kollege telefonischen Rückhalt bei der Staatsanwaltschaft.

Eine halbe Stunde später lag Buxi hechelnd auf dem seidenen Läufer im Flur. Abgesehen von dem Spiegel, den er mir trotz der geringen Drogenspuren vorbildlich angezeigt hatte, war er nicht fündig geworden. Auch nicht im Jaguar von Jens Müller, dessen Schlüssel er uns überheblich grinsend entgegengestreckt hatte. Jetzt lümmelte er in seinem weißen Ledersessel und ließ die Lehne elektrisch vor- und zurücksummen. Er gähnte gelangweilt. Normalerweise bin ich nicht enttäuscht, wenn eine Durchsuchung negativ ausfällt. Diesmal wurmte mich das Ergebnis. Eine letzte Hoffnung gab es noch:
»Haben Sie ein Dachboden- oder Kellerabteil, Herr Müller?«
»Der Dachboden ist ausgebaut, da wohnt jemand. Kellerabteil habe ich nicht, brauche ich nicht. Wenn Sie dann fertig wären …?« Demonstrativ schaute er auf seine Rolex. »Ich habe noch etwas zu erledigen.«
Ich zuckte mit den Schultern. »Dann wollen wir Sie nicht länger aufhalten. Auf Wiedersehen, Herr Müller.«
Erwartungsgemäß rief er mir nach: »Lieber nicht!«

Schweigend gingen meine Kollegen und ich zum Hausausgang. Dort legte ich Bux ins »Platz« und verabschiedete mich von der Streifenbesatzung. Buxi schnüffelte interessiert auf dem Fußabstreifer herum. Wahrscheinlich wohnten Hunde in dem Gebäude. Er robbte den halben Meter, der uns von der Kellertüre trennte, vorwärts und sog durch einen Spalt am Boden hörbar Luft ein. Ich ging in die Hocke und streichelte ihm über den Kopf.

»Was ist?«, fragte ich ihn.

Er antwortete mit einem Schwanzwedeln. Dann leckte er über den Türfalz.

Ich stand auf: »Ich glaube, wir sollten uns den Keller ansehen!«

Mein Kollege schaute mich verständnislos an. »Du glaubst doch nicht, dass der …«, er deutete auf Buxi, »… hier oben irgendwas von da unten gerochen hat! Außerdem hat der Müller angeblich kein Kellerabteil.«

Ich öffnete die Türe. »Eben: angeblich. Was mein Hund wahrgenommen hat, weiß ich nicht. Ich schaue mich mal im Keller um.«

Buxi zerrte mich die ausgetretenen Stufen des Altbaus hinab, der Kollege folgte uns zögerlich. Es roch muffig, die grob verputzten Wände schimmerten feucht und fleckig-grau. Buxi schnupperte mit hoch erhobenem Kopf in den Gang. Ein solches Verhalten wertete ich mittlerweile fast als Garantie, dass er fündig werden würde. Doch in welchem der Verschläge, alle gefüllt mit Sperrmüll und anderem Abfall, mit Vorhängeschlössern oder Ketten versperrt, konnte etwas versteckt sein? Langsam ging ich mit Buxi an der Leine von Abteil zu Abteil. Er drückte seine Nase zwischen Holzlatten, schnaubte und zog mich immer weiter. Allmählich beschlichen mich Zweifel. Vielleicht witterte er Mäuse? Doch dafür suchte er zu zielstrebig.

Das siebte Abteil sah besonders übel aus. Ein brusthoher Haufen, bestehend aus Klamotten, Schuhen, Kartons, vergilbten Zeitungen und sonstigem Unrat gammelte in der hinteren Ecke vor sich hin, daneben stapelten sich Umzugskisten. Die verstaubten Spinnweben vor dem ohnehin blinden Fenster ließen kaum Licht in den Raum. Er machte den Eindruck, als hätte ihn schon seit Jahren niemand mehr betreten. Buxi intensivierte seine Nasenarbeit, schnupperte und schnaubte aufgeregt. Dann kratzte er an der Lattentür, zunächst vorsichtig, schließlich als wollte er sie eigenpfotig in ihre Bestandteile zerlegen.

»Was hat er denn?«, fragte der Kollege.

»So etwas nennt man überzeugendes Anzeigeverhalten«, übersetzte ich.

Er überkreuzte die Arme vor der Brust. »Das Abteil ist versperrt, wir müssten es aufbrechen. Ob das rechtmäßig wäre? Außerdem wissen wir nicht, wem es gehört. Die Überzeugung deines Hundes in Ehren, ich würde die Finger davon lassen.« Er lachte gutmütig. »Nicht dass dahinten ein vergessener Schinken vor sich hin stinkt. Dann kämen wir in Erklärungsnot.«

Allmählich ärgerte mich der Bursche. Vor lauter Angst, etwas falsch zu machen, zog er es vor, gar nichts zu unternehmen. Ich zückte mein Multifunktionswerkzeug, das ich immer dabeihabe, klappte die Zange auf und nahm mir das Schloss vor. Der Kollege trat den Rückzug an. »Das geht aber auf deine Kappe! Ich gehe wieder nach oben. Ich hätte lieber den Müller gefragt, aber der ist eben weggefahren.«

Feigling, dachte ich, dann zerbrach der Schließbügel an der Tür. Buxi wartete sein Kommando »Such's Gifti!« gar nicht erst ab und stürzte sich in den Müllhaufen, steckte seine Schnauze tief hinein und räumte mit den Pfoten alles zur Sei-

te, was ihn störte. Lappen, Papier und leere Plastikflaschen flogen durch die Luft. Ein verbeulter Schuhkarton tauchte auf. Ich startete durch. Würde sich darin tatsächlich Rauschgift befinden, befand Buxi sich in Lebensgefahr. Er war noch auf herkömmliche Weise ausgebildet worden, kratzte und biss auch mal in seinen Fund. Heute wird Hunden überwiegend beigebracht, Drogen passiv anzuzeigen: hinlegen oder -setzen, mit den Augen fixieren. Die Gefahr einer Vergiftung ist damit weitgehend gebannt.
Ich erwischte Buxi am Halsband und zog ihn in dem Moment zurück, als er seine Zähne in die Schachtel schlagen wollte. Weit weniger als ein Gramm von beispielsweise Heroin auf seiner Zunge konnte seinen Tod bedeuten. Er leckte sich über die Nase. Hatte er etwas erwischt?
Es gibt Feststellungen, über die ist man gleichermaßen erfreut und enttäuscht. Dieser Gefühlsmix stellte sich bei mir ein, als ich die Box öffnete: enttäuscht, dass sich darin nur alte Briefe befanden, und froh aus demselben Grund. Wenigstens konnte sich Buxi daran nicht vergiften. Doch was hatte ihn derart begeistert? Er lag noch immer im »Platz«, zu dem ich ihn verdonnert hatte, aber sehr angespannt. Er wartete auf die Erlaubnis, weitersuchen zu dürfen. Unterhalb der Stelle, an der der Schuhkarton vergraben gewesen war, schimmerte etwas silbern. Ein Aluminiumkoffer?
»Such's Gifti!«, rief ich. Mit einem Satz hüpfte Buxi in den Plunder, wühlte den Metallbehälter begeistert heraus und verpasste ihm mit seinen kräftigen Zähnen einige Dellen. Ohne zu wissen, was sich darin befand, lobte ich Buxi lauthals, streichelte und klopfte ihn, ehe ich ihn wieder ablegte.

Die beiden Zahlenschlösser an dem Deckel leisteten meiner Zange kaum Widerstand. Als ich ihn nach oben schwang, entfuhr mir ein Geräusch, das sich anhörte wie Schluckauf: So etwas hatte ich noch nicht gesehen! Außer in Krimis, vor allem amerikanischen. Der Koffer war bis zum Rand gefüllt mit transparenten, rechteckigen Päckchen weißen Pulvers. Obenauf lag eine Liste und auf dieser eine Pistole. Sogar ich konnte nun den essigähnlichen Geruch wahrnehmen. Heroin. Kein Wunder, dass Buxis trainierte Nase dies schon an der Treppe wahrgenommen hatte! Plötzlich knurrte Buxi, reckte den Hals und starrte in den Gang. Etwas entfernt hörte ich, wie sich jemand räusperte.

»Ähm, Kollege?« Es war der Feigling. »Wir fahren dann mal, wir müssen zu einem Familienstreit.«

»Das bezweifle ich«, antwortete ich. »Wir rufen jetzt das Fachkommissariat. Und dann schnappen wir uns den feinen Herrn Müller. Ich, besser gesagt mein Hund, hat hier einiges gefunden!«

Nachdem ich über Funk einen Fahndungsrundspruch nach dem Jaguar abgesetzt hatte, rief ich das Rauschgiftdezernat K44 an. Dessen Leiter sicherte mir zu, sofort einige Mitarbeiter loszuschicken. Sie trafen wenig später ein, zusammen mit einer Streife, die den Jaguar von Müller, der sich aus dem Staub gemacht hatte, bereits gestellt und den Dealer festgenommen hatte. Müller behauptete, das Kellerabteil sei nicht seines. Doch die Briefe, allesamt an ihn adressiert, sowie weitere Dokumente, die die Kripo sicherstellte, überführten ihn.

Als ich in der Dienststelle meinen Bericht schrieb, rief mich Dieter vom K44 an. Er gratulierte mir zu Buxis Fund. Ein Viertel der Beute bestand aus Heroin von hoher Reinheit, der Rest aus Streckungsmittel. Dies tat dem Erfolg keinen Abbruch, denn das Strafmaß richtet sich nach dem Reinheitsgrad des Rauschgiftes. Buxi hatte knapp vier Kilo konsumfertiges

Heroin aufgespürt. Und es kam noch besser, wie Dieter mir mitteilte. »Abgesehen davon, dass Müller keinen Waffenschein besitzt, haben wir in dem Koffer eine Liste gefunden. Müller hat fein säuberlich Buch geführt. Datum der Deals, Gewicht des verkauften Giftes und Handynummern der Käufer. Unglaublich, wie blöd der Kerl ist!«

»Super!«, freute ich mich.

»Jetzt haben wir natürlich jede Menge Ermittlungsarbeit, deshalb ist das Ganze noch nicht pressefrei. Aber du bekommst als Erster Bescheid, wenn wir die Sache abgeschlossen haben.«

Zwei Monate später erfuhr ich aus der Zeitung, dass die Polizei einen Drogenring gesprengt und vier Kilo Heroin sichergestellt hatte. Von einem beteiligten Hund keine Spur. Unterschrieben war der Artikel mit Susanne Willinger. Ich kannte die Polizeireporterin. Wir waren uns schon einige Male begegnet. Ich rief sie an und lud die schöne große Frau mit den grünen Augen zum Essen ein.

Elmar und die Frauen

Anna war zwischenzeitlich ausgezogen und ich in mein Haus zurückgekehrt. Ich war froh darüber, nicht zuletzt deshalb, weil ich in meinem eigenen Bett wesentlich besser schlief als auf Max' Klappsofa. Doch was hatte ich mir nur dabei gedacht, mich ausgerechnet an einem Tag mit Susanne zu verabreden, dem ein *Doppelschlag* vorangegangen war? So nennen wir Polizisten den zweiten Tag einer Schicht, der mit dem Frühdienst beginnt und mit der Nachtschicht weitergeht. Siebzehn Stunden Dienst innerhalb von vierundzwanzig, lediglich der Nachmittag frei, den ich regelmäßig mit Schlaf nachholen und Vorausschlafen verbrachte. Je älter ich wurde, desto mehr und länger sah man mir das am Folgetag an: müde, grau, faltig. Überhaupt waren die fast fünfundzwanzig Jahre Schichtdienst nicht spurlos an mir vorübergegangen.

Buxi beobachtete meine Rendezvous-Vorbereitungen aufmerksam. In seinen Augen verhielt ich mich seltsam. Warum zog sich Herrchen heute schon zum dritten Mal um? Und wieso stand er fünf Minuten vor dem Spiegel und zupfte an seinem bisschen Fell herum, das seinen Kopf bedeckte? Das gehörte doch nicht zu unserem Alltag! Als ich mir Aftershave ins Gesicht sprühte, ergriff Buxi niesend die Flucht. Wie kann sich mensch geruchlich nur derart zurichten?
»Ich mag dein Parfüm auch nicht«, ließ ich ihn wissen und dachte schaudernd daran, wie entsetzlich er manchmal stank, wenn er sich in irgendetwas Widerlichem gewälzt hatte. Seine Motivation unterschied sich allerdings von meiner. Buxi wollte nicht gut riechen, sondern anders. Ein Relikt aus Zeiten, als sich die wölfischen Vorfahren ihr Futter erjagten und sich, nicht nach Wolf, sondern eher wie eine tote Kuh stinkend, gut getarnt an ihre Opfer heranpirschten.

Als ich Susanne gegenübersaß, kam sie mir vor wie frisch geschlüpft. So jung, so blühend, so schön. Gut, sie war auch elf Jahre jünger als ich, und ihr Lebenswandel war sicher nicht so verschleißträchtig wie meiner. Zum Glück stand sie auf alten Kram: Sie sammelte Antiquitäten. Vielleicht passte ich in ihre Kollektion? Ich wünschte es mir sehr, denn an diesem Abend verliebte ich mich in sie. Und sie sich in mich! Ein Zustand, der auf beiden Seiten bis heute anhält. Längst sind wir verheiratet, obwohl ich nie wieder heiraten wollte. Nun weiß ich: Manchmal dauert es eben etwas länger, bis die Richtige kommt!

Rangfolge

Susanne war, wie ich, mit Hunden aufgewachsen, wollte aber dennoch, oder vielleicht gerade deshalb, keinen eigenen. Mich gab es nur mit Hund, und Buxi freute sich über den Zuwachs in seinem Rudel. Doch wer sollte nun Platz zwei und wer Platz drei einnehmen? Die Entscheidung fiel nicht ohne die Nummer eins.

Susanne war gerade aus der Redaktion nach Hause gekommen und von Buxi wie gewohnt stürmisch begrüßt worden. Er warf ihr seinen angenagten Büffelhautknochen vor die Füße. Spielen?

Als Susanne auf sein Angebot eingehen wollte, änderte sich die Stimmung plötzlich. Buxi schnappte sich sein Spielzeug und knurrte. Dies wäre noch nicht ungewöhnlich gewesen, es gehörte manchmal zum Spiel. Doch diesmal klang sein Brummen anders, tiefer, bedrohlicher. Und er hörte auf, mit dem Schwanz zu wedeln, fixierte Susanne. Bux wollte es wissen: Ich oder du?

Mit einem Satz war ich bei ihm, packte ihn am Nacken und drückte ihn auf den Boden.

»So nicht, Bux! Das ist pfui!« Mit Nachdruck schüttelte ich sein Fell. So hart hatte ich ihn noch nie angefasst. Zu meiner Überraschung brach Buxi regelrecht zusammen, aber nur vorne.

Den Brustkorb mit Bodenkontakt, seinen Kopf zur Seite gedreht, die Hinterbeine noch immer durchgestreckt, blieb er in dieser Stellung, als ich ihn längst losgelassen hatte. Wie sensibel dieser große Bursche doch war! Sofort tat er mir leid. Um die Situation aufzulösen, griff ich mir seinen Knochen und rief ihn zu mir. Beinahe schüchtern nahm er mir sein Spielzeug vorsichtig aus der Hand. Dann drehte er sich um und trottete zu Susanne, die, immer noch erschrocken, auf dem Boden saß. Sanft legte er ihr den Knochen in den Schoß, ging zwei Schritt rückwärts, wedelte nun wieder und spitzte die Ohren. Spielen!

Susanne schaute mich an: »Soll ich?«

Ich nickte. »Ich glaube, das dürfte geklärt sein.«

War es auch. Als wäre nichts passiert, tobten die beiden kurz darauf im Wohnzimmer herum. Buxi stellte niemals mehr in Frage, dass Susanne ihm in der Rangfolge übergeordnet war. Hat ein Hund den höheren Stellenwert seines Menschen erst einmal anerkannt, zweifelt er ihn in aller Regel nicht mehr an. Andernfalls wäre diese Einstufung lediglich eine Art Waffenstillstand. Aus diesem Grund muss ein Hund wissen, wo sein Platz in der Reihe der Familie ist: ganz hinten. Hat er dies nicht akzeptiert, bekommen das diejenigen zu spüren, die in der Rangfolge in seinen Augen zwischen ihm und dem Rudelführer stehen. In Buxis Fall war das Susanne, in Familien mit Kindern können es die Kleinsten sein. Wie solche Rangkämpfe enden, liest man leider viel zu oft in den Zeitungen.

Biss in letzter Sekunde

Wie so oft begann alles harmlos. Eine Streife der Inspektion Ost war zu einer der üblichen Ruhestörungen beordert worden. Üblich deshalb, weil das Wetter nach zweiwöchigem Regen endlich wieder mild und trocken war, was gerade in Samstagnächten fast zwangsläufig zu Beschwerden ruhebedürftiger Bürger führt. Die einen wollen feiern, die anderen schlafen. Ein klassischer Interessenkonflikt, für dessen Lösung die Polizei alarmiert wird.

Um seinem Anspruch auf polizeiliche Hilfe Nachdruck zu verleihen, bezeichnete der Mitteiler die kleine Gruppe junger Leute als »randalierende Jugendliche«. Ich war zwar in der Nähe, blieb jedoch außen vor, denn auch ein bellender Hund kann als Lärmbelästigung bewertet werden. Die Kollegen meldeten kurz darauf, sie hätten die Jungs und Mädels nach Hause geschickt, die Ruhestörung sei damit erledigt.

Sehr schön, dachte ich und ließ den Streifenwagen durch die engen Straßen des Wohngebietes rollen. Zwei junge Frauen kamen mir auf dem Gehweg entgegen, begleitet von einem etwas älteren Mann, der die beiden eifrig umwarb. Er trug kein Hemd, prahlte mit seinem muskulösen Oberkörper. In der Linken hielt er ein halbgefülltes Weinglas. Die Situation erschien entspannt, doch ich bremste mein Auto leicht ab. Vielleicht belästigte der Mann die Frauen? Ich versuchte, Blickkontakt mit ihnen aufzunehmen, doch sie beachteten mich nicht weiter. Alles gut. Fein! Als ich auf einer Höhe mit den dreien war, drehte sich der Kerl in meine Richtung. »Arschloch!«

Was Beleidigungen betrifft, habe ich mir ein dickes Fell wachsen lassen. Ein solches braucht man als Polizist. Konnte mich früher ein anonym aus einer Gruppe herausgerufenes »Scheißbulle!« verletzen, veranlasst es mich heute nicht einmal mehr, das Fenster des Streifenwagens zu schließen. Nicht selten war das Schreiben einer Anzeige den Aufwand nicht wert, weil sie von der Staatsanwaltschaft »mangels öffentlichen Interesses« eingestellt wurde. Aber das bedeutete nicht, dass ich mir alles gefallen lassen musste. Ich stoppte meinen Wagen.

»Arschloch!«

Der Mann legte es offenbar auf eine Anzeige an. Ich hatte keine Lust, die Angelegenheit aufzubauschen. Gelassen stieg ich aus, blieb am Streifenwagen stehen und fragte: »Meinen Sie

mich? Das ist Ihnen sicher nur so rausgerutscht, nehme ich mal an. Oder beleidigen Sie jeden, der an Ihnen vorbeifährt?«
Die Brücke war gebaut, doch der Mann wollte sie nicht nutzen.
»Komm her, Arschloch! Dann machen wir's aus von Mann zu Mann!«
Auch wenn ich mir zutraute, eine direkte Konfrontation für mich zu entscheiden, wie kam der Kerl dazu, mich zu einer Schlägerei einzuladen? Ich zog meinen Trumpf aus dem Ärmel, besser gesagt aus dem Auto, und hieß Bux, hinter mir Platz zu machen. Die Erscheinung dieses großen Hundes genügte erfahrungsgemäß, um auch sehr aggressive Typen zu besänftigen. Diesmal nicht.
»Ey, Scheißbulle, glaubst du, ich habe Angst vor deinem Scheißköter? Dem breche ich das Genick, und dann bist du dran!« Er machte einen Schritt auf mich zu.
Noch war er ein paar Meter von mir entfernt, doch ich wusste, dass Buxi nur auf einen weiteren Schritt wartete. Sein imaginärer Gefährdungskreis wäre dann durchbrochen.
Ich hob die Hand und warnte: »Keinen Schritt weiter! Bleiben Sie, wo Sie sind!«
Der Kerl machte einen Satz nach vorne und schüttete mir den Weißwein ins Gesicht. Meine Augen brannten. Durch den Schleier sah ich, wie er mit dem Glas zum Schlag ausholte.
Im selben Moment flog etwas an mir vorbei, schlug in den Angreifer ein wie ein Zementsack und riss ihn um. Er schrie gellend. Die beiden Frauen stimmten ein. Ich rieb mir über die Augen, dennoch dauerte es einige Sekunden, bis ich wieder klar sehen konnte. Der Mann lag nun auf dem Rücken, Buxi tief in seinen Unterarm verbissen auf ihm. Sobald der Mann versuchte, sich zu wehren, schüttelte Buxi den Arm und zerrte an ihm.
»Auuus!«, brüllte ich. Buxi ließ los.

»Und hiiiier!« Buxi sprang auf, kam zurück. Beruhigend legte ich meine Hand auf seinen Rücken.
Der Verletzte schluchzte und jammerte. »Ey Scheiße, schau mal, was der Hund mit meinem Arm gemacht hat!« Er setzte sich mit schmerzverzerrtem Gesicht auf. Buxi zuckte. Er hatte noch lange nicht genug. »Ruuhig! Platz!« Brummend legte er sich nieder, und ich schaute mir den Arm des Mannes an. Dunkles Blut quoll aus den Löchern, die Buxi gerissen hatte. Die Frauen standen mit bleichen Gesichtern an den Zaun gelehnt. Sie sahen so aus, wie ich mich fühlte.
»Bleiben Sie sitzen«, wies ich den Mann an. »Ich hole Verbandszeug und rufe einen Arzt.«
Meine Hände zitterten, als ich den Funkhörer nahm und den Rettungsdienst anforderte. Ich haderte mit mir selbst. Wenn ich weitergefahren wäre, wäre das alles nicht passiert. Aber bin ich der Fußabstreifer für jeden? Nein, ich hatte mir nichts vorzuwerfen. Letztendlich hatte mich der Kerl angegriffen, und Buxi womöglich Schlimmeres verhindert. Einsätze, die mit der Verletzung eines Täters enden, sind selbst in einer großen Staffel wie der unseren eine Seltenheit.

Ich war noch damit beschäftigt, dem jetzt sehr kleinlauten Burschen einen Verband anzulegen, als der Notarzt eintraf, der ihn weiterversorgte. Auch die Streife, die die Ruhestörung eingestellt hatte, kam dazu.
»Jedenfalls hat es keinen Falschen erwischt«, meinte einer der beiden Kollegen. »Der war vorhin auch dabei und hatte die größte Klappe von allen.«
Zwei Wochen später erhielt ich ein Schreiben von einem Rechtsanwalt. Er teilte mir mit, dass seinem Mandanten sein Verhalten sehr leidtue und er um Entschuldigung bitte. Da war die große Klappe wohl zurechtgestutzt.

NEBENJOBS EINES HUNDEFÜHRERS

Wer sich mit Hunden auskennt, weiß auch mit anderen Tieren umzugehen. Dieser Meinung sind die meisten Funksprecher der Einsatzzentrale und beordern uns Hundeführer zu Einsätzen, bei denen Pfoten keine Rolle spielen. So durfte ich mich schon am Einfangen von entlaufenen Rindern oder Schafen und freiheitsliebenden Papageien beteiligen, also Paarhufer und Krallengeflügel. Ich mag Abwechslung. Gerne unterstütze ich auch die Kollegen bei ihren Aufgaben, sei es, um eine Unfallstelle abzusichern oder einen Streit zu schlichten. Fällt im Zusammenhang mit einem Auftrag über Funk das Stichwort »Hund«, ist es so sicher wie das Amen in der Kirche, dass jemand von der Hundestaffel hinzugezogen wird – sofern wir uns nicht schon selbst angeboten haben.

Wie in diesem Spätdienst: »Ein großer Hund läuft auf dem Seitenstreifen der A 73, Höhe Anschlussstelle Fürth-Poppenreuth.«

Gefährlich nicht nur für den Hund, sondern auch für die anderen Verkehrsteilnehmer. Immer wieder kommt es zu Unfällen durch Ausweichmanöver oder fürsorgliche Autofahrer, die anhalten und ein Tier retten wollen.

Circa 800 Meter vor der genannten Ausfahrt geriet ich in einen Stau. Das bedeutete nichts Gutes. War schon ein Unfall passiert? Lag der Hund tot auf der Fahrbahn? Meine Kehle wurde eng. Sosehr ich den Tod von Tieren auf unseren Straßen überhaupt bedauerte, der von Hunden ging mir immer besonders nah. Als Fünfjähriger musste ich einmal mit ansehen, wie ein Cockerspaniel überfahren wurde. Er überquerte die Fahrbahn, weil er mich begrüßen wollte. Noch heute fühle ich mich unwohl, wenn sich einem frei laufenden Hund ein Auto nähert.

Zum Glück war die erlaubte Geschwindigkeit hier auf achtzig Stundenkilometer beschränkt. Die Fahrzeuge schlossen geordnet auf und zuckelten mit Schrittgeschwindigkeit weiter. Ich zog auf die Standspur, schaltete zum Blaulicht auch das Horn ein und fuhr an der Blechschlange entlang. Schon bald erreichte ich die Spitze der Kolonne und staunte: Zwei Sattelschlepper rollten mit eingeschalteter Warnblinkanlage nebeneinanderher – Begleitfahrzeuge des in ihrem Scheinwerferlicht trabenden Vierbeiners. Irgendetwas Dunkles Langhaariges. Gespenstisch. Und auch seltsam ergreifend, der Hund im Lichtkegel, in seinem gleichmäßigen Trab. Ab und zu wechselte er die Fahrspur, ich konnte nicht erkennen, warum, meistens lief er an der gestrichelten Mittellinie entlang.
Längst hatte ich den Lärm auf meinem Autodach abgeschaltet. Ich wollte das Tier nicht erschrecken. Zum Glück kümmerte es sich nicht um das neue, dritte Begleitfahrzeug, trabte unbeirrt weiter. Vorsichtig überholte ich die Lastwagen und den Hund, beschleunigte langsam. Nachdem ich etwas Vorsprung herausgefahren hatte, hielt ich an und stieg aus.

Ein unwirkliches Szenario: vier Scheinwerfer, die sich auf mich zubewegten, und ein Hund, der durch das Licht einen überdimensionalen Schatten warf. Der Bursche war nur noch dreißig Meter entfernt, als er mich bemerkte. Er wechselte auf die Überholspur. Ich auch. Noch zwanzig Meter. Jetzt lief er auf die Standspur. Ich ebenso. Noch zehn Meter. Ich breitete die Arme aus, sprach ihn ruhig an. »Halloooo, Grooođer, wo

willst du denn hin?« Fünf Meter. Er blieb stehen. Hoffentlich legte er jetzt nicht den Rückwärtsgang ein!
Auch die Lkws hielten an. Wie gutmütige Elefanten stärkten sie dem Hund den Rücken. Ich versuchte den Flüchtling einzuschätzen. Ein Mischling, vielleicht fünfzig Zentimeter hoch, also gar nicht so riesig, wie er gewirkt hatte. Schlappohren. Der rotgelben Zeichnung im Gesicht nach zu urteilen, könnte einer seiner weitentfernten Vorfahren ein Berner Sennenhund gewesen sein. Tendenziell also eher friedfertig. Hoffentlich! Ich kramte ein paar Brocken Trockenfutter aus der Tasche meiner Lederjacke und ging in die Hocke. Lockend hielt ich dem Hund meine Hand entgegen. Er hechelte schnell, war offensichtlich erschöpft. Vorsichtig kam er auf mich zu. Ich wollte gerade aufatmen, als er Vollgas gab. Mit fliegenden Ohren versuchte er, an mir vorbeizusprinten. Ich dachte nicht nach. Sprang einfach los. Auf den Hund. Eher ein Reflex, als eine überlegte Handlung. Ihn beschützen, sicherstellen, bevor er auf die Gegenfahrbahn rannte. So lagen wir auf dem Asphalt. Er und ich. Er zappelte wie wild. Ich hielt ihn mit aller Kraft fest, hatte ihn gut erwischt, beißen konnte er mich nicht. »Ruhig«, sagte ich zu ihm, »ruuuhig, dir passiert nichts.« Da gab er auf ... Was für ein Anblick: Ein Polizist in Uniform schmust auf der Überholspur mit einem Hund.
Leiser Applaus ertönte aus der Schwärze hinter dem blendenden Fernlicht der Lastwagen. Die Fahrer waren ausgestiegen und standen im dampfenden Lichtnebel. Zwei korpulente Kerle mit karierten Hemden, klatschten sie ob meiner artistischen Einlage; nicht laut, sondern leise, verhalten. Sie wollten den Hund nicht erschrecken. Der machte nun einen recht »gefassten« Eindruck. Ich lockerte die Umarmung und leinte meinen Fang an seinem schwarzen Lederhalsband an. Keine Hundemarke, keine Adresse. Schade. Vielleicht war er ja ge-

chipt? Ein solcher Chip, ein reiskorngroßer Datenträger, mit einer Spritze unter dem Fell plaziert, enthält eine Individualnummer, mit der jeder Hund und damit sein Besitzer identifiziert werden kann. Ein unsichtbares Nummernschild sozusagen, das bei jedem Tierarzt oder -heim mit einem dafür bestimmten Gerät ausgelesen werden kann.

Resigniert, aber vielleicht auch ein bisschen erleichtert, folgte mir der Hund zu meinem VW-Bus und sprang, ohne zu zögern, in die freie Box. Autofahren war er anscheinend gewohnt. Buxi tobte natürlich. Er teilte sein Taxi nicht gern. Aber typisch Buxi – er beruhigte sich schnell wieder. Saßen fremde Menschen oder Hunde erst einmal im Fahrzeug, fand er sich damit ab. Das kannte er – gelegentlich teilten wir uns ein Auto mit einem Kollegen und dessen Hund, wenn wir zum Beispiel zur Ausbildung fuhren oder zu gemeinsamen Einsätzen. Ich bedankte mich bei den Truckern, die dem Hund mit ihrer Umsicht das Leben gerettet und darüber hinaus vielleicht auch noch die Gefährdung von Menschen verhindert hatten.

Kurz nach Dienstschluss parkte ich vor dem Nürnberger Tierheim. Um diese Zeit war kein Mitarbeiter mehr anwesend. Die Polizei hat einen Schlüssel für einen speziellen Raum, beheizt, mit Futter und Wasser ausgestattet. Auch hier ging nichts ohne Formulare: Tiere sind im juristischen Sinne Sachen, gefundene Sachen – Fundsachen. Also musste ich eine Fundanzeige ausfüllen, Betreff: »Fundhund«. Ich hatte höchstens drei Wörter geschrieben, da klopfte es an die Scheibe.

»Ja?«, ich drehte mich um.

Eine Frau mittleren Alters in höchst aufgelöstem Zustand

fragte mit einem Blick auf meine Uniform: »Ist denn vom Tierheim niemand mehr da?«

»Um diese Zeit nur in Notfällen«, antwortete ich. »Aber vielleicht kann ich Ihnen helfen?«

Sie schluchzte laut auf. »Ich habe meinen Blacky …«

Lautes Heulen aus dem Heck meines Busses unterbrach sie. Sie hielt für einen Moment den Atem an, lief dann um meinen Wagen, riss die Beifahrertür auf und zuckte zurück, als Bux seinen Alarm einschaltete. Im Duo bellheulte es gänsehauterregend aus dem Heck.

»Das ist Blacky! Sie haben den Blacky!« Die Frau brach in Tränen aus. »Geht es ihm gut? Was hat er denn? Hat er was? Wo haben Sie ihn gefunden? Ist er verletzt?«

So viele Fragen konnte ich nicht auf einmal beantworten. Ich arbeitete sie ab, eine nach der anderen. Jede neue gute Nachricht quittierte die Frau mit einem lauten Aufschrei, in der Tonlage ähnlich ihres Hundes. Die zwei gehörten zusammen, keine Frage. Endlich öffnete ich die Hundebox, und wir feierten Familienzusammenführung. Blacky sprang seinem Frauchen geradezu in die Arme. Ich musste sie stützen, damit sie das Gleichgewicht nicht verlor. Vor Erleichterung immer wieder laut aufschluchzend, erzählte mir die Frau, dass sie Blacky an der Autobahntankstelle verloren hatte. Er sei in der angrenzenden Wiese einem Kaninchen nachgejagt und nicht mehr zurückgekommen. Nachdem sie zwei Stunden auf ihn gewartet habe, sei sie schließlich hierhergefahren, um den Racker als vermisst zu melden. »Und ich hab solche Angst gehabt, solche schreckliche Angst, immer die Bilder, dass er platt gefahren ist … oder schwer verletzt und in der Fremde herumirrt … Ach ich bin ja so froh, so froh!«

»Sie hätten keine zwei Stunden allein warten müssen. In einem solchen Fall können Sie auch die Polizei informieren.«

»Einen solchen Fall wird es nie wieder geben!«, erklärte die Frau resolut. »Der kommt mir nie mehr von der Leine, wenn ich unterwegs anhalte! Und ich wusste ja nicht, dass die Polizei für so was auch zuständig ist.«
Doch, das sind wir. Und nicht nur dafür.

Verwaist

Einer unserer häufigsten Nebenjobs ist es, sowohl Kollegen als auch Sanitätern und Notärzten Hunde vom Hals zu halten, damit sie ihre Arbeit machen können. Gerade wenn sich Herrchen oder Frauchen in einer hilflosen Lage befinden, gebärden sich manche sonst harmlosen Hunde, als würden sie jeden in Stücke reißen, der sich zu weit vorwagt.

Wie jener Mittelschnauzer, der mir wütend bellend und zähnefletschend klarmachte: Bis hierhin und nicht weiter! Dass er die Grenze nicht selbst festgelegt hatte, war dem Umstand geschuldet, dass er über eine Leine fest mit dem Handgelenk seines Besitzers verbunden war. Der konnte ihn jedoch nicht bändigen: Er lag am Rande eines Feldweges bäuchlings neben seinem Fahrrad und rührte sich nicht. Ein Jogger hatte ihn entdeckt und den Rettungsdienst alarmiert.
»Wir sind seit zehn Minuten da, kommen aber nicht ran an den Patienten«, erklärte mir die Notärztin. »Meinen Kollegen«, sie deutete auf einen der beiden Sanitäter, die unsicher hinter ihr standen, »hat er beinahe gebissen.«
Ich rannte zum Streifenwagen und holte die Fangstange. So schnell wie möglich musste dem Patienten geholfen werden. Ruhigen Schrittes kehrte ich zurück, öffnete die Schlinge weit und näherte mich dem Hund von hinten, der so tapfer sein

Herrchen verteidigte und ihn damit womöglich in Lebensgefahr brachte. Das Herrchen war nicht ansprechbar, offensichtlich ohnmächtig. Es konnte um Minuten, Sekunden gehen. Beherzt trat ich einen Schritt nach vorne. Weiter kam ich nicht. Der Hund warf sich herum und preschte auf mich zu. Dabei zog er den schlaffen Arm des Mannes mit sich. Ein Ruck ging durch dessen Körper, als die Leine den Schnauzer abrupt abbremste. Mir lief ein Schauer über den Rücken.

Qualvolle Minuten vergingen, in denen ich versuchte, dem Hund die Schlinge über den Kopf zu ziehen. Qualvolle Minuten, in denen der Mann am Boden wie eine knochenlose Stoffpuppe zuckte, wenn der Hund an der Leine mal in diese, mal in jene Richtung zog. Er lag nicht mehr gerade, sondern schräg, ein kräftiger Ruck hatte seinen Arm so weit nach links gezerrt, dass er in der Taille stark eingeknickt war. Aber er wachte nicht auf, wachte einfach nicht auf. Kein gutes Zeichen.

Schließlich wusste ich mir keinen anderen Rat mehr. Ich brüllte das Tier an: »Schluss jetzt! Platz!!«

Urplötzlich war es still. Im ersten Moment war diese Stille lauter als der Lärm zuvor. Der Hund hatte tatsächlich aufgehört zu bellen. Das Kommando »Platz« kannte er. Er schien jedoch unentschlossen, ob er ihm aus dem Mund eines Fremden Folge leisten sollte. Abwartend schaute er mich an, hechelte hektisch. Speichel tropfte von seinen Lefzen und zog lange Fäden.

Noch einmal befahl ich ihm scharf: »Platz!« Tatsächlich: Er legte sich hin. Ich war perplex, was ich ihm allerdings nicht zeigte. Widerstandslos ließ sich der Bursche nun festnehmen, sprich: mit der Fangstange fixieren. Das Rettungsteam lief an uns vorbei und drehte den Mann auf die Seite.

»Exitus«, stellte die Notärztin fest, ließ den Mann zurück in seine Ausgangsposition rollen und schaute mich an. »Erste Leichenflecken sind schon da. Beginnende Leichenstarre.« So genau wollte ich es gar nicht wissen und war doch erleichtert, sehr sogar, als die Notärztin hinzufügte: »Ich schätze, er ist schon seit deutlich mehr als einer Stunde tot. Wir hätten ihm also auch ohne die Abwehr des wilden Hundes nicht helfen können.«
»Natürlicher Tod?«, fragte ich.
»Ich gehe von einem Herzinfarkt aus«, antwortete die Medizinerin und hielt eine Tablettenschachtel hoch. »Die ist ihm aus der Jackentasche gefallen. Ein ACE-Hemmer.« Sie sah mir an, dass ich nicht wusste, was das ist. »Ein Medikament gegen Herz-Kreislauf-Erkrankungen«, ergänzte sie. »Aber Genaueres kann man erst nach der Leichenschau sagen.«

Der Hund wurde ungeduldig und versuchte aufzustehen. Ich konnte ihn noch nicht loslassen, denn er missbilligte es deutlich, dass sich drei fremde Menschen an seinem Herrchen zu schaffen machten. Als ich ihm gut zuredete, entspannte er sich. Eine Streife der zuständigen Inspektion fuhr langsam den Feldweg entlang. Zwei Kollegen stiegen aus, grüßten mich und blieben dann unschlüssig mit einigem Abstand zu mir und vor allem zu dem Hund stehen. Dann überwand einer der beiden seine Scheu und näherte sich. Leise, fast flüsternd, erzählte er mir, dass der Jogger den Mann gekannt und ihnen mitgeteilt habe, wo er wohne. »Wir waren dort«, erklärte er mir, »er lebt mit seinem erwachsenen Sohn zusammen, nicht weit von hier. Aber es war niemand zu Hause. Eine Nachbarin erzählte, dass der Vater erst vor kurzem im Krankenhaus gewesen sei. Wegen eines Herzinfarktes.«
Ich nickte. »Sag das bitte auch der Notärztin. Sie hat so etwas schon vermutet.«

»Mach ich.«
»Und«, fügte ich hinzu, »kümmere dich bitte darum, dass jemand die Leine von seiner Hand abmacht.« Noch immer waren Hund und Herrchen über die fast drei Meter lange Leine miteinander verbunden. Sie am Halsband des Hundes auszuklinken, hatte ich bisher nicht gewagt. Die Gefahr war groß, dass er mich doch noch biss. Einer der beiden Sanitäter hatte mitgehört und entfernte die Leine mit schnellen Bewegungen von dem Toten. Der Hund reagierte nicht. Nach einer Weile löste ich auch die Schlinge der Fangstange und hielt den Hund nur noch an seiner Leine fest. Neben dem verwaisten Tier stehend, schaute ich zu, wie sein Besitzer in einen grauen Kunststoffsarg gehoben und in den Kombi verladen wurde.
Der Kollege kam noch einmal zu mir: »Übrigens, der Hund heißt angeblich Pauli.«
So hieß er wohl tatsächlich, denn er »spitzte« die graumelierten Schlappohren, als er seinen Namen hörte.
Zehn Minuten später traf der Abholservice des Tierschutzvereines ein. So traurig das im Moment alles war, was Pauli betraf, empfand ich Zuversicht. Er würde bestimmt bald vom Sohn des Toten nach Hause gebracht werden.

Ein vererbter Hund ist für Hinterbliebene oft ein Trost, der die Erinnerung an den Verstorbenen wachhält. Für manche aber auch eine Last. Wohin mit dem einstmals geliebten Tier, wenn keiner Zeit hat, sich um es zu kümmern? Mancher Hund bleibt deshalb für immer im Tierheim. Ich hoffte sehr, dass Pauli dieses Schicksal erspart bliebe.

Wieder in der Dienststelle sah ich, dass mein Einsatz von der Zentrale im Computer unter dem Stichwort »Hilflose Person« kategorisiert worden war. Zu diesem Zeitpunkt war

noch nicht bekannt gewesen, dass der Radfahrer bereits tot war.
Menschen aus Notsituationen zu helfen ist für mich eine der edelsten Aufgaben der Polizei. Es ist ein sehr schönes Gefühl, der Retter in der Not sein zu dürfen. Beispielsweise für jemanden, der in seiner Wohnung gestürzt ist, nicht mehr aufstehen kann und durch Klopfen oder Rufen auf sich aufmerksam macht. In einer großen Stadt wie Nürnberg ist so etwas keine Seltenheit. Manchmal ist es ein tagelang nicht geleerter Briefkasten, der Nachbarn veranlasst, die Polizei zu rufen. Oder ein »merkwürdiger« Geruch, der aus einer Wohnung dringt.

Tod ohne Zeugen

An diesem Mittwochnachmittag war ich gerade eine Runde durch den U-Bahnhof Langwasser Mitte gelaufen, als mich die Inspektion Süd anfunkte. »Bitte fahren Sie in die Ulmenstraße. Hilflose Person in einer Wohnung. Und auch ein angeblich großer Hund.«
Über Funk siezen wir Polizisten uns grundsätzlich, selbst wenn wir mit dem Sprecher schon Streifen gefahren sind. Das ist so üblich. Ebenso, wie wir uns im persönlichen Gespräch duzen, auch wenn wir uns zum ersten Mal begegnen.

Das Haus in der Ulmenstraße war ein typischer Bau aus den 1970er Jahren. Schmucklos, aber gepflegt. Drei Stockwerke, sechs Wohnungen. Die Streife der PI Süd war bereits eingetroffen, als ich – gleichzeitig mit einem kleinen weißen Lieferwagen *Johanns Schlüsseldienst: 24 Stunden* – vorfuhr.
Die Kollegin erklärte mir knapp die Fakten: »Erdgeschoss

links. Briefkasten voll. Mieter ist seit mehreren Tagen nicht gesehen worden.« Sie rümpfte die Nase. »Und es *riecht,* wenn man vor der Tür steht.«
Unwillkürlich musste ich schlucken. Von wegen hilflose Person. Wohl eher *Tod ohne Zeugen.* Auch dies ist ein feststehender Begriff für uns, der keiner Erklärung bedarf. *Einsamer Tod* würde es vielleicht besser treffen. Ich habe schon viele Leichen gesehen, Erhängte, Ermordete, Unfallopfer. Von »frisch« bis in beinahe allen Fäulnisstadien. Nicht nur die schrecklichen Bilder, vor allem der eindringliche Verwesungsgeruch hat sich mir eingeprägt, unüberriechbar, selbst nach Kleiderwechsel und Dusche, stundenlang. Brechreizerregend.

Die Kollegin erinnerte mich daran, warum ich gerufen worden war: »Er hat einen Airdale-Terrier, ein großes Vieh. Soll zwar harmlos sein, sagt der Mitteiler, aber wer weiß, wie er reagiert, wenn wir die Tür aufmachen. Vorhin hab ich ihn winseln hören.«
»Okay«, nickte ich, »der Schlüsseldienst kann schon mal anfangen. Bin gleich wieder da.« Mir graute. Ich holte die Fangstange aus meinem Wagen. Und einen Schutzärmel, den ich mir vorsorglich über den linken Arm zog. Die Kollegin hatte recht. Man konnte nie wissen …

Als ich zurückkam, lag das aufgebohrte Schloss bereits auf dem Fußabstreifer. *Willkommen* stand in regenbogenfarbenen Buchstaben darauf. Meine Hoffnung, dass uns der Wohnungsinhaber vielleicht doch noch persönlich begrüßen würde, wurde von dem Geruch erstickt, der mir unerbittlich in die Nase stieg. So riecht der Tod. Ich gab dem Schlosser das Zeichen, die Tür zu öffnen. Er drückte sie einen Spalt auf. Zu meiner Erleichterung steigerte sich der Gestank nur wenig, es stoben uns auch keine Schwärme von grün schillernden Schmeißfliegen entgegen. Dies wäre ein sicheres Zeichen, dass sich etwas Verwesendes in der Wohnung befand. Weibliche Fliegen nehmen Leichen schon kurz nach Eintritt des Todes auch aus großer Entfernung wahr. Zielsicher steuern sie die Quelle des Geruches an, um jeweils bis zu dreihundert Eier abzulegen. Bevorzugt in die weichen Körperstellen an den Öffnungen – Augen, Nase, Mundhöhle, Ohren. Innerhalb kürzester Zeit schlüpfen in diesem Nahrungsdepot aus den Eiern weißliche Maden, aus denen schließlich die nächste Generation der Schmeißfliege entsteht. Anhand der Entwicklungsstadien der Fliegenbrut können forensische Entomologen in der Gerichtsmedizin den Todeszeitpunkt eines Menschen auch nach Wochen noch errechnen. Diese Wissenschaft löst bei mir eher Gänsehaut als Faszination aus.

Eine offensichtlich sehr trockene Hundenase zeigte sich in Höhe des zerstörten Schlosses, schnupperte. Pf-Pf-Pffff. Zweimal kurz, einmal lang. Ich hielt die Drahtseilschlinge auf Höhe seines Kopfes, stemmte mich gegen das Türblatt – und spürte einen Widerstand. Auch als ich den Druck erhöhte, bewegte sich kaum etwas. Die Hundeschnauze verschwand. Endlich kam mir die Kollegin zu Hilfe, gemeinsam öffneten wir die Tür so weit, dass sie ihren Kopf hindurchstecken konnte. Sie zuckte sofort zurück: »Tot. Er sitzt direkt hinter der Tür.« Sie schüttelte sich. »Ist schon ganz schwarz.«

Die Haut von Toten verfärbt sich oftmals dunkel, vor allem, wenn sie schon länger liegen. Oder sitzen, wie in diesem Fall. Wenn irgend möglich, wollte ich es vermeiden, die Wohnung zu betreten.

»Hey«, rief ich und schnalzte mit der Zunge. Nach ein paar Sekunden stand der Hund wieder am Eingang des Apartments. Er machte einen erschöpften, aber freundlichen Eindruck. Der Stummel seines kupierten Schwanzes wackelte sogar ein bisschen. Ich legte Schutzärmel und Fangstange beiseite und angelte das Hanfseil, an das ich für solche Fälle kürzlich einen Karabiner befestigt hatte, aus meiner Jackentasche. »Na, Großer? Wollen wir Gassi gehen?«, fragte ich ihn und schnippte dabei mit dem Verschluss. Für viele Hunde ist dies ein vertrautes Geräusch, ein Signal, das Gutes bedeutet: Gassi! Auch der Terrier verstand es, er kam zu mir und ließ sich anleinen. Beinahe fluchtartig verließ ich mit ihm das Treppenhaus. In der Grünanlage vor dem Haus blieb der Hund schon nach zwei Metern stehen und ließ »es« laufen, ohne das Bein zu heben. Was für ein bedauerns- und gleichzeitig bewundernswerter Kerl! Er musste sich sehr lange beherrscht haben, erst nach gut einer Minute wurde der Urinstrahl dünner. Der Terrier war nicht mehr der Jüngste, bestimmt über zehn, schätzte ich. Ein alter Mann, auf seinen Gehstock gestützt, beobachtete uns. Ich rechnete mit einem Rüffel. Von wegen, es sei verboten, Hunde hier auszuführen, und dass dies auch für Polizeihunde gelte. Aber er fragte mich: »Ist das nicht der Henry? Wo ist denn der Herr Kowalski?«

Kowalski. Den Namen hatte ich am Klingelschild der Wohnung gelesen. »Kennen Sie Herrn Kowalski?«, fragte ich. Offenbar war der Mann schwerhörig. Er legte eine Hand hinters Ohr, neigte den Kopf schräg, kniff die Augen zusammen und kam näher. Ich wiederholte meine Frage.

»Grau, mein Name«, stellte er sich vor und antwortete: »Na ja, wie man sich so kennt, wenn man Hunde hat und spazieren geht. Ist etwas passiert?« Er klopfte Henry auf die Flanke.

»Ja, leider. Herr Kowalski ist in seiner Wohnung verstorben.«

Herrn Graus Gesichtsfarbe glich sich seinem Namen an. »Um

Himmels willen!«, stammelte er. »So plötzlich! Neulich habe ich ihn doch noch getroffen. Da war er gut beieinander. Bis auf das Asthma, aber das hat ihn schon so lange geplagt, das war er gewohnt.«
»Wissen Sie, ob er Verwandte hat? Eine Frau? Kinder?«
»Nein, nur einen Neffen. Das hat er mir mal erzählt. Der lebt irgendwo in Polen, glaube ich. War schon Jahre nicht mehr hier. Herr Kowalski stammt ja auch von dort, wie Henry.« Herr Grau tätschelte Henrys Kopf. »Ach du armer alter Junge! Ist dein Herrchen nicht mehr da! Jetzt bist du ganz allein auf der Welt.«
Das ist wohl wahr, dachte ich enttäuscht. Polen. Zwar erklärte dies, dass man Henry den Schwanz abgeschnitten hatte, was in Deutschland grundsätzlich verboten ist. Aber es bedeutete auch, dass Henry im Tierheim landen und dort wahrscheinlich längere Zeit bleiben würde. Womöglich bis zu seinem Lebensende, denn kaum jemand nimmt einen so alten Hund. Dabei würde sich ein solcher gerade für Senioren anbieten, damit am Ende nicht wieder ein verlassener Vierbeiner übrig bleibt.

Das Kupieren von Rute und Ohren aus Gründen der »Schönheit« ist in vielen europäischen Ländern schon lange verboten. Mit einer unrühmlichen Ausnahme: jagdlich geführte Hunde. Ihnen soll durch das Entfernen des Schwanzes ermöglicht werden, sich im dichten Holz besser bewegen zu können. Doch gerade im schnellen Zickzack-Lauf und bei Sprüngen benötigt ein Hund seine Rute für die Balance. Nicht zu vergessen, dass deren Haltung in der Kommunikation zwischen Hunden eine wesentliche Rolle spielt. Ich habe von keinem Polizeihund gehört, der bei der Verbrecherjagd im Wald wegen einer im Gebüsch hängengebliebenen Rute gescheitert wäre.

»War Herr Kowalski Jäger?«, fragte ich Herrn Grau.
»Nicht dass ich wüsste.«
Henry machte einen runden Rücken und entledigte sich dessen, was er augenscheinlich ebenfalls tagelang zurückgehalten hatte. Ich musste es liegen lassen. Eine so große Tüte hatte ich nicht dabei.
Ich verabschiedete mich von Herrn Grau. Im Erdgeschoss öffnete sich ein Fenster. Eine Frau schaute mich strafend an, sagte aber nichts. »Bitte«, rief ich ihr zu, »könnten Sie dem Hund eine große Schüssel Wasser bringen? Ich fürchte, er ist schon halb verdurstet.« Die Frau schüttelte verständnislos den Kopf und schloss das Fenster wieder.
»Blöde Kuh …«, sagte ich halblaut und bedauerte es fast, dass sie das nicht mehr hören konnte. Hatte sie denn kein Mitleid mit dem Hund? Sie wohl nicht. Aber Herr Grau. Schnaufend kam er um die Ecke, einen blauen Eimer mit sich schleppend.
»Henry hat Durst, das habe ich ihm angesehen!« Er stellte das randvolle Gefäß vor dem Hund ab. Der begann sofort, gierig zu schlabbern.
»Danke, Herr Grau. Sie sind offenbar ein Hundekenner. Wo ist denn Ihr Hund?«
Die Mundwinkel des alten Mannes zuckten. »Tja, der Basti, der ist leider nicht mehr … Ist mir vor drei Monaten weggestorben. Er war so alt wie Henry. Dreizehn.«
Ich fühlte mit ihm, dachte an Gundo. Aber dann hatte ich einen Gedankenblitz. Das war die Lösung!
»Ich weiß«, sagte ich und suchte nach den richtigen Worten, »das kommt ein bisschen plötzlich: Aber könnten Sie sich nicht um Henry kümmern? Er hat doch jetzt niemanden mehr …«
Herr Grau schaute mich traurig an und schüttelte den Kopf.
»Leider nicht. Ich ziehe nächste Woche weg. Ins Altersheim.

Da darf man keine Hunde halten. Deshalb gehe ich auch jetzt. Wo der Basti ...« Er drehte sich um und trottete schleppenden Schrittes davon. Den Eimer ließ er zurück. Den brauchte er im Altersheim wohl auch nicht mehr.

Am Abend erzählte ich meiner Frau von Henry. Wie tapfer er sich gehalten hatte, kein Häufchen, keine Pfütze hatten die Kollegen in der Wohnung gefunden. Und wie schwer es ihm gefallen war, in das Tierheimauto zu springen. Und wie schwer mein Herz geworden war, als ich ihm dabei zugesehen hatte. Wir zogen ernsthaft in Erwägung, Henry zu uns zu holen und ihm einen schönen Lebensabend zu bereiten. Und kamen zu dem Schluss, dass dies nicht möglich war. Keiner von uns beiden hätte ihn mit zur Arbeit nehmen können. So blieb die Hoffnung, Henry möge trotz seines hohen Alters Glück haben.

Der unbedeutende Sachwert am Bahngleis

Dumpfes Bellen drang aus meiner Hosentasche. Dreimal. Wauwauwau, die Tonleiter abwärts. Der ungewöhnliche Klingelton meines Diensthandys stammte von einem Kollegenhund, dessen Stimme ich aufgenommen hatte, weil ich sie besonders schön fand. Tief und kräftig. Schrilles Gebelle tut mir in den Ohren weh. Wauwauwau machte das Telefon zum zweiten Mal. Ich drückte auf die grüne Taste.
Der Dienstgruppenleiter der Inspektion Ost hatte einen Auftrag für mich: »Könntest du bitte mal zum S-Bahnhof Gleißbühl schauen? Dort liegt irgendwo ein Hund neben den Gleisen. Er lebt noch.«
Am liebsten hätte ich behauptet, dass ich schon einen anderen

Einsatz hatte. Oder mein Streifenwagen nicht ansprang. »Ich fahre sofort los«, antwortete ich und versuchte, möglichst neutral zu klingen. Es misslang. Hund am Gleis. Wahrscheinlich angefahren … Lebt noch … Was würde mich erwarten? Mit einem sehr flauen Gefühl im Magen fuhr ich zum Bahnhof Gleißbühl. Ich beeilte mich, obwohl ich nicht dorthin wollte. Blaulicht und Martinshorn durfte ich in diesem Fall nicht einschalten. Das ist nur erlaubt, wenn Menschenleben oder *bedeutende* Sachwerte in Gefahr sind. Oder Straftaten verhindert oder verfolgt werden sollen. Nichts davon traf zu. Nur ein Hund, der *noch* lebte. Die nächste Ampel überfuhr ich trotzdem bei Rot. Gut oder schlecht? Für mich oder den Hund? Wenn ich langsamer fuhr, musste ich den Hund vielleicht nicht von seinem Leiden erlösen. Aber vielleicht war es ja gar nicht so dramatisch, und ich konnte Schlimmeres verhindern, wenn ich Gas gab?

Einen Hund, überhaupt ein Tier töten zu müssen, war für mich eine schreckliche Vorstellung. Vor einigen Jahren blieb mir einmal nichts anderes übrig. Ein Feldhase kroch vor mir über die Fahrbahn. Ja, er kroch. Denn ihm fehlten die Hinterläufe. Sie waren ihm abgefahren worden. Als ich mich dem armen Tier näherte, fing es an zu schreien und verkroch sich unter einem Busch. Bis dahin wusste ich nicht, dass Hasen schreien können. Herzzerreißend. Mir schossen Tränen in die Augen, als ich mit meiner Pistole auf ihn anlegte. Meine Hände zitterten. Verdammt, warum ausgerechnet ich? War keiner unserer Hobbyjäger im Dienst? Aber ich durfte nicht warten, bis einer kam, das Tier litt Höllenqualen. Ich holte tief Luft, hielt sie dann an und zog langsam den Abzug durch. Das Projektil warf den Hasen um. Er war sofort tot. Und ich für den Rest der Nachtschicht traurig.

Als ich am Bahnhof ausstieg, bellte mein Handy wieder. Diesmal war es die Einsatzzentrale. Der Hund liege etwa fünfzig Meter vom Bahnhof entfernt, stadteinwärts, direkt an der ICE-Trasse. Die Lokführer seien informiert und angewiesen, in Schrittgeschwindigkeit an der Unfallstelle vorbeizufahren. Nicht wegen des Hundes, versteht sich. Wegen mir. Ich hastete die Stufen hinauf, rannte bis ans Ende des leeren Bahnsteiges. Und da sah ich ihn schon. Ein hellbrauner, kurzhaariger Mischling. Mittelgroß. Er lehnte stehend an der Lärmschutzwand, die die Trasse von der angrenzenden Siedlung trennte. Ich sprang hinunter ins Gleisbett und lief schräg über die Schienen in seine Richtung. Ein Intercity-Express näherte sich vom Hauptbahnhof her. Er fuhr tatsächlich sehr langsam. Aber ich schaffte es nicht mehr, die andere Seite zu erreichen. Während sich der monströse Zug zwischen uns schob, hoffte ich inständig, der Hund würde bleiben, wo er war. Bitte jetzt keine Panikreaktion! Wie lang ist so ein ICE eigentlich? Länger, als ich den Atem anhalten konnte.

Der Hund war noch da, als endlich der letzte Waggon an mir vorbeigeglitten war. Er lehnte weiterhin an der verklinkerten Betonmauer. Aber er hatte sich gesetzt und zitterte am ganzen Körper. Beruhigend auf ihn einredend, näherte ich mich ihm langsam. Eine Schürfwunde an seiner Stirn zeugte davon, dass er mit etwas zusammengeprallt war. Seine Vorderläufe waren rot gefärbt, doch ich entdeckte keine Verletzung an ihnen. Aus seinen Augen und der Nase rann Blut, sammelte sich an seinem Kinn und tropfte auf seine Beine. Schädelbruch, schoss es mir durch den Kopf, o mein Gott, der arme Kerl.
Vorsichtig streckte ich ihm meine Hand hin. Seine Oberlippe zuckte nach oben, zeigte abgebrochene Reißzähne. Der Aufprall musste heftig gewesen sein. Seine braunen Augen wi-

chen meinem Blick aus. Er hatte Angst. Und er musste sich elend fühlen. Wie ich. Ich tastete mit der Rechten nach meiner Pistole, öffnete das Holster – und schloss es wieder. Solange der Hund eine Chance hatte zu überleben, sollte er sie bekommen. Aber wie konnte ich ihn von hier weg zum Tierarzt bringen? Der Rüde kannte mich nicht, warum sollte er mir vertrauen? Die Gefahr, dass er mich biss oder trotz seiner schweren Verletzungen davonlief, wenn ich ihm noch näher kam, war groß.

Das Diensthandy riss mich aus meinen Überlegungen.

»Elmar, bist du bei dem Hund? Lebt er?« Es war der Funksprecher der Einsatzzentrale. Meine Kehle war zugeschnürt, ich brachte gerade einmal ein trockenes »Ja« heraus.

»Ist es ein hellbrauner Mischling, kurzes Fell?«

»Ja.«

»Gut, dann bleib, wo du bist. Der Hundehalter hat mich angerufen. Er ist bereits auf dem Weg, müsste in ein paar Minuten bei dir sein ... ach ja, der Hund heißt Ronny.«

Der Knoten in meinem Hals löste sich. Hilfe nahte! Ich setzte mich mit etwas Abstand zu dem Hund und lehnte mich wie er an die Schutzwand. »Ronny?«, fragte ich. Er hob kurz den Kopf. Dann ließ er ihn wieder hängen. Aber er hatte aufgehört zu bluten. Vielleicht waren seine Verletzungen doch nicht so schlimm, wie sie auf den ersten Blick aussahen? Mit ruhiger Stimme erzählte ich Ronny, dass sein Herrchen unterwegs sei, alles gut werde, er sich keine Sorgen machen müsse. Der Klang meiner Stimme beruhigte ihn, und er legte sich hin, den Kopf auf seinen Pfoten. So blieb er sogar, als der nächste Zug an uns vorbeirollte. Ich spürte, wie der Boden vibrierte, und machte mich so klein wie möglich. Ein Hauch Schmierfettgeruch streifte mich, und in einem der Fenster erkannte ich einen Fahrgast, der verwundert auf uns herabschaute. Dann blies mir der Luftzug Staub ins Gesicht, für einen Moment musste ich die Augen schließen. Als ich sie wieder öffnete, war der Spuk vorbei. Und endlich nahte Hilfe: Ein Bahnmitarbeiter lief in meine Richtung. Hinter ihm ein Paar mittleren Alters, das ihn stolpernd überholte, als es mich – oder den Hund? – entdeckte. Mit einem Aufschrei stürzte die aschblonde Frau an mir vorbei, kniete sich zu dem Hund und stammelte schluchzend: »O mein Gott o mein Gott o mein Gott …« Ronny wedelte schwach.

Der Mann blieb stehen. Er hatte eine buntkarierte Decke unter dem Arm und nestelte an deren Fransen herum. Seine Augen waren rot, als hätte er geweint.

»Das ist Ihr Hund?«, fragte ich ihn.

»Ja«, erwiderte er, »besser gesagt der von Renate, meiner Lebensgefährtin.« Er wischte sich über die Augen. »Bis vorhin hatte ich auch einen. Die beiden sind zusammen ausgebüxt. Dabei sind sie wohl auf die Bahnstrecke …«, er stockte, seine Unterlippe zitterte, »… da vorne.« Er deutete mit dem Kinn in Richtung Innenstadt. »Meine Nelly liegt dort. Ich muss sie noch …«, er suchte nach dem passenden Wort, »… abholen.«

Ich wollte nicht wissen, wie Nelly aussah, wenn sie unter den Zug geraten war. Mitfühlend legte ich dem Mann meine Hand auf die Schulter. »Das tut mir leid. Aber wir müssen jetzt Ronny von hier wegbringen. Er sollte so schnell wie möglich zu einem Tierarzt. Und die Strecke muss auch wieder freigegeben werden.«

Der Mann nickte kummervoll.

Ich nahm ihm die Decke ab und breitete sie mit Hilfe von Renate vor dem Hund aus. Dann legten wir ihn vorsichtig darauf. Ronny ließ alles mit sich geschehen.

Der Bahnangestellte wies uns den Weg zu einem Durchgang in der Mauer, für den er einen Schlüssel hatte. Auf der anderen Seite stand Renates Auto. Sie und ihr Freund trugen Ronny behutsam in der Decke, die aus der Ferne wie eine Hängematte wirken mochte. Allein die blutige Pfote oben am Rand passte nicht ins Bild. Kraftlos wippte sie im Takt der Schritte des Paares. Als Ronny vorsichtig im Kofferraum des Kombis abgelegt wurde, hob er den Kopf. Der Geruch schien im vertraut zu sein. Ich hatte den Eindruck, dass er erleichtert war, sich nun sicherer fühlte. In aller Eile erklärte ich dem Fahrer den kürzesten Weg zur Tierklinik und drückte ihm meine Visitenkarte in die Hand. »Bitte melden Sie sich«, konnte ich ihm noch sagen, ehe er losfuhr. Ich sah dem Fahrzeug hinterher, bis es in die Hauptstraße abgebogen war.

Seither denke ich bei Hunden an Bahngleisen an Ronny. Leider habe ich nie erfahren, was aus ihm geworden ist.

Sicherstellung eines Kampfhundes

In meinem Fach lag ein Schreiben der Stadt Nürnberg. Betreff: »Amtshilfeersuchen – Sicherstellung eines Kampfhundes«. Auf einem mit einer Büroklammer angehefteten Zettel hatte mein Chef notiert: »Bitte ausführen.«
Laut des Amtes für öffentliche Ordnung hatte es der Hundehalter *trotz Aufforderung versäumt, seinen Dogo Argentino einem Wesenstest zu unterziehen und ein entsprechendes Negativzeugnis vorzulegen.* Die Frist sei nun abgelaufen, der Hund sicherzustellen und im Tierheim zu verwahren.

Der Begriff *Kampfhund* erzeugte bei mir ein ungutes Gefühl, in zweierlei Hinsicht. Ich hatte einerseits Verständnis dafür, dass der Gesetzgeber reagieren musste, spätestens nachdem

im Juni 2000 in Hamburg ein Kind von zwei Kampfhunden getötet worden war. Zweifellos, es ist eine der Aufgaben des Staates, seine Bürger zu schützen. Womit ich jedoch haderte, war, was daraus entstanden war. Die Bundesländer verabschiedeten unterschiedliche Verordnungen, erstellten Rassenlisten, Kategorien, zum Teil gegen den Rat von Fachleuten. Ich halte es für bedenklich, die Gefährlichkeit eines Hundes allein an seiner Rasse festzumachen, dies auch noch abhängig vom Wohnort. Ist ein bayerischer Rottweiler gefährlicher als ein Berliner? Oder ein sächsischer Dobermann harmloser als ein brandenburgischer?
Meiner Erfahrung nach hängt die Bestie zumeist am anderen Ende der Leine. Doch selbst dies kann man nicht pauschalieren: Der erste Hund, von dem ich gebissen wurde, war der Dackel meiner Oma.

Der Dogo Argentino ist in Bayern ein Kampfhund der Kategorie 2. Das heißt, er gilt als gefährlich, solange er nicht das Gegenteil bewiesen hat. Diesen Beweis war der Besitzer bisher schuldig geblieben. Ich machte mich in Begleitung meines Kollegen Dieter auf den Weg zu ihm. Normalerweise fahren wir Hundeführer lediglich mit unseren Hunden Streife, für Amtshandlungen wie diese ist es aber obligatorisch, dass zwei Beamte ausrücken. Wir wissen nicht, mit wem wir es zu tun haben werden, wie ein Hundehalter reagiert. Auf jeden Fall kaum mit Begeisterung. Alleine stünde ich da schnell auf verlorenem Posten, zumal ich meinen Hund im Auto lassen musste. Die Gefahr einer Rauferei mit ihm und dem sicherzustellenden Hund wäre zu groß.

»Dogo Argentino …«, grübelte Dieter und kratzte sich den blonden Dreitagebart. Er war deutlich jünger als ich, aber

auch schon ein paar Jahre bei uns in der Staffel. »Sind das nicht diese weißen Kälber? Herdenschutzhunde, die Rinder vor Löwen oder so was beschützen sollen?«
»Gibt es Löwen in Argentinien?«, fragte ich mich selbst. »Das wäre mir neu. Ich kenne den Dogo nur von Bildern, und da sieht er schon beeindruckend aus.« Ich spürte, wie eine Gänsehaut meinen rechten Arm hinaufwanderte. Die Narbe in der Beuge juckte. »Mit siebzig Zentimetern Schulterhöhe deutlich größer als ein Schäferhund. Ich hoffe, der Halter ist einigermaßen vernünftig.« Seinem Namen nach war er türkischer Herkunft. Mohammed Yilmaz. Ich wehrte mich gegen die Assoziation des tätowierten, finster dreinblickenden »Gangsta-Rappers« im Muskelshirt, der uns zur Begrüßung sein Monster auf den Hals hetzen würde.
Sein Apartment befand sich im vierten Stock eines Wohnkomplexes, direkt an der vielbefahrenen Schweinauer Hauptstraße. Allein dies war keine optimale Voraussetzung, einen Hund zu halten. Dieter läutete und trat einen Schritt zurück.

Mohammed Yilmaz war tätowiert und trug ein ärmelloses Shirt. Aber er lächelte und fragte in breitem Fränkisch: »Allmächd! Wollen S' zu mir?«
Waren wir hier richtig? Ich schielte noch einmal schnell auf das Formular: Mohammed Yilmaz, geboren 1988 … in Nürnberg.
»Ja, Herr Yilmaz«, antwortete ich, »und zu Ihrem Hund! Ist der da?«
Seine Antwort kam zögerlich: »Ähm … ja, scho'!« Er trat zur Seite, öffnete die Tür vollständig und gab den Blick auf seine Einzimmerwohnung frei. Ein großer weißer Kopf mit rosa Schnauze schob sich aus der Küche und verschwand sofort wieder darin.

Einen Augenblick später tauchte er erneut auf. Diesmal mit einem Kalbsknochen Marke Mammut im Maul. Kurz musterte er mich, dann trabte er direkt auf mich zu, warf mir sein Spielzeug vor die Füße, setzte sich und wedelte. Für mich hatte er in diesem Augenblick den Wesenstest schon bestanden. Aber mein Eindruck zählte leider nicht.
»Des is' der Bascha. Der will bloß schbill'n.« Sein Besitzer kraulte Pascha hinter den Ohren, ohne sich bücken zu müssen.
»Das sagen alle.« Dieter sprach aus, was auch mir als Erstes in den Sinn gekommen war. Aber wir sahen beide, dass dies nicht nur die übliche Floskel war. Pascha wollte wirklich spielen. Mit mir. Offenbar brauchte ich eine Extraeinladung. Er stand auf, ging ein paar Schritte rückwärts und wackelte dabei derart mit seinem Hinterteil, dass ich mir nicht mehr sicher war, ob der Hund mit dem Schwanz wedelte oder umgekehrt. Ein dröhnendes »Wuff!« hallte im Hausflur. Bildete ich mir ein, dass der Boden vibrierte? Pascha war ein Prachtkerl! Mein Herz setzte Segel. Aber ich musste im dienstlichen Fahrwasser bleiben: »Über den Hund wollen wir mal mit Ihnen reden. Dürfen wir reinkommen, Herr Yilmaz?«
Er nickte. »Fraale«, und wir folgten ihm ins Wohnzimmer. Pascha lief vergnügt voraus.
»Es geht um ...«, setzte ich an, und Mohammed Yilmaz vervollständigte den Satz: »... den Wesensdesd, i' waß scho'.« Er griff in seine Hosentasche und zog einen zerknüllten Zettel hervor. »Do bin i no' ned dazu kumma. Aber ich hab scho an Dermin! Nächste Woch'n, beim Gudachder. Schau'ngs!« Er legte sich das Papier auf den Oberschenkel und strich mit der Handfläche darüber, um es notdürftig zu glätten. Dann reichte er es mir. Darauf handgeschrieben eine Telefonnummer und ein Name, den ich nicht entziffern konnte.

»Aha«, sagte ich, »und wer soll das sein?« Zweifel beschlichen mich.
»Des is' aaner, der däi Wesensdesds macht. Die Nummer hob i von a'm Kumbl. Der hod sein Sdaff dord'n a abnehma lassn.«
»Seinen Staffordshire Terrier?«
»Jou, lammfromm is' der. Wie der Bascha. Null Broblemo.«
Ich war enttäuscht. Eigentlich war mir Herr Yilmaz nicht unsympathisch, aber er log uns an. Sein angeblicher Gutachter wäre der Erste gewesen, der ein Negativzeugnis, eine Art Unbedenklichkeitsbescheinigung, für einen Staffordshire Terrier, einen Kampfhund der Kategorie 1, ausgestellt hätte. Ein »abgenommener« Wesenstest würde bei einem solchen Hund auch nichts nützen, und wenn er noch so brav wäre. Die Haltung von Kampfhunden der Kategorie 1 ist in Bayern ohne Genehmigung verboten. Und Genehmigungen werden nur erteilt, wenn der Antragsteller ein »berechtigtes Interesse« zur Haltung des Hundes nachweisen kann. Dies aber ist bisher noch niemandem gelungen, nicht einmal vor Gericht.
Ich beobachtete Dieter, der inzwischen auf dem Boden kniete und mit Pascha rumbalgte. Die beiden verstanden sich prächtig. Ich schaute Herrn Yilmaz ins Gesicht und hielt den Zettel hoch: »Soll ich da anrufen?«
»Könna S' fraale!« Er schielte auf seine Armbanduhr. »Aber frühs is der ned daham. Wechen denne Gudachden, wissen S'?«
Ich hätte das Spielchen noch eine Weile fortsetzen können, doch ich kürzte es ab. »Herr Yilmaz, mal ehrlich: Sie haben gar keinen Termin. Weder bei diesem Herrn noch bei einem anderen Gutachter. Stimmt's?«
Herr Yilmaz ließ die Schultern sinken und seufzte. »Ich bin hald no ned dazukumma.« Er rang nach Worten. »Mei Mudder …«

Ich unterbrach ihn. »Dann müssen wir Ihren Pascha jetzt sicherstellen und ins Tierheim bringen. Tut mir leid.« Es tat mir wirklich leid.
Verdammt, jetzt schossen Yilmaz auch noch Tränen in die Augen. »Bidde, ge'm S' ma noch a Chance! Ich mach heid nu an Dermin aus. Ich schwör's!« Seine Verzweiflung erschien mir nicht gespielt. »Aus'm Dierheim griech ich doch mein' Bascha nimmer raus!«
Da mochte er wohl recht haben. Ich blätterte das Amtshilfeersuchen der Stadt Nürnberg noch einmal durch. *Negativzeugnis trotz Aufforderung nicht beigebracht,* stand da. Und *sicherstellen, ins Tierheim verbringen.* Die Anordnung war klar, die Angelegenheit bereits aktenkundig. Ein Auge zudrücken war hier nicht drin. Ich hatte keinen Spielraum.
»Warum haben Sie das nicht längst getan? Sie hatten mehrere Wochen Zeit dafür!« Vor fast zwei Monaten war Herr Yilmaz zum ersten Mal aufgefordert worden, das Gutachten vorzulegen.
»Weil i' bleed woar. A Debb!« Ich widersprach ihm nicht.
Dieter spielte jetzt mit den Lefzen von Pascha. Er zog sie so weit auseinander, dass man das prächtige Gebiss des Hundes bis zum hintersten Backenzahn erkennen konnte. Es sah aus, als würde der Rüde bei voller Fahrt seinen Kopf aus einem Autofenster halten und sich die Lippen vom Wind aufblasen lassen. Und er ließ sich das alles gefallen.

Ich nahm mein Handy und wählte die Nummer des Ordnungsamtes. Die Sachbearbeiterin hieß Frau Mayr. Sie war als korrekt, aber unnachgiebig bekannt. Nach längerem Klingeln meldete sich eine männliche Stimme. Nein, Frau Mayr sei nicht an ihrem Platz. Nein, sie sei auch später nicht erreichbar, die ganze Woche nicht, ein Fortbildungslehrgang. Aber

ich könnte mit ihrer Stellvertreterin sprechen. Es knackte in der Leitung, ich wurde weiterverbunden.
»Ordnungsamt der Stadt Nürnberg, meine Name ist Stefanie Sommerer, wie kann ich Ihnen helfen?« Das hörte sich nach geballltem Bürgerservice an. Ich gab Frau Sommerer das Aktenzeichen, schilderte ihr die Situation, beschrieb ihr Pascha, wie umgänglich er sei. Und wie traurig Herr Yilmaz. Ich zog alle Register.
»Sie glauben also, dass von dem Tier aktuell keine Gefahr ausgeht?« Die Frage machte mir Hoffnung.
»Ja, Frau Sommerer, davon bin ich überzeugt.«
»Aber Sie sind kein Gutachter, oder?«
»Nein, ich bin nur Hundeführer.«
»Nun, als Polizeihundeführer sind Sie ja auch nicht ganz ahnungslos«, stellte die Frau vom Amt fest. »Dann sagen Sie Herrn Yilmaz, ich räume ihm eine letzte Frist ein. Wenn ich bis Freitag kein Negativzeugnis auf dem Tisch habe, ist der Hund weg. Unwiderruflich.«
Mir fiel ein Stein vom Herzen. Und Herrn Yilmaz ein Felsbrocken. »Danke, danke, danke«, stammelte er, »ich geh' heit no' zu am Gudachder. Spädesdens morgn. Ich schwör's!« Er hatte schon wieder Tränen in den Augen.

Als ich mit Dieter wieder im Streifenwagen saß, hatte ich das schöne Gefühl, eine gute Tat vollbracht zu haben. So gefiel mir mein Job. Es wäre aber auch ein Jammer gewesen, wenn ein Hund wie Pascha im Tierheim gelandet wäre. Dass Mohammed Yilmaz eine sehr enge Bindung zu seinem Tier hatte, stand außer Frage.
»Meinst du, der lässt den Wesenstest jetzt wirklich machen?«, fragte mich Dieter und startete den Wagen.
Ich nickte. »Bestimmt!«

Eine Woche später erfuhr ich, dass ich mich getäuscht hatte. Herr Yilmaz hatte auch den letzten Termin verstreichen lassen. Zwei andere Kollegen meiner Staffel holten den Hund ab. Außerdem lag eine Beschwerde von Frau Mayr über mich vor. Und eine Mail meines Chefs in meinem Postfach. Warum ich so leichtgläubig gewesen sei. »Zwengs dem Frankenbeid'l, dem dürkischen«, gab ich mir im Stillen die Antwort. Anscheinend war diese gelungene Integration besonders geeignet, mich um den Finger zu wickeln.

CARINA UND DER BEGINN EINER WUNDERBAREN FREUNDSCHAFT

Je älter Buxi wurde, desto gelassener war er. Seine Ausstrahlung genügte, anderen Hunden klarzumachen: Ich bin hier der Boss.

Auch Zweibeiner spürten Buxis Souveränität. Die, die ihn kannten, nannten ihn den »Gentleman«. Selbst Menschen, die Hunde eigentlich nicht mochten, stellten fest: »Der ist anders. Das ist ja gar kein ... Hund.« Von wegen! Seine dienstlichen Aufgaben erledigte Buxi routiniert. Egal, ob er nach Rauschgift oder einem Straftäter suchte, ich konnte mich auf ihn verlassen. Vielleicht war er nicht mehr so schnell wie mit fünf Jahren. Aber das glich er mit seiner Erfahrung aus. Doch es war unübersehbar, nicht nur seine Schnauze wurde grau, es war das ganze Gesicht, und ich hörte immer öfter die Frage aus dem Kollegenkreis:

»Sag mal, wie alt ist dein Hund eigentlich inzwischen? Der ist doch schon ein Senior, oder?«

Das schmerzte. Ich muss gestehen, dass ich etwa zwei Jahre lang behauptete, Buxi wäre acht. Ein Blick in seine Papiere hätte mich entlarvt. Die aber lagen gut verwahrt im Ordner *Diensthunde* im Geschäftszimmer der Staffel. Niemand machte sich die Mühe nachzusehen. Vielleicht, weil sowohl Buxi als auch ich so überzeugend sein tatsächliches Alter kaschierten. Doch eines Tages musste ich es eingestehen, zuerst mir selbst, dann den Kollegen gegenüber: Buxi hatte die magische Zehn überschritten.

Noch war er fit, aber es war an der Zeit, mich nach einem Nachfolger für ihn umzusehen. Dieser Übergang von Buxis »Pensionierung« zu seinem Folgehund sollte möglichst fließend stattfinden. Schon bald würde ich zwei Hunde haben. Der eine aktiv im Dienst, der andere in der Ausbildung. Danach würde der junge den alten ablösen, damit dieser seinen Ruhestand genießen konnte. Das ist der Gang der Dinge in der Hundestaffel.

Eine erneute Auszeit wie die nach Gundos Tod war nicht möglich, die Staffel wollte nicht noch einmal ein Jahr auf einen Hundeführer verzichten. Ich hatte versucht, mich mit der hoch im Kurs stehenden Rasse des Belgischen Schäferhundes anzufreunden, aber es war mir nicht gelungen. Malinois-Fans mögen mir das nachsehen. Mein Wunsch, wieder einen Deutschen Schäferhund zu führen, wurde von manchen Kollegen nicht unkritisch gesehen. Schließlich sei es wesentlich einfacher, einen geeigneten Malinois zu finden, die Gefahr geringer, ihn wegen Untauglichkeit zurückgeben zu müssen. Ich bezweifelte das. Die Aussicht, die nächsten zehn Jahre ein womöglich ständig hyperaktives Nervenbündel an meiner Seite zu haben, schreckte mich ab. Ich war froh, als mir mein Chef grünes Licht gab, mich selbst auf die Suche zu machen.

Leo war für mich Ansprechpartner Nummer eins in dieser Hinsicht. Er hatte immer ein glückliches Händchen gehabt, was die Auswahl seiner Diensthunde betraf, Buxi war ein Paradebeispiel dafür. Und ich wusste, dass er inzwischen wieder einen Welpen aufgezogen hatte. Nicht für den Dienst, den absolvierte er mit Flint. Doch Leo war seit seiner Jugend im Hundesport aktiv und hatte an vielen Meisterschaften erfolgreich teilgenommen. Bis vor kurzem war dies auch mit Diensthunden möglich gewesen. Eine Änderung der Polizeidienstverordnung in Bayern untersagte dies zum Leidwesen einiger Hundeführer. Leos *Lauser* war gerade im richtigen Alter, um in den Polizeidienst einzutreten. Vielleicht entsprach er Leos sportlichen Ansprüchen nicht, und er würde ihn abgeben? Ich fragte ihn.

Leo winkte ab. »Sorry, Elmar, aber den Lauser gebe ich nicht her!«

»Hat er vielleicht einen Bruder?«

Leo lachte. »Sogar mehrere! Aber die sind längst in guten Händen.«

Ich ließ nicht locker: »Eine Schwester?«

»Willst du etwa eine Hündin?« Auch Leo zog, wie so viele meiner Kollegen, Rüden vor.

»Ja, warum nicht?«, antwortete ich. »Da entfiele das Problem, meine beiden ständig trennen zu müssen.« Ich dachte an Gundo und Annas Drago. Was für eine anstrengende Zeit das war mit den beiden Rüden im Haus, die, wenn auch vergeblich, darauf lauerten, sich gegenseitig das Fell über die Ohren zu ziehen.

Eines Abends saß ich wieder einmal vor dem Computer und durchforstete das Internet. Buxi hatte sich wie so oft zu mir gesellt und schlief an meinen Füßen. Eine Annonce erregte mein Interesse. *Deutsche Schäferhündin, Wurftag* 28. 04. 07, *Leistungslinie, aus liebev. Hobbyzucht, geeign. als Sport- u. Diensthund, vorgeröntgt, gesund. Zwinger vom Bauernland, Pestenacker, Nä. Landsberg a. L.*

Ich stupste Buxi an: »Was hältst du davon, wenn ein Hundemädchen bei uns einzieht?« Er hob die Augenbrauen und schaute mich kurz fragend an. Dann schlief er weiter. Offenbar nahm er die Ankündigung nicht ernst. Oder gelassen?

Dass dies so blieb, hoffte ich, als ich vier Tage später mit

Arnold, der für den Ankauf und die Ausbildung unserer Junghunde zuständig war, nach Pestenacker fuhr. Arnold verhielt sich, was Hunderassen betraf, neutral. Für ihn kam es lediglich darauf an, dass ein angehender Polizeihund geeignet war. Vielleicht war er ein bisschen skeptisch, weil ich mir eine Hündin ausgesucht hatte. Immerhin, er zeigte es mir nicht.
Die Züchterin war mir sofort sympathisch. Unübersehbar eine Frau mit großem Herzen, das an jedem einzelnen ihrer Hunde hing. Es kam mir vor, als würde sie mich kurz mustern: War ich gut genug für einen ihrer Schützlinge? Den Versuch schien ich ihr wert zu sein, denn sie bat uns zu warten und kam kurz darauf mit einem jungen Schäferhund an der Leine wieder. Im Vergleich zu dem Bären Buxi war Carina ein Hering. Deutlich kleiner und schmäler, ein bisschen schlaksig und quietschvergnügt mit offenbar dicken Flausen im Kopf. Kein Wunder, mit ihren neun Monaten ging sie ja fast noch als Welpe durch. Und sie war bildhübsch mit ihrer tiefschwarzen Maske, aus der mich braune Augen anblitzten. Ich kniete mich zu ihr und wuschelte ihre großen Ohren, wofür sie sich bedankte, indem sie mir ihre nasse Zunge quer übers Gesicht zog.
Arnold ging die Angelegenheit bedeutend pragmatischer an. Viel konnte er bei einem unbedarften Hund dieses Alters zwar noch nicht überprüfen, aber er beobachtete Carina aufmerksam, während sie einem Tennisball hinterherpreschte, den die Züchterin weit in die Wiese warf. Denselben Ball versteckte er im Anschluss zwischen Birkenscheiten in einer Holzlege. Sie suchte intensiv und gab nicht auf, bis sie ihr Spielzeug ortete, selbst als ein Holzstapel in ihrer unmittelbaren Nähe einstürzte. Begeistert schnappte sie sich die gelbe Filzkugel und tollte übermütig über den Acker. *Sitz*, *Platz* und auf das Kommando *Hier* zu Frauchen laufen, konnte sie ebenfalls.

Arnold nickte zufrieden. Da die Röntgenbilder, die im Alter von sechs Monaten von Carinas Hüfte und Ellbogen gemacht worden waren, vielversprechend aussahen, stimmte er dem Kauf zu. Auf Probe, versteht sich.

Das erste Zusammentreffen des Chefs Buxi mit dem quirligen Jungspund sollte auf neutralem Boden stattfinden. Daheim angekommen, parkte ich meinen Kombi vor den Garagen, ließ Carina im Auto und begrüßte zunächst Buxi im Haus, der schon sehnsüchtig auf mich wartete. Dass ich »fremdgegangen« war, merkte er sofort. Intensiv schnupperte er meine Beine und Hände ab. Immerhin, er nahm es mir nicht übel.
»Buxi«, sagte ich und ließ ihn Sitz machen. Er tat wie ihm geheißen und schaute mich gespannt an. »Buxi, du musst jetzt ganz tapfer sein.« Er legte den Kopf schief. »Ich habe dir jemanden mitgebracht.« Mitgebracht? Das Wort kannte er im Zusammenhang mit Ochsenziemer und Schweineohren. Er leckte sich über die Nase und wedelte. »Ein Hundemädchen! Wenn du schön brav bist, gehen wir jetzt raus …« Raus? Buxi rannte zur Tür. »… und begrüßen unser neues Familienmitglied.«
Susanne beobachtete uns schmunzelnd. Sie freute sich auf die weibliche Verstärkung in unserem Haushalt. »Endlich mal jemand, der sich beim Pinkeln auch hinsetzt«, meinte sie augenzwinkernd, nahm Buxi an die Leine und folgte mir nach draußen.
Ich stutzte. Carina war nicht mehr im Auto! Zumindest nicht im Kofferraum. Ich fand sie zusammengerollt auf dem Fahrersitz, tief schlafend. Als ich die Tür öffnete, war sie sofort hellwach. Ich hatte Mühe, sie davon abzuhalten, auf Buxi zuzustürzen. Der warf sich bereits in Brust und Leine, den Schwanz hoch erhoben. *Hallo, hier bin ich der Boss!* Carina

stellte dies von der ersten Sekunde an nicht in Frage. Sie warf sich Buxi förmlich zu Füßen, wedelte dabei mit ihrem gesamten Hinterteil und leckte ihm das Maul. Die Fronten waren geklärt. Buxi entspannte sich, und ich mich mit ihm.

Eine Stunde später saßen Susanne und ich im Wohnzimmer. Das Feuer im Kaminofen warf flackerndes Licht auf die beiden Hunde, die sich dösend Buxis Lammfell teilten. Dass es so leicht sein würde, die beiden aneinander zu gewöhnen, hätte ich nicht zu träumen gewagt. Im Fernsehen lief der Klassiker *Casablanca.* Als Rick zu Louis sagte: »Dies ist der Beginn einer wunderbaren Freundschaft«, musste ich wie Susanne lächeln. Wir schauten viel öfter zu den Hunden als zum Bildschirm.

Eine Familie würden die beiden leider nicht gründen können. Sollte sich Carina als geeignet erweisen, würde sie spätestens nach der ersten Läufigkeit sterilisiert – wegen der Rüden in der Staffel. So würde Buxi auch der Stress erspart, alle sechs Monate mit einer fortpflanzungswilligen Hündin unter einem Dach zu leben, ohne das tun zu dürfen, was ihm die Natur befahl. Und mir der Stress, die beiden tagelang getrennt halten zu müssen.
Männliche Polizeihunde werden nur selten kastriert. Es wird befürchtet, dass sie wegen der dann fehlenden Hormone zu brav werden, was sie als Diensthund disqualifizieren würde.

Trotz des guten Beginns ließen wir die Hunde anfangs nur selten und möglichst kurz allein im Haus. Für Buxi war das Alleinsein kein Problem. Er jaulte nicht und benahm sich ebenso gesittet wie in unserer Gegenwart. Umso größer war unsere Überraschung, als wir nach unserer ersten kurzen Abwesenheit heimkehrten: Der Mülleimer war ausgeleert, der Inhalt des Altpapierbehälters im Wohnzimmer verstreut, und Susannes neue Schuhe hatten keine Absätze mehr. Spitzen auch nicht. Mitten in diesem Chaos saß Klein Carina und freute sich sichtlich über ihr Werk. Habe ich das nicht toll gemacht? Buxi lag auf seinem Sofa, einem großen runden Hocker, und zeigte ein Gesicht, als wollte er beteuern: Ich war's nicht!

An diesem Tag fiel mir unser Hundezwinger ein, der verwaist im Garten stand. Aber den wollte ich Carina dann doch nicht antun. Sie wird schon noch lernen, dass so etwas »Pfui!« ist, dachte ich mir. Bis es so weit war, lag der Lernprozess eher auf unserer Seite: Bevor wir das Haus verließen, verriegelten wir den Schrank, in dem der Mülleimer untergebracht war, und sperrten alle Schuhe weg. Den Altpapierbehälter plazierten wir im Wohnzimmer, damit Carina etwas zu tun hatte. An alten Zeitungen und Kartons konnte sie keinen Schaden anrichten, außerdem waren die schnell wieder aufgeräumt. Es funktionierte! Wir durften nur nichts vergessen. Kein Paar Schuhe. Oder den 10-Kilo-Sack Katzenstreu. Den ließen wir eines Abends vor dem Kinobesuch fahrlässig auf der Kellertreppe stehen. Carina verwandelte das komplette Erdgeschoss in ein knirschendes, staubiges Katzenklo. Selber schuld, befanden wir.

Schwere Zeiten für Frau Katze

Buxi hatte nun zwei Freundinnen. Carina, die Neue, die ihn anhimmelte, als wäre er der Hundegott auf Erden, und seine alte Freundin Lilly, unsere Katze. Lilly wollte sich ihren Namen allerdings nicht merken und hörte nur auf »Frau Katze«. Noch zu Gundos Zeiten hatte ich sie als kleines Fellbündel im

Gebüsch an der Straße aufgelesen. Gingen Gundo und Frau Katze schon ausnehmend freundlich miteinander um, grenzte das Verhältnis zwischen ihr und Buxi an Liebe. Abend für Abend beobachtete er die Terrassentür, bis sie endlich nach Hause kam. Sobald er sie im Garten entdeckte, meldete er das mit einem langgezogenen »Fiiieeep!«. Ungeduldig wartete er, bis jemand seine Freundin hereinließ, um ihr dann mit nasser Zunge den Kopf zu waschen, während sie ihm schnurrend um die Beine strich. Buxi war ein Katzenfreund, keine Mieze in der Nachbarschaft musste ihn fürchten.
Frau Katze war im Laufe ihres Lebens zur Hundefachfrau geworden und wusste sehr genau einzuschätzen, ob ihr ein Hund wohlgesinnt begegnete. Der erste Eindruck zählte. Leider fiel der bei Carina negativ aus. Dabei war unser Neuzugang nicht einmal aggressiv, sondern einfach nur begeistert, als er Frau Katze entdeckte. Hurra, jemand zum Spielen! Dementsprechend ungestüm stürzte Carina sich auf die völlig überraschte Mitbewohnerin, als diese nichtsahnend das Wohnzimmer betrat. Ihr Fluchtreflex löste Carinas Einholtrieb aus, und so ging das Wettrennen mit Getöse quer durch das Haus bis hinauf in den ersten Stock, wo sich Frau Katze unter unser Bett rettete. Zu meinem Bedauern ist es mir bis heute nicht gelungen, das Missverständnis zwischen den beiden aufzuklären. Immerhin brachte es Carina ein eigenes Zimmer ein, in dem sie fortan die Nächte hinter verschlossener Tür verbringt, damit sich Frau Katze wenigstens dann frei im Haus bewegen kann.
Aber das klappte in den nächsten Wochen auch tagsüber, die Hunde waren selten daheim. Mindestens viermal pro Woche stand Carinas Ausbildung auf dem Programm, hinzu kamen die normalen Dienste und Einsätze, die ich mit Buxi erledigte, während Carina im Auto wartete. Da sich die beiden so gut

verstanden, war das Leben mit zwei Hunden keine Belastung. Wir konnten problemlos gemeinsam spazieren gehen, ich musste sie nicht einmal getrennt füttern. Nur ihre Aufgaben unterschieden sich noch: Buxi absolvierte die Einsätze, Carina die Ausbildung.

Buxi tanzt Walzer

Auch an diesem Sonntagnachmittag war ich mit beiden Hunden unterwegs, obwohl nur Buxi und ich Dienst hatten. Ich nutzte die momentane Funkstille und steuerte den *Wiesengrund* an der Pegnitz an, um den Hunden Gelegenheit zu geben, sich auszutoben. Die Einsatzzentrale bremste mich: »Achtung, soeben aktueller Einbruch in der Edisonstraße! Wer fährt?«
Einige Fahrzeugbesatzungen meldeten sich. Ich mich auch.
»An die anfahrenden Streifen«, fügte der Führungsbeamte hinzu, »es handelt sich um ein Firmengebäude. Der Inhaber hat Geräusche darin gehört. Bitte sofort umstellen, Hund kommt!«
Ich freute mich über diese optimale Einsatzkoordinierung, schaltete Musik und Lichtorgel an und flog förmlich zum Einsatzort in Nürnbergs Westen. Zwei Streifenwagen waren dennoch vor mir am Tatort. Die Kollegen standen an den Ecken der Halle und beobachteten jeweils eine Längsseite, als ich auf das Gelände einbog. Unbemerkt konnte es niemand mehr verlassen.

»In dem Gebäude befinden sich ein Produktionsbereich und ein Lager«, berichtete mir der aufgeregte Besitzer, »aber die sind voneinander getrennt! Das Klirren, das ich gehört habe,

kam aus dem Lager. Da dürfte jetzt eigentlich niemand drin sein.«
»Haben Sie einen Schlüssel?«, fragte ich.
Er nickte: »Ja, aber die Tür steht einen Spalt offen. Sie scheint aufgebrochen worden zu sein.«
Er hatte recht. Schon von weitem konnte ich erkennen, dass die Blende des Schlosses auf dem Boden lag.
Ich holte Buxi aus dem Auto. Er wusste, was von ihm erwartet wurde, und war sichtlich angespannt. Carina tobte in ihrer Box. Worum immer es auch ging, sie wollte mitmachen! So fortgeschritten war ihr Ausbildungsstand jedoch noch nicht. Sollte der Einbrecher bis jetzt nicht bemerkt haben, dass die Polizei das Gebäude umstellt hatte, Carinas Bellen hätte es ihm verraten. Somit hätte ich mir die Androhung des Diensthundeeinsatzes sparen können. Ich rief sie dennoch durch die Tür der Fabrikhalle. Nichts rührte sich. Nur Buxi an meiner Seite bebte. Ich gab ihn mit einem leisen »Voran« frei. Kurz aufjaulend, stürzte er vorwärts. Ich blieb am Eingang in Deckung, so, wie es die Vorschriften der Eigensicherung verlangen. Buxi trug das Risiko alleine. Das war sein Job. Womit ich mich nicht wohl fühlte.
Aus meiner Position konnte ich Buxi dank des Tageslichts gut beobachten. Er stöberte den hohen Raum im Galopp ab, ließ keinen Schrank und keine Nische aus. Aufgeregt hob er immer wieder die Nase, um Witterung aufzunehmen. So verhielt er sich nur, wenn er frischen menschlichen Geruch wahrgenommen hatte. Er suchte nach dessen Quelle.

Mittlerweile war eine weitere Streife angekommen. Ich bat die beiden Beamten, hinter mir zu bleiben. Mir fiel auf, dass Buxi sich verstärkt nach oben orientierte. Plötzlich erweckte er den Eindruck, als würde ihn ein unsichtbares Seil in die

dunkle Ecke der Halle ziehen. Gleichzeitig stieg er auf, tänzelte einige Schritte sogar auf nur zwei Beinen. Dann verschwand er aus meinem Blickfeld.
»Tanzt dein Hund Foxtrott?«, scherzte der Kollege hinter mir.
»Sah mir eher nach Walzer aus«, konterte ich.
Es hielt mich nicht mehr länger an der Tür. In der linken Hand die eingeschaltete Taschenlampe, rechts die Pistole, pirschte ich mich, jedes Möbel als Sichtschutz nutzend, quer durch das Lager in die Richtung, wo ich Buxi zuletzt gesehen hatte. Die Kollegen rückten nach und deckten mir den Rücken. In der Ecke war etwa in drei Meter Höhe ein Zwischenboden montiert, auf dem sich Schrott und Holzkisten stapelten. Mein Hund drehte sich darunter im Kreis, den Blick nach oben. Schließlich stützte er sich mit den Vorderpfoten an die Wand und bellte.
»Da oben muss jemand sein«, flüsterte ich dem Kollegen zu, der hinter mir kauerte.
»Sieht so aus«, bestätigte er. »Ich frage mich bloß, wie er da raufgekommen sein soll. Ich schau mal, ob ich irgendwo eine Leiter auftreiben kann.«
Der Kollege lag mit seinen Bedenken richtig. Ohne eine solche Hilfe war es unmöglich, auf den Zwischenboden zu gelangen. Weder für uns noch für einen Einbrecher.
Ich rief Buxi zu mir und lobte ihn: »Guuut gemacht, Großer!« Dann nahm ich ihn an die Leine.
Kurz darauf brachte der Kollege eine notdürftig zusammengenagelte Stellage. »Etwas Besseres war auf die Schnelle nicht zu finden.« Der Kollege lehnte das abenteuerlich aussehende Gestell an den Zwischenboden und stieg vorsichtig hinauf. Sein Partner sicherte ihn.
Ich sah ihn nun nicht mehr, hörte aber, wie er schimpfte: »Ist das ein Dreck! Hier ist ja schon sei Generationen keiner mehr

gewesen.« Dann sprach er in verändertem Ton weiter: »Hallo, wen haben wir denn da? Stehen Sie mal auf. Aber ganz langsam! Hier ist die Polizei.« Es rumpelte auf den Holzbohlen, Staub rieselte herunter.

»Alles klar?«, rief ich nach oben.

»Ja, alles klar. Ich hab ihn!«

Eine Aluleiter glitt über den Rand des Zwischenbodens. »Damit ist er natürlich locker raufgekommen«, sagte der Kollege neben mir.

»Und dann hat er die Leiter hochgezogen«, vollendete ich.

Der Einbrecher, ein Mann um die vierzig, machte ein betretenes Gesicht. Buxi beobachtete wachsam, wie er die Leiter hinabstieg.

»Jawohl, Buxi, da ist der Lump. Das hast du fein gemacht!«, würdigte ich noch einmal seine Leistung und klopfte ihm die Flanke.

»Bin kein Lump«, brummte der Festgenommene. »Wollte mir nur holen, was mir zusteht.«

Was er damit meinte, klärte sich im Gespräch mit dem Firmeninhaber. Der Täter war bis vor kurzem in dem Betrieb angestellt gewesen. Dann gab es Streitigkeiten wegen eines angeblich noch ausstehenden Lohnes. Diesen hatte sich der Einbrecher in Naturalien aus dem Lager holen wollen.

Trotz seines fortgeschrittenen Alters hatte mein Streifenpartner wieder einmal einen guten Job gemacht. Dass dies seine letzte Heldentat war, wusste ich zu diesem Zeitpunkt nicht. Und das war auch besser so.

In den folgenden Wochen widmete ich mich verstärkt Carinas Ausbildung. Das Ende ihrer Probezeit nahte. Sie hatte große Fortschritte gemacht, lief bereits eine sehr schöne Unterordnung, und auch ihre Fährtenarbeit war zufriedenstellend. Lediglich im Schutzdienst fehlte ihr die Reife. Sie war nicht mit dem nötigen Ernst bei der Sache, biss in manche Hetzärmel lieber als in andere – als wären sie ihr Spielzeug. Im Grunde war das nicht verwunderlich, Carina war noch kein Jahr alt, aber allmählich machte ich mir Sorgen. Ich hing viel zu sehr an ihr, als dass ich sie ohne Bauchschmerzen hätte zurückgeben können.

»Das wird schon noch«, machte mir Arnold Mut, doch er schränkte ein, »aber wohl kaum mehr innerhalb der Probezeit.« Den entscheidenden Ankaufstest würde Carina in ihrer momentanen Verfassung nicht bestehen.

»Ich befürworte eine Verlängerung der Probezeit um drei Monate«, beruhigte Arnold mich. »Beim Chef habe ich das schon angedeutet. Er ist einverstanden. Aber ob die Züchterin mitmacht …?«

Sie machte mit. Dies war keinesfalls selbstverständlich, und ich bin ihr bis heute dankbar. Denn nur zwei Wochen später platzte bei Carina der Knoten, wie man so schön sagt. Plötzlich begriff sie, dass der Schutzdienst kein Spiel war. Sie begrüßte den Figuranten nicht mehr mit freundlichem Schwanzwedeln, sondern nötigenfalls auch zähnefletschend. Darauf konnten wir aufbauen. Meine Sorgen wurden kleiner. Carina würde es schaffen!

Das Ende einer wunderbaren Freundschaft

Carina war die einzige Hündin unter den *JuHu*, wie wir die Junghundegruppe abkürzten. Darüber hinaus war sie die erste Deutsche Schäferhündin in der Staffel, seit ich Hundeführer geworden war. Lange hatte man die Meinung vertreten, Rüden würden die besseren Polizeihunde abgeben. Insoweit war Carina eine Art Experiment, das von zweifelnden Kollegen aufmerksam beobachtet wurde. Ich nahm ihnen das nicht übel und investierte all meine Energie, Carina voranzubringen. Fand einmal keine dienstliche Ausbildung statt, übte ich mit ihr in der Freizeit Nasenarbeit und Unterordnung, immer darauf bedacht, dass ihr die Lust daran nicht verging. Was man mit Spaß macht, lernt man leichter, das kennen auch wir Menschen. Für Carina lag am Ende einer Fährte immer etwas extra Leckeres bereit. Lief sie einige Schritte besonders schön bei Fuß, flog zur Belohnung sofort der Ball über die Wiese. Nur den Schutzdienst konnte ich zu Hause nicht trainieren, dafür fehlte mir der Figurant. Carina machte große Fortschritte und wurde nach der tierärztlichen Untersuchung am Ende der Probezeitverlängerung endgültig angekauft. Nun musste sie noch den sechswöchigen A-Lehrgang mit der abschließenden Prüfung PH 1 bestehen. Darauf arbeiteten wir die folgenden Monate verstärkt hin.

Buxi war zwar immer mit dabei, aber wenn ich mit Carina trainierte, war er derjenige, der im Streifenwagen warten musste. Obwohl sein elfter Geburtstag nahte, war er erstaunlich fit. Deshalb war er noch nicht in den Ruhestand versetzt worden. Er war nun der Älteste in der Staffel. Einige seiner Kollegen wurden schon weit früher in Rente geschickt, zumeist aus gesundheitlichen Gründen. Einem Hund mit Arthrose oder anderen schmerzhaften Krankheiten kann man den anstrengenden Polizeidienst nicht zumuten.

Es war Ende September 2008, als Buxi das erste Mal hustete. Es hörte sich an, als hätte er sich verschluckt. Aber woran? Zu dieser frühen Morgenstunde hatte er noch nichts gefressen. Schon beim letzten Rundgang am Vorabend war mir aufgefal-

len, dass er nicht so munter herumlief, wie ich es von ihm gewohnt war. Ich ging in die Hocke und wuschelte sein sehr grau gewordenes Fell. »Na, Großer? Alles okay mit dir?« Er wedelte. Und dann hustete er wieder.
Wo hatte er sich angesteckt? Husten bei Hunden ist nichts Ungewöhnliches, vor allem, wenn mehrere zusammen gehalten werden. Deshalb wird er auch als Zwingerhusten bezeichnet. Er kann sowohl viralen als auch bakteriellen Ursprungs sein und ist leicht übertragbar. Und er lässt sich problemlos heilen. Meines Wissens gab es aktuell keinen Fall in der Staffel. Außerdem waren die meisten unserer Hunde dagegen geimpft, auch Buxi.
Ich rief in meiner Dienststelle an, damit der Streifenwagen, mit dem wir gestern unterwegs waren, desinfiziert wurde. Dann fuhr ich mit Buxi und Carina zur Tierklinik. Sollte sich Carina nicht schon angesteckt haben, musste sie eine Prophylaxe erhalten.

Der Tierarzt blätterte Buxis Impfbuch durch. »Alle Impfungen sind lückenlos«, stellte er fest, »auch die gegen Zwingerhusten. Allerdings wirkt die nur gegen die häufigsten Viren, gelegentlich sind welche unterwegs, für die es keinen Impfstoff gibt.« Er hörte Buxis Lunge ab. Ein tiefes Brummen drang aus dem Beißkorb, den ich ihm vorsichtshalber übergezogen hatte. Buxi mochte es nicht, wenn Fremde ihn anfassten. Als der Tierarzt das Stethoskop beiseitelegte, wirkte sein Gesicht so ernst auf mich, dass mir klamm wurde. Doch er sagte lediglich: »Wir müssen eine Röntgenaufnahme machen.«
»Mit Narkose?«, fragte ich besorgt. Für einen alten Hund bedeutet eine Narkose immer ein höheres Risiko.
»Nein, das wird nicht nötig sein.« Der Tierarzt täuschte sich nicht, Buxi hielt lang genug still. Und dann hieß es warten.

Fünf Minuten, zehn Minuten. Ich wollte es wissen. Gleichzeitig lieber nicht. Endlich holte mich der Tierarzt in sein Behandlungszimmer. An einem Leuchtkasten hing die Röntgenaufnahme.
»Herr Heer«, der Arzt holte tief Luft, »im Bauchraum Ihres Hundes ist nichts erkennbar. Der ist voller Flüssigkeit.« Mit seinem Kugelschreiber deutete der Tierarzt auf das Röntgenbild. Diese kleinen weißen Flecke bedeuteten bestimmt nichts Gutes. »In der Lunge sind Metastasen erkennbar. Ihr Hund hat Krebs im fortgeschrittenen Stadium, vermutlich von der Milz oder der Leber ausgehend. Er hat auch Wasser in der Lunge, das erklärt den Husten.«
Obwohl ich wusste, was diese Diagnose bedeutete, fragte ich mit zitternder Stimme: »Kann man noch was machen?«
Der Tierarzt schüttelte den Kopf. »Tut mir leid. Bux hat nicht mehr lange zu leben. Und ich meine damit nicht Wochen, sondern Tage.«
Ich stand wie erstarrt. Tränen liefen mir übers Gesicht, die junge Arzthelferin reichte mir ein Papiertaschentuch und nahm sich selbst auch gleich eines. Ich kauerte mich zu Buxi und nahm ihn in die Arme. »Herr Heer, wenn Sie wollen, können wir ihn gleich einschläfern.« Ich schüttelte den Kopf. Nein, wenn Buxi schon sterben musste, dann in vertrauter Umgebung, nicht auf einem kalten Edelstahltisch in einer Tierarztpraxis.
»Dann gebe ich Ihnen Tabletten mit, die sind zur Entwässerung und machen Ihrem Bux die letzten Tage leichter.«
»Danke.« Mehr brachte ich nicht heraus. Ich streichelte Buxi über den Kopf, und wir verließen diesen schrecklichen Ort. Einige wartende Tierbesitzer lächelten mich an, während ich quer durch die Halle der Klinik zum Ausgang strebte. Ihr Lächeln gefror, als ich näher an ihnen vorüberging. Man sah mir den bevorstehenden Tod meines Kameraden an.

An diesem Abend kuschelten wir uns wie eine Familie nah aneinander. Susanne und ich mit Buxi zwischen uns auf dem Sofa, Carina wärmte uns die Füße. Susanne wollte die Diagnose nicht glauben. »Es geht ihm doch gut«, sagte sie immer wieder. »Vielleicht hat sich der Tierarzt getäuscht?« Wie ich hoffte sie auf ein Wunder – und in den nächsten Tagen schien es wahr zu werden. Die Tabletten, die mir mein Bruder Armin zusätzlich geschickt hatte, wirkten. Buxi blühte regelrecht auf, hustete nicht mehr, zerrte beim Spazierengehen halbe Bäume aus dem Wald und freute sich seines Lebens.

Wochen vergingen, ohne dass sich Buxis Zustand verschlechterte. Meinem Chef hatte ich die Diagnose noch am Tag des Tierarztbesuches telefonisch mitgeteilt. Dazu war ich verpflichtet. Er sprach mir sein Mitgefühl aus und verzichtete großzügigerweise darauf, Buxi sofort auszumustern. So würden eventuell noch anfallende Tierarztrechnungen weiterhin vom Staat übernommen, wenn auch nicht unbegrenzt. Drohen einmal die Kosten den »noch zu erwartenden Nutzen« des Hundes zu übersteigen, kann er sogar vorzeitig pensioniert werden. Bei einem Auto würde man dies wirtschaftlichen Totalschaden nennen. Beim Diensthund heißt es *Ausmusterung aus gesundheitlichen Gründen.* Danach anfallende Rechnungen muss der Hundeführer aus eigener Tasche bezahlen.

Aber ich brauchte nicht mehr zum Tierarzt, mein Buxi war putzmunter! Von wegen, es sei nur eine Frage von Tagen, wie der Veterinär prognostiziert hatte! Ich klammerte mich an die Hoffnung, dass er sich geirrt hatte. Oder vielleicht war es eine Spontanheilung? So etwas hörte man doch manchmal!

Am 7. November morgens wirkte Buxi matt. Ich musste ihn überreden, mit mir Gassi zu gehen. Das war noch nie der Fall gewesen. Schon nach wenigen Metern drehte er wieder um. Er wollte nach Hause. Im Wohnzimmer sprang er schwerfällig auf sein Sofa und schaute mich aus müden Augen an. Ich schickte Susanne eine SMS – *Bitte komm heim!* – und setzte mich auf den Boden, um nah bei Buxi zu sein, ihn zu streicheln. Er leckte mir über die Hände, ehe er den Kopf auf seine Pfoten legte. Dann schloss er die Augen und atmete ruhig. »Halt durch, bitte. Susi kommt gleich.« Als er den Namen seines Frauchens hörte, spitzte er die Ohren und blickte in Richtung Tür.
Eine halbe Stunde saß ich so bei ihm, durchlebte noch einmal die vielen Glücksmomente, die ich mit ihm erleben durfte. Ich vergrub mein Gesicht in seinem Fell, saugte diesen vertrauten Duft tief in mich ein, warm und irgendwie staubig. Plötzlich hob Buxi den Kopf, die Augen weit geöffnet. Dann ließ er sich nach hinten in meine Arme fallen und hörte auf zu leben.

Susanne kam zu spät. Ich hatte sie noch nie so weinen sehen. Und sie mich auch nicht. Die folgenden Tage vergingen wie in Zeitlupe, bleischwer. Buxi fehlte an allen Ecken und Enden. Auch Carina vermisste ihren Freund und Mentor. Wenn wir vom Spaziergang heimkamen, suchte sie das ganze Haus nach ihm ab. Dann legte sie sich ins Wohnzimmer, Blickrichtung Eingang. Sie verstand nicht, dass Buxi nie wieder durch diese Tür kommen würde. Und das verstanden wir eigentlich auch nicht.

Ich nahm mir eine Woche frei, mein Chef und mein Überstundenstand erlaubten es. Susanne stürzte sich in ihre Arbeit. Wir mussten nach vorne blicken. Carinas Termin für den

A-Lehrgang stand fest. Im Februar sollte es losgehen. Seit einigen Jahren unterhielt die bayerische Polizei ihre eigene Ausbildungsstätte: die Zentrale Diensthundeschule in Herzogau bei Waldmünchen, unweit der tschechischen Grenze. Zentral? Nun, dieser Begriff bezog sich wohl weniger auf den Standort der Schule als darauf, dass der letzte Schliff der Ausbildung und auch die Speziallehrgänge zentralisiert worden waren. Beim A-Lehrgang wurde erwartet, dass wir mit prüfungsfertigen Hunden antraten. Die Frage, warum wir dann nicht einfach nur die Prüfung ablegten und wieder nach Hause fuhren, kann ich nicht beantworten. Vielleicht weil der Begriff *prüfungsfertig* von den Staffeln und Verbänden in Bayern unterschiedlich interpretiert werden könnte? Ich mochte die Lehrgänge, bei denen ich stets etwas Neues lernte. Eine schöne Abwechslung in der herrlichen Umgebung von Herzogau und nicht zuletzt wegen der gemütlichen Abende mit immer neuen Kollegen und altbekannten Gesichtern.

Das Training hatte sich gelohnt: Carina bestand Lehrgang und Prüfung. Die Äußerung eines Kollegen, der bis zuletzt an der Tauglichkeit von Schäferhündinnen gezweifelt hatte, bewertete ich als Kompliment. »Elmar«, rief er mir von weitem zu, »ich hätte nie gedacht, dass dein Hund die Prüfung bestehen würde!«

CARINAS TAGE DER ARBEIT

Als ich am 1. August 1979 meinen Dienst bei der Polizeiinspektion Süd antrat, bestand jede der vier Dienstgruppen aus fünfunddreißig bis vierzig Mann. Selten waren alle im Dienst, es gab schließlich Lehrgänge, Urlaube, Krankheitstage und Überstundenausgleich. Aber die Stärke einer Dienstgruppe durfte niemals vierundzwanzig Kollegen unterschreiten.
Die Arbeit ist in den Jahren nicht weniger geworden. Aber vielleicht arbeiten wir heute effektiver? Wie sonst wäre es zu erklären, dass der Rund-um-die-Uhr-Dienst inzwischen mit kaum mehr als der Hälfte an Personal auskommt? Nach wie vor ist Bayern statistisch gesehen das sicherste Bundesland Deutschlands.

An einsatzträchtigen und somit personalintensiven Tagen betrachten uns die Inspektionen als eine Art eiserne Reserve und fordern Hundeführer für Aufgaben an, die im Grunde nichts mit unserer Tätigkeit zu tun haben. So spart sich die Inspektion eine Streifenbesatzung, und letztendlich hilft man ja gerne. Ein solcher besonderer Tag ist der 1. Mai, auch Tag der Arbeit genannt. Kaum jemand kann und muss diesen Begriff so beim Wort nehmen wie die Polizei. Alljährlich finden bundesweit Demonstrationen des Deutschen Gewerkschaftsbundes statt, wodurch sich politisch rechts Angesiedelte bemüßigt fühlen, ihrerseits eine Gegendemonstration zu veranstalten. Dies wiederum provoziert die eher links Gerichteten, eine Gegendemonstration gegen die Gegendemonstranten anzumelden. Alles so weit demokratisch völlig legitim. Das Problem ist nur, dass wir als Polizisten dafür sorgen müssen, dass es auch so bleibt. So geraten wir nicht nur zwischen die Fronten, wir müssen da sogar hin! Und bekommen Schelte von allen Seiten. Oder Prügel. Wer nicht für uns ist, ist gegen uns. Sagen die Linken. Die Rechten aber auch.

In Nürnberg existieren einige symbolträchtige Gebäude und Orte, die bereits in den Nächten vor dem 1. Mai bevorzugt angegriffen werden. Sei es durch schwer entfernbare Schriftzüge oder schlichtweg mit Steinen durch diverse Fensterscheiben. Als ein möglicher Schauplatz galt eine Boutique in der Nürnberger Innenstadt, in der rechtsradikale Kunden sich gern mit Klamotten und Accessoires ausstatteten. Uniformiert erkennt man sich besser. Das wissen auch die Uniformgegner, die ihre Individualität mit einheitlichem Outfit wie schwarzer Hose, schwarzem Kapuzenpulli und ebensolchem Schal betonen.

Einer meiner ersten Aufträge mit dem frischgebackenen Diensthund Carina bestand darin, diese Boutique über Nacht zu bewachen. Ich parkte mein silber-grün uniformiertes Dienstauto vor der Fensterfront und harrte der Dinge, die da kommen mochten. Als Abschreckung, im Polizeijargon auch Prävention genannt, sollte dies eigentlich genügen, und Verstärkung für den Notfall war in einer großen Stadt fast immer in der Nähe.
Die Zeit zog sich zäh. Manchmal hatte ich den Eindruck, der Sekundenzeiger meiner Armbanduhr wartete absichtlich ein Extraweilchen, ehe er weiterhüpfte. Kurz vor zwei. War es das nicht schon vor einer halben Stunde gewesen?
Da entdeckte ich ihn. Ein junger Mann, dunkel gekleidet,

schlich durch die nicht ganz so dunkle Straße. Nicht der Erste heute Nacht, aber irgendetwas war auffällig an ihm, als er sich möglichst unauffällig dem von mir bewachten Schaufenster näherte. Davor blieb er stehen. Der wird doch nicht!? Nein, jetzt hatte er sich umgeschaut und meinen nur ein paar Meter entfernten Streifenwagen entdeckt. Er würde sich eine Zigarette anzünden und weitergehen, ganz sicher.
Der Kerl musste Nichtraucher sein. Und blind. Unversehens rempelte er mit der Schulter gegen die Scheibe! Das Glas hielt stand. Während ich aus dem Auto stürzte, nahm er noch mal Anlauf und brachte das Fenster mit lautem Krachen zum Bersten.
Täter pflegen nach ihren Taten gewöhnlich, sich schleunigst aus dem Staub zu machen. Deshalb blieb keine Zeit, Carina aus dem Auto zu holen. Dennoch rannte ich diesen Flüchtenden beinahe über den Haufen, als ich ihm nachsprintete. Er schlenderte, zufrieden mit seinem Werk, gemächlich weiter und war sichtlich überrascht, als ich, wie aus dem Nichts, plötzlich neben ihm stand. Vielleicht hätte ihm jemand sagen sollen, dass ein Auto, auf dem Blaulichter montiert sind und Polizei steht, ein Polizeiauto ist? Und dass darin meistens Polizisten sitzen?
Der derart mit Unwissen Gestrafte und durch Alkohol wohl etwas verstandesgetrübte Student ergab sich sofort und gestand alles. Es war ihm anzusehen, dass er am liebsten im Erdboden versunken wäre, aber er beantwortete meine erste Frage bereitwillig: »Wie besoffen muss man eigentlich sein, dass man den Streifenwagen nicht sieht?«
»Ziemlich.«
Kollegen einer zufällig vorbeikommenden Streife nahmen sich des mit weniger als einem Promille im Blut nicht mal hochgradig Betrunkenen an. Die Schaufensterscheibe musste

nicht sofort gesichert werden, sie war trotz des langen Sprunges noch stabil genug. Anderenfalls hätte die Feuerwehr ein paar Bretter darübergenagelt.
Nach Feststellung seiner Personalien durfte der Student seinen Weg fortsetzen, da er bislang noch nicht zu unserer Kundschaft gehörte – unser Computer listete keine Einträge auf.
Ich muss zugeben, dass ich diese Boutique auch nicht mochte. Aber als Polizist muss man neutral bleiben, selbst wenn es manchmal schwerfällt.

Als ich mich wieder ins Auto setzte, winselte Carina. Sie musste mal raus. Nur wohin? Wir durften unseren Posten nicht verlassen. Ich ließ Carina aus ihrer Box und hoffte, sie würde ihr Geschäft auf dem schmalen Grünstreifen zwischen den Parkbuchten erledigen. Doch sie steuerte zielstrebig den Eingang des Ladens an und hinterließ dort im Schutze der Dunkelheit eine – ausnahmsweise dachte ich diesen Begriff wieder einmal – Tellermine, die unmöglich mit einer Tüte wieder aufgesammelt werden konnte. Vielleicht war Carina doch nicht so unparteiisch, wie man es von einem Staatsdiener erwartet.

Vom Gifti zum Stoffi

Carina unterschied sich von Buxi, wie sich dieser von Gundo unterschieden hatte. Alle drei zeigten ganz persönliche Eigenheiten, Abneigungen und Vorlieben – als Individuen wie »du und ich«. Gundo schlang sein Futter hinunter, als würde es ihm sonst streitig gemacht, Buxi und Carina speisten geradezu genießerisch. Er verabscheute Schokolade, sie würde dafür den einpfotigen Handstand üben. Und es gab etwas, das Carina von beiden Rüden unterschied: Sie konnte vom Streicheln nicht genug bekommen, forderte es sogar ein. Las ich Zeitung, schob sie mir ihren Kopf unter den Arm und stupste ihn hoch: kuscheln! Jetzt! Allzu gern gab ich Carinas Wünschen nach.

Auch im täglichen Dienst wuchsen wir immer enger zusammen. Als geprüfter Schutzhund fehlte Carina nun noch die zusätzliche Spezialausbildung. Wieder zum Rauschgiftspürhund? Weiterhin in zumeist verdreckten Wohnungen zwischen verschimmelten Pizzaschachteln und aufgeplatzten Mülltüten nach Drogen suchen? Das hatte ich lange genug gemacht. Mit Carina wollte ich das Metier und damit das Milieu wechseln. Sie sollte Sprengstoffspürhund werden. Die Erfolgsgarantie bei solchen Einsätzen beträgt zwar annähernd null – es gibt weit weniger Bomben in Mittelfranken als Haschisch und Heroin –, dafür war das Klientel ein anderes. Politiker und Persönlichkeiten des öffentlichen Lebens, die vor einem Anschlag geschützt werden sollten. Oder auch ganz normale Bürger, denen ein vergessener Schuhkarton in der U-Bahn verdächtig vorkam.

Zwölf Wochen sollte der Lehrgang zum Sprengstoffspürhund in Herzogau dauern. Heinrich, ein Spezialist vom Landeskriminalamt, wies uns Hundeführer in die Materie ein.
»Was ist eigentlich Sprengstoff?«, fragte er in die Runde. Natürlich wussten wir alle, was Sprengstoff ist, doch wie definiert man ihn? »Etwas, das explodiert«, meldete sich mein Sitznachbar.
»Richtig. Aber warum explodiert es? Was ist überhaupt eine Explosion?«
Dies waren für Heinrich, einen Chemiker mit starker Brille

und starkem Vollbart, offenbar rhetorische Fragen, denn er fuhr fort, ohne unsere Antworten abzuwarten. »Eine Explosion ist im Grunde nichts anderes als eine schlagartige Ausdehnung von Gasen, die durch Chemikalien unterschiedlicher Zusammensetzung entstehen.« Er öffnete seinen Koffer, der groß und schwarz auf dem Tisch lag. Die meisten von uns hatten ihn bereits neugierig beäugt. Da war der Stoff drin, der uns in den nächsten Tagen beschäftigen würde. Heinrich griff in den Koffer und legte einige Pakete in verschiedenen Größen und Formen auf den Tisch. Er ließ dabei keine besondere Vorsicht walten. Es hätten Bücher sein können oder Briketts, kalte. So zögerte auch keiner von uns, die Pakete entgegenzunehmen, die Heinrich in die Runde reichte.

»Wir unterscheiden zwischen militärischem und gewerblichem, also industriell hergestelltem Sprengstoff und Selbstlaboraten«, dozierte Heinrich. Mit *Wir* meinte er im Moment zwar noch vor allem sich – doch bald würden wir Hundeführer mit unseren Sprengstoffspürhunden auch zu diesem Wir gehören. Der unförmige Batzen, den mir mein Nachbar in die Hand drückte, war weich wie Knetgummi und erinnerte an rotgefärbtes Marzipan. Ich hielt ihn unter meine Nase und rümpfte sie. Sehr chemisch! Aber zum Glück nicht stechend, dass er einer sensiblen Hundenase weh tun könnte. Denn dann würde ein Hund der Duftquelle wohl lieber aus dem Weg gehen, als sie anzuzeigen.

Ich reichte das Zeug schnell nach links weiter und bekam von rechts etwas Eiförmiges, das mir nicht so fremd war: eine Handgranate. Wie die meisten der Anwesenden kannte ich so etwas vor allem aus Spielfilmen und von Pressefotos. Die hier war echt. Wenn auch nicht scharf. Ich spürte ein leichtes Kribbeln in meinem Bauch. Das Ding war schwerer, als es aussah, und es roch nach nichts. Die grünlackierte Oberfläche ähnelte einem Schildkrötenpanzer. Oben in der Mitte fehlte etwas. Ich steckte meinen kleinen Finger in das Loch. Inwendig fühlte sich die Handgranate glatt und kalt an.

»Gewerbliche und militärische Sprengstoffe können in der Regel nur mittels eines Zünders zur Explosion gebracht werden«, fuhr unser Referent fort, »elektrisch oder mechanisch.« Bei »elektrisch« hielt er mit der Linken mehrere Stifte hoch, aus denen bunte Kabel hingen. Die Stifte waren verschieden lang und dick und glänzten metallisch. Heinrich wandte sich zu mir, wiederholte: »oder mechanisch«, und hob mit der Rechten ein grünlackiertes Ding in die Luft, an dem ein Metallring baumelte. »Das gehört in die Handgranate. Ohne diesen Zünder ist sie ungefährlich.«

Ich gab dem Ei lässig einen Schubs, um es zu meinem Nachbarn rollen zu lassen. Der reagierte zu langsam, die Granate holperte über die Tischkante, fiel und polterte über den Boden. Unwillkürlich zog ich den Kopf ein, ein Raunen ging durch die Gruppe. Sonst geschah nichts. Heinrich grinste: »Schöne Demo. Jetzt habt ihr es alle gesehen. Auch die anderen Stoffe, die ich euch eben gezeigt habe, wie das C 4, Semtex oder PETN, sind weitgehend schlagunempfindlich.«

Heinrich warf meinem Nachbarn eine ovale Platte zu, der starrte noch immer auf die Granate, also fing ich sie auf. Sie sah aus wie ein sakrales Wachsbild: Maria, die Jesus auf dem Arm hielt. Goldfarben lackiert.

»Das ist TNT«, erklärte Heinrich, »dank seines niedrigen Schmelzpunktes von achtzig Grad lässt es sich in Wasserdampf verflüssigen und kann in beliebige Formen gegossen werden; und in Form dieser Schindel kann man es natürlich entsprechend unauffällig irgendwo einschmuggeln.«

Zum Beispiel in Kirchen, dachte ich.

Plötzlich wurde es dunkel im Unterrichtsraum. Summend

schlossen sich die elektrisch gesteuerten Vorhänge, ein Beamer warf bläuliches Licht auf eine Videowand. Für ein paar Augenblicke war lediglich der Ventilator des Gerätes zu hören.

»Industriell hergestellte Sprengstoffe sind weitgehend handhabungssicher«, beruhigte Heinrich uns. Ich fragte mich, was »weitgehend« bedeutete. »Im Gegensatz zu einigen Selbstlaboraten, die jedermann in der heimischen Küche herstellen kann«, fuhr er fort. »Ein bisschen Nagellackentferner, Blondierungsmittel und Batteriesäure zusammengekocht, schon gewinnt man Sprengstoff, der in seiner Wirkung Dynamit ziemlich nahekommt. Wir sprechen hier von Acetonperoxyd oder Triacetontriperoxyd, kurz TATP. Wir haben in letzter Zeit immer öfter damit zu tun, also könntet auch ihr damit früher oder später in Kontakt kommen. Nass ist es noch relativ handhabungssicher. Je trockener es wird, desto gefährlicher. Dann kann schon der Hauch einer schnuppernden Hundenase genügen, um es zur Explosion zu bringen.«

Das hörte sich verdammt bedrohlich an. Setzte ich Carina mit dieser Ausbildung nicht einer viel zu großen Gefahr aus? Ich sah ihre braunen Augen vor mir, die mich voller Vertrauen anblickten … Niemals im Leben würde ich etwas tun, womit ich sie leichtfertig extremer Gefahr aussetzte. Andererseits hatte ich noch nie von einem Diensthund gehört, der durch eine Explosion ums Leben gekommen war. Von mit Heroin vergifteten dagegen schon. Die Entscheidung war richtig, sagte ich zu mir selbst. Wenn schon gefährlich, dann so wenig wie möglich.

Heinrich drückte auf eine Taste an seinem Laptop, ein Foto erschien auf der Leinwand. Es zeigte einen Teller mit einem weißen Pulver.

»Das sieht aus wie Kokain oder Heroin!«, warf einer aus der

Gruppe ein. »Ist das nicht auch gefährlich für unsere Rauschgifthundeführer? Ich stelle mir gerade vor, da steht so 'n Teller auf 'nem Tisch, der Kollege denkt, es wäre Rauschgift, nimmt den Teller in die Hand … und bum!«
Heinrich trat in das Licht des Projektors und nickte. »Da hast du leider recht! Etwa hundert Gramm TATP genügen, um ein Auto in die Luft zu sprengen. Deshalb unterrichten wir eure Rauschgift-Kollegen zurzeit auch hinsichtlich TATP. Unter anderem mit folgendem Video.«
Ein etwas verwackelter Film lief an. Er zeigte in Großaufnahme einen dunkelhaarigen, etwa fünfzehnjährigen Jungen, der auf einem Stuhl saß, eine Plastikflasche in der Hand. Im Hintergrund laute Musik, weshalb nicht zu verstehen war, worüber er und der Filmende sich unterhielten. Jedenfalls war er offensichtlich gut gelaunt. Jetzt schüttelte er die Flasche … einmal … zweimal … dann brach das Video ab. Die folgende Aufnahme war von besserer Qualität, wahrscheinlich von der Spurensicherung gedreht. Die Kamera schwenkte durch einen Raum mit zerstörten Möbeln, stoppte ihre Fahrt: Auf dem Boden lag eine Leiche, der die Haut im Gesicht und an den Armen fast gänzlich fehlte. Blankes Fleisch. Ein rechter Armstumpf ohne Hand. Dass dies die Überreste des vergnügten Jugendlichen waren, erkannte ich an dem Stofffetzen seines karierten Hemdes. Ein Schauder lief meinen Rücken hinab. O mein Gott! Die Kamera schwenkte weiter. Nun sahen wir das Haus von außen. Die Fenster waren vollkommen entglast, und aus einer Wand hing ein Vorhang! So, als hätte man ihn versehentlich eingemauert. Was war denn das?!

Das Licht ging an. Heinrich räusperte sich. »In der Flasche befand sich TATP, das die Jungs wahrscheinlich ein paar Tage vorher zusammengebraut hatten. Es war wohl schon ziemlich trocken, das Schütteln hat gereicht, um es hochgehen zu lassen.« Alle schwiegen betreten. »Ihr werdet euch wahrscheinlich gewundert haben, was das mit dem Vorhang auf sich hatte.« Einige, auch ich, nickten, und mein Stuhlnachbar brummte: »Stimmt.«

»Der Explosionsdruck war so gewaltig, dass das gesamte Haus in einem Stück hochgehoben wurde. An der Abrisskante wehte der Vorhang hinaus, dann fiel das Haus in exakt seine ursprüngliche Position zurück. Der Vorhang blieb draußen.«

Dass Jugendliche mit Sprengstoff experimentieren, gab es schon immer, das war nichts Neues. Früher war es einfach Schwarzpulver, das mancher aus Böllern zusammenschüttete, um damit einen Briefkasten zu sprengen. Die Faszination der Zerstörung. Heute lassen sich ganz andere Stoffe herstellen, die oftmals unterschätzt werden. Sprengstoff ist kein Spielzeug.

Am Abend saß ich mit einigen Kollegen aus meiner Gruppe bei einem Bier zusammen.

Je später es wurde, desto mehr gingen manche unserer Gespräche ans Eingemachte. »Sag mal, Helge«, fragte ich einen Kollegen aus Unterfranken, der schon seinen zweiten Sprengstoffspürhund ausbildete, »was glaubst du, ist für einen Hund gefährlicher? Nach Rauschgift oder nach Sprengstoff suchen?«

Helge wusste sofort, was mich umtrieb, und beruhigte mich: »Mach dir kein' Kopf, Elmar. Wir suchen nur sehr selten in Wohnungen. Da wäre die Gefahr, auf TATP zu stoßen, wesentlich größer als beispielsweise bei Veranstaltungen. Denn wie soll das Zeug denn dorthin transportiert werden, ohne unterwegs schon hochzugehen? Es zeitgerecht erst am Anschlagsort trocknen zu lassen, dürfte schwierig sein.«

Damit hatte er recht. Wie ich es mir im Unterricht schon gedacht hatte: Die Gefahr für meinen Hund und mich war sogar geringer als bei Rauschgift.

Die wirklich bahnbrechende Neuerung, die ich am nächsten Morgen lernte, lautete, dass das Kommando zum Suchen jetzt nicht mehr »Such's Gifti!« lautete, sondern »Such's Stoffi!«. Carina hätte sicher auch mit der Aufforderung »Such's Bärli« oder »Pepperoni« bald verstanden, dass sie etwas finden sollte, das nach Sprengstoff roch. Doch ich blieb bei Stoffi. Diese Formulierung kam der Sache jedenfalls näher.

Jetzt konnte es losgehen!
»Noch nicht«, belehrte uns Ulf, der Ausbilder. Er gehörte gewissermaßen zum Inventar der Hundeschule: Erfahrung auf zwei stämmigen Beinen, mit weißem Haarkranz und ausgeprägtem Selbstbewusstsein. Ausbilder wie er duldeten keinen Widerspruch – und sie legten die Reihenfolge fest: »Zuerst bringen wir unseren Hunden das Klickern bei.« Ulf verteilte kleine Geräte, die dem Kinderspielzeug *Knackfrosch* ähnelten und auch so klangen. Sofort klickerte und klackerte es aus allen Händen. Auch ich testete das Ding ausführlich. Ulf hob die Hand. »Ab sofort gilt: Wer ohne Grund klickert, zahlt am Abend eine Runde!« Ohne Grund? Ich überlegte, was er damit meinen könnte, da fuhr er schon fort: »Der Hund lernt, dieses Geräusch mit etwas Positivem zu verbinden: zum Beispiel mit Spielen. Wir machen das jedenfalls so. Unmotiviertes Klickern oder im falschen Moment eingesetzt, bringt den Hund durcheinander.« Er nickte mir zu: »Elmar, holst du mal deinen Hund?« Ich nickte auch und eilte zu meinem Auto. Carina erwartete mich ungeduldig und wedelte im Dreivierteltakt gegen das Metallgitter der Box. Endlich ging es los!

Ulf wies mich an, Carina einige Meter entfernt in der angrenzenden Wiese abzulegen. »Wenn ich jetzt klickere, Elmar«, fuhr er fort und stellte sich hinter mich, »nimmst du deine Beißwurst und motivierst deinen Hund, zu dir zu kommen. Und dann spielst du mit ihm, was das Zeug hält!«
Ich tastete nach der Beißwurst in meiner Hosentasche, einer festen Rolle aus grobem Leinen, ausgestopft mit Stoffresten. Carina liebte dieses Spielzeug.
Aber noch lag sie dort im Gras und schnupperte gelangweilt zwischen ihren Vorderpfoten. »Klick, klack!« machte es hinter mir. Carina hob den Kopf und spitzte die Ohren: Was war das? Ich riss die Beißwurst aus meiner Tasche, hielt sie schüttelnd hoch und rief: »Hey, Carina! Spielen!« Grasbüschel in die Luft schleudernd, stürzte sie auf mich zu, verbiss sich mittig in ihrem Spielzeug, das ich mit beiden Händen links und rechts festhielt. So tobten wir über die Wiese, bis Ulf rief: »Stopp! Lass deinen Hund jetzt wieder Platz machen. Und dann wiederholen wir das Ganze.«
Nur widerwillig ließ Carina los, für sie war der Spaß viel zu kurz gewesen. Erst auf das dritte »Aus!« öffnete sie zögernd ihr Maul. Als ich mich von ihr entfernte, beobachtete sie mich genau. Ulf warf mir einen tadelnden Blick zu wegen des Ungehorsams meines Hundes. Kaum hatte ich mich umgedreht, klickerte der Ausbilder erneut. Carina sprang auf, zögerte. Darf ich? Als ich ihr die Beißwurst präsentierte, startete sie durch. Ich weiß heute nicht mehr, ob ich mich ungeschickt verhielt oder Carina nur schlecht zielte. Jedenfalls verfehlte sie die Mitte der Stoffrolle und nagelte meine Hand mit einem ihrer Fangzähne daran fest. Er durchdrang das Fleisch zwischen Zeigefinger und Daumen meiner Linken, der Schmerz durchzuckte mich bis unter die Achselhöhle. Für einen Moment blieb mir die Stimme weg, ich ging in die Knie. Dann

rief ich: »Auuuuus!« Carina dachte nicht daran, meinem Kommando zu folgen. Erst wird gespielt, dann können wir übers »Aus«-Machen reden! Dass sie nicht nur ihr Spielzeug zwischen den Zähnen hatte, bemerkte sie nicht. »Auuus!«, schrie ich wieder und hob in meiner Verzweiflung drohend die rechte Hand. Carina ließ sich davon nicht beeindrucken, kniff lediglich die Augen zusammen. Warum folgte sie nicht? Sie glaubte offenbar, dies alles gehöre zu dem tollen Spiel.
Endlich kam Ulf mir zu Hilfe und klatschte Carina mit der flachen Hand auf das Hinterteil. Sofort ließ sie los und fuhr herum, sich der neuen Herausforderung zu stellen.
»Platz!«, brüllte ich. Dieses Kommando befolgte sie, ohne zu zögern. Zum Glück. Vor allem für Ulf. Sehr wahrscheinlich hätte sie ihn als hinterhältigen Angreifer gebissen. Und das hätte er ihr nicht einmal übelnehmen dürfen.
Übel nahm ich ihr aber, dass sie mich verletzt hatte. Aus dem kreisrunden Loch, das sie mir in die Hand gestanzt hatte, quoll inzwischen dunkles Blut. Doch dies war ein Versehen gewesen. Also schluckte ich meinen Groll hinunter und brachte Carina zurück zum Auto. »Du könntest ja wenigstens so tun, als hättest du ein schlechtes Gewissen«, flüsterte ich ihr zu, als ich sie in ihrer Box verstaute. Sie schaute mich freundlich an, war sich keiner Schuld bewusst.
»Das mit dem ›Aus‹-Machen muss noch besser werden«, brummte Ulf, während er meine Hand verband. Er versorgte nicht zum ersten Mal Bisswunden. Unfälle dieser Art passieren gelegentlich. Die Narben, die zurückbleiben, nennen wir Hundeführer augenzwinkernd »Hundeführer-Sportabzeichen«.
»Jetzt fährst du erst mal zum Doktor«, bestimmte Ulf die nächste Reihenfolge, »dann sehen wir weiter.«
Eine Stunde später kehrte ich zurück zur Gruppe. Der Arzt

hatte die Wunde desinfiziert und neu verbunden. »Wenn es sich nicht entzündet, ist das Ganze in ein paar Tagen vergessen«, verabschiedete er mich mit besten Genesungswünschen. Er hatte Erfahrung mit solchen Verletzungen. Damit meine Ausbildung ohne weiteres Blutvergießen vonstattengehen konnte, überreichte mir Ulf zur Begrüßung eine neue Beißwurst, an deren Enden große Halteschlaufen angenäht waren. »Immer schön außen festhalten, Elmar! Damit müssten künftige Missverständnisse zwischen euch beiden ausgeschlossen sein«, kommentierte er sein Geschenk und lachte.

Ich bedankte mich mit zusammengebissenen Zähnen. Der pochende Schmerz in meiner Hand ließ nur langsam nach. Den Rest des Tages war ich dazu verurteilt, meinen Kollegen beim Klicker-Training zuzusehen. Das Prinzip war einfach: Klickern – Spielen – Aus! – Klickern – Spielen – Aus! Und dies in einer schier endlosen Schleife. Kein Spielen ohne vorheriges Klickern. Schon bald hatten alle Hunde verstanden, dass mit diesem Signal die Arbeit zu Ende war und das Vergnügen folgte. Nur Carina und ich mussten am nächsten Tag nachsitzen.

Im Grunde könnte man das Klickern durch ein beliebiges Geräusch ersetzen, etwa durch Zungenschnalzen oder eine Trillerpfeife. In der Hundeausbildung hat man sich aber auf dieses Accessoire festgelegt. Es klingt immer gleich und ist durch seine Frequenz für den Hund auch aus großer Entfernung hörbar, obwohl nicht übermäßig laut.

Im Vergleich zu meinem ersten Lehrgang hatte sich einiges geändert. Das militärische Strammstehen bei Dienstbeginn und der Gutenmorgenchor gehörten der Vergangenheit an. Wir trafen uns vor der Hundeschule, begrüßten uns und fuh-

ren zu den Übungsobjekten: Sägewerke, Bauernhöfe, Schulen und Firmen. Im Prinzip funktionierte die eigentliche Ausbildung ähnlich wie die von Gundo zum Drogenhund, nur dass man inzwischen dazu übergegangen war, nicht mehr das Spielzeug selbst mit dem Stoff zu präparieren. Und dass der Hund ihn anders anzeigen musste. Kratzen und Beißen waren nicht mehr gefragt, sondern »Einfrieren«: Stehend, liegend oder sitzend bewegungslos verharren, die Geruchsquelle fixierend. Sonst könnte der Hund eine Explosion auslösen. Aber wie sollten wir ihm das Stillhalten beibringen?
»Das ist ganz einfach«, erklärte uns Ulf und deutete auf die Scheune hinter sich. »Ich habe da drin verschiedene Sprengstoffe versteckt. Noch kennen eure Hunde deren Duft nicht, aber sie werden sich dafür interessieren, weil er nicht zum Umgebungsgeruch passt.«
Er hob beschwörend den Finger. »Sobald der Hund die Nase dranhat, wird geklickert. Aber von mir. Ausschließlich! Denn das muss in dem Augenblick passieren, in dem der Hund tut, was wir von ihm wollen. Und was wir von ihm wollen, lernt er dadurch, dass exakt in diesem Moment immer die Belohnung, das Spielen, folgt.«
Anfangs wurde bereits geklickert und gespielt, wenn die Vierbeiner nur kurz am Stoff schnupperten. Nach und nach wurde das Signal hinausgezögert, erst wenn die Hunde eine Weile an der Geruchsquelle stehen blieben, kam die Belohnung. Schließlich brachten wir ihnen bei, dass nur gespielt wurde, wenn sie sich am Stoff hinsetzten oder -legten und sie ihn wenigstens einige Sekunden fixierten. Wer aktiv anzeigte, also kratzte oder auch nur bellte, wurde nicht belohnt. Ich war erstaunt, wie schnell unsere Tiere verstanden, was sie zu tun und zu lassen hatten. Auf Anhieb bestand Carina die Prüfung am Ende des Lehrgangs.

Carina auf der Couch

Unser erster Einsatz ließ nicht lange auf sich warten. Eine beliebte Fernsehshow sollte mit viel Prominenz live in einer Halle des Messezentrums stattfinden.

»Wetten, dass deine Carina nichts findet?«, fragte mich Robert, als ich mich gerade auf den Weg ins Studio machen wollte.

»Wetten doch?«, nahm ich an.

Robert runzelte die Stirn. »Mach keine Scherze, Elmar. Wenn sie tatsächlich anzeigt, dann …«

»… muss die Technische Sondergruppe anrücken«, vervollständigte ich seinen Satz, »und die Sendung wird auf unbestimmte Zeit verschoben, ich weiß.« Die Technische Sondergruppe TSG ist zuständig für das Identifizieren und nötigenfalls Unschädlichmachen von Sprengkörpern. Sie ist in München stationiert – rund hundertsiebzig Kilometer von Nürnberg entfernt. Auf ihr Eintreffen und Urteil müsste auf jeden Fall gewartet werden. Fatal für Veranstaltungen, bei denen es auf die Minute ankam. Dementsprechend groß war auch unsere Verantwortung.

Roberts besorgtes Gesicht brachte mich zum Lachen. »Keine Sorge, ich meinte doch das, was ich selber auslege!«

»Ach so«, sagte mein Kollege. Er hatte vergessen, dass wir üblicherweise selbst etwas Sprengstoff versteckten, damit unsere Hunde in jedem Fall ein Erfolgserlebnis hatten. Bei einem Leichenspürhund wie dem seinen dürfte so etwas schwierig sein.

Zu viele Suchen ohne Erfolg schadeten der Motivation. Und so bekam ich auch die Rückversicherung, dass Carina eine Bombe gefunden hätte, wäre eine solche vorhanden gewesen.

Dafür und zum Üben hatten wir eine Auswahl verschiedener Sprengstoffe in kleinen Mengen erhalten. Ein Bröckchen davon trug ich in einem kleinen Schraubglas bei Einsätzen immer bei mir.

Die zum Fernsehstudio umfunktionierte Halle versetzte mich in Staunen. Sie sah ganz anders aus, als ich es mir vorgestellt hatte. Im Fernsehen wirkte alles immer so aufgeräumt. Was ich hier sah, konnte ich mit viel gutem Willen als geordnetes Chaos bezeichnen. Zahllose Kabel ringelten sich über den Boden, mit Klebestreifen fixiert. Links, rechts und über der Bühne hingen Metallgestelle, an denen riesige Strahler und Lautsprecher montiert waren. Mit Schablonen auf den Boden gesprühte Buchstaben und Zahlen markierten, wer wann wo wie zu stehen hatte, damit ihn die Kamera im richtigen Winkel erfassen konnte. All das bleibt dem Zuschauer zu Hause verborgen. Wie der leichte Vanillegeruch in der Luft, den ich aus Nebelmaschinen in Discos kannte. Die durften hier offenbar auch nicht fehlen.

Mir machte es Spaß, Carina hinter und vor den Kulissen alles gründlich untersuchen zu lassen. Sogar das berühmte Sofa, auf dem schon bald Thomas Gottschalk und seine Gäste Platz nehmen würden. Hoffentlich kam ihnen Carina nicht zuvor! Nein, sie verhielt sich wohlerzogen und schnupperte stattdessen intensiv Rückseite und Unterkante ab. Wie erwartet, endete ihre Suche mit negativem Ergebnis. Also positiv für den Programmablauf. Und letztendlich auch für Carina: Als sie das Stückchen TNT, das ich backstage für sie versteckt hatte, brav mit »Sitz« verwies, drückte ich den Klicker. Wild spielend verließen wird die Halle. Ein Kameramann schaute uns verdutzt hinterher.

Leckere Versuchung

Unsere Einsatzorte waren zwar über ganz Mittelfranken verstreut, dennoch ähnelten sie sich sehr. Ob vor Wahlveranstaltungen, Podiumsdiskussionen oder eben auch Fernsehsendungen, zumeist galt es, einen Raum oder eine Bühne für sicher zu erklären. Zumeist handelte es sich um geplante Einsätze, über die wir Tage, manchmal schon Wochen vorher informiert wurden. Aber nicht nur.

»Kollege, könntest du mal mit deinem Hund am Bahnhof vorbeikommen?« Wenn jemand so vorsichtig anfragte, ahnte ich, worum es ging.
»Ein verdächtiger Koffer?«
»Ja, sozusagen. Steht herrenlos in der Mittelhalle.«
»Sprengstoffverdächtig?«
Der Anrufer ließ sich nicht aufs Glatteis führen. »Ähm, nein. Nur verdächtig.« Er kannte sich aus mit den Vorschriften für Sprengstoffhundeführer, die er mit dieser Aussage wenn auch nicht elegant, so doch umschiffte. Sogenannte *Rückversicherungssuchen* sind uns nämlich untersagt. Sobald ein Gegenstand als sprengstoffverdächtig eingestuft wird, muss die TSG aus München verständigt werden. Wenn ein solcher Verdacht besteht, erübrigt sich dessen Bestätigung durch einen Hund. So sind die Regeln. Eigentlich.
Ich verstehe allerdings die Hemmung, für ein erfahrungsgemäß schlichtweg vergessenes Gepäckstück einen derartigen Aufwand zu betreiben: Stundenlanges Absperren des Bereiches, was vieler Beamter bedurfte, verärgerte Bahnreisende, die ihre Züge verpassten.
»Ich bin in zehn Minuten da«, sagte ich und dachte: Wenn

Carina anzeigt, kann man immer noch das rot-weiße Flatterband mit der Aufschrift »Polizeiabsperrung« spannen und die Spezialisten holen.

Der *Samsonite* stand neben einem der öffentlichen Telefone, die mit einer Halbschale überdacht sind. Auf den ersten Blick wirkte der Koffer für mich wie der Klassiker: nur mal schnell zu Hause Bescheid geben, wann man eintrifft, und dann in der eiligen Vorfreude den Koffer vergessen.
Ich ließ Carina mit einigem Abstand »Platz« machen und wartete, bis die Kollegen dafür gesorgt hatten, dass niemand mehr zwischen uns und dem Fernsprecher durchlief. Schnell bildeten murmelnde Neugierige einen Halbkreis und damit eine menschliche Absperrung. Carina ließ sich davon nicht ablenken und wartete auf ihr Kommando.
»Such's Stoffi!« Sie startete durch, lief aber nicht direkt zu dem Gepäckstück, sondern schnupperte zunächst einen Mülleimer ab, der ein paar Meter weiter an einer Wand hing. Dann arbeitete sie sich schnüffelnd weiter, eine Sitzbank entlang, sogar darunter. Zufrieden beobachtete ich sie. Ich freute mich, sie so selbständig suchen zu sehen, ohne etwas auszulassen. Jetzt war sie am Koffer. Tief sog sie die Luft am Falz zwischen den beiden Hälften ein, schnaubte laut. Er erregte ihr Interesse! Sie umrundete ihn einmal, schnupperte erneut an ihm herum. Mein Herz schlug schneller. Wenn Carina sich jetzt hinsetzte, wären die Konsequenzen klar: Die Mittelhalle räumen, unzugänglich machen, München anrufen. Noch zögerte sie. Ich hielt die Luft an … sie lief weiter. Hinüber zu den Telefonen. »Uff«, machte ich und atmete erleichtert aus. Keine Bombe, Gott sei Dank. Ich klatschte in die Hände und rief Carina zu mir. Etwas unwillig kam sie zurück. »Hey, Chef, ich hab doch noch nichts gefunden!«, interpretierte ich

ihren beinahe vorwurfsvollen Blick. Ich klopfte ihre Flanke und flüsterte: »Später, Süße.« Es gab hier kaum Möglichkeiten, den Erfolgssprengstoff für sie zu verstecken. Ich signalisierte den Beamten, dass der Koffer *clean* sei, und brachte Carina ins Auto. Ich vertraute ihr. Sie hatte sich bisher nie getäuscht, vorhandenen, wenn auch durchwegs von mir ausgelegten Sprengstoff immer zuverlässig verwiesen. Am Bahnhof hatte mittlerweile ein Kollege das Gepäckstück geöffnet. Es enthielt außer Wäsche einige Zeitschriften, einen Kulturbeutel – und eine riesige Salami. Jetzt war mir klar, warum sich Carina länger mit dem Koffer beschäftigt hatte.

Die Bombe in der Schule

Nur selten sind in Mittelfranken mehrere Sprengstoffspürhunde gleichzeitig im Dienst. Wir lösen uns nach Dienstplan gegenseitig ab, und wenn dennoch einmal eine Lücke entsteht, wird die mit Rufbereitschaft in der Freizeit überbrückt. Jeden zweiten Monat treffen wir uns alle, um gemeinsam in kleinen Gruppen zu üben. Diese Sprengstofffortbildungen dienen auch dem Zweck, die aktuelle Leistungsfähigkeit der einzelnen Hunde zu überprüfen und gegebenenfalls zu steigern. Wie an diesem Vormittag. Der Ausbilder versteckte gerade Sprengstoff, als sein Handy klingelte. Er lauschte mit gerunzelter Stirn; als er auflegte, drehte er die Augen nach oben. »Wir müssen los, alle. Wieder mal ’ne telefonische Bombendrohung in einer Schule. Diesmal in Langwasser. Treffpunkt in zwanzig Minuten im dortigen Pausenhof.«
Anonyme Bombendrohungen erschreckten uns nicht, die gab es oft, leider auch in Schulen. Bisher waren es zum Glück immer Fehlalarme gewesen.

Leo, von dem ich einst Buxi übernommen hatte, führte mittlerweile auch einen Sprengstoffspürhund. Wegen der Fortbildung waren wir zu zweit in einem Dienstwagen unterwegs.
»Bestimmt wieder so ’n blöder Scherz«, grummelte er, während er sich anschnallte.
Ich drehte den Schlüssel im Zündschloss. »Vermutlich hat mal wieder einer keine Lust auf Schule.«
Leo nickte. »Oder vergessen, für die angekündigte Mathearbeit zu büffeln.«
Die dürfte jetzt auf jeden Fall ausfallen, denn selbst mit fünf Hunden würde es länger als eine Mathearbeit dauern, die Schule abzusuchen. Würde der Anrufer ermittelt, drohten ihm strafrechtliche Konsequenzen. Zudem müssten er oder seine Eltern den Polizeieinsatz bezahlen. Da kommt schnell eine hohe vierstellige Summe zusammen.

Die Evakuierung des Gebäudes war bereits abgeschlossen, als wir eintrafen. Die regelmäßigen Übungen in den Schulen, wie man sich in solchen Situationen zu verhalten hat, dass man das Gebäude ruhig, aber zügig verlässt, zeigten Wirkung. Im Pausenhof drängten sich die Schüler, einige rauchten, andere scherzten und lachten. Die Stimmung war ausgelassen. Offensichtlich kam keinem die Unterbrechung des Unterrichts ungelegen, niemand schien die Drohung für bare Münze zu nehmen. Wir jedoch mussten so handeln, als wäre sie ein Ernstfall, denn ganz ausschließen konnten wir das trotz aller Erfahrung nicht. Unser Ausbilder übernahm die Einsatzleitung und sammelte uns um sich: »Der Anruf ist im Sekretariat gelandet«, erklärte er uns sachlich. »Männliche, junge Stimme, ohne Akzent oder Dialekt. Die Bombe soll in …«, er schaute auf seine Armbanduhr, »… vierzig Minuten hochgehen.«

Ich betrachtete das riesige Gebäude. Wie sollten wir …
»Das ist natürlich nicht zu schaffen«, vollendete der Kollege meinen Gedanken. »Die Einsatzzentrale schickt uns noch einige Streifen. Die suchen die nicht frei zugänglichen Räume manuell ab. Wir konzentrieren uns auf die anderen.«
Das war durchaus üblich, gerade wenn die Zeit drängte. Schnell teilten wir die Schule in Zuständigkeitsbereiche auf. Carina und ich bekamen das Erdgeschoss links zugewiesen: sechs Klassenzimmer und den Gang. Viele Möglichkeiten, eine Bombe zu verstecken. Plötzlich machte sich ein unangenehmes Gefühl in meinem Bauch breit. Was, wenn es diesmal kein dummer Scherz war? Der Zeitzünder in dem Moment auf null sprang, wenn einer von uns in der Nähe stand? Wir hatten noch gut dreißig Minuten Zeit. Sofern die Angabe stimmte.

Als ich die Tür zum ersten Unterrichtsraum aufdrückte, ereilte mich ein Déjà-vu. Rochen Klassenzimmer tatsächlich immer noch so? Eine vertraute Mischung aus verbrauchter Luft, Putzmittel, Turnschuhen und mit Kreide vermischtem Wasser schlug mir entgegen. »Hier riecht es nach Menschen!«, hatte mein Mathelehrer regelmäßig festgestellt, wenn er das Klassenzimmer betrat – und uns geheißen, erst einmal die Fenster aufzureißen. Diesen Impuls unterdrückte ich. Zugluft würde es Carina erschweren, die Geruchsquelle von Sprengstoff zu lokalisieren.
Auf mein Kommando drehte sie erst einmal eine große Runde durch den Raum. Dann begann sie, systematisch jede Bank, jeden Heizkörper und jeden Schrank abzusuchen. Sie war hoch konzentriert, wie ich an ihrer erhobenen Rute und Körperspannung erkannte. Federnd bewegte sie sich in der Erwartung, gleich etwas zu finden, wofür sie belohnt werden

würde. Ab und zu blieb sie stehen, vergewisserte sich schnaubend, dass auch hier ganz sicher kein Sprengstoff versteckt war. Keine der Taschen ließ sie aus, für einige interessierte sie sich besonders. Wahrscheinlich grüßten daraus nur Pausenbrote, denn sie setzte sich nicht.

Noch zwanzig Minuten. Im nächsten Klassenzimmer hielt ich sie an, schneller zu suchen. Ich trieb sie weiter, wenn sie allzu lange an einem vermutlich nach Wurst duftenden Schulranzen hängenblieb, wies ihr mit der Hand, wo es sich besonders zu suchen lohnte. Ich kannte sie: Würde sie Stoffi riechen, ließe sie sich nicht davon abbringen, diesen auch anzuzeigen. Denn das anschließende Spielen wollte sie sich keinesfalls entgehen lassen. Ein Anzeigen von kulinarischen Köstlichkeiten, und sei es Schokolade, war im Gegensatz dazu nie belohnt worden. Warum also sollte sie sich da hinsetzen?

Nur noch weniger als eine viertel Stunde. Allmählich wurde ich nervös. Sollten wir nicht einfach abbrechen und erst einmal warten, ob es knallte? Diese Entscheidung durfte allein der Einsatzleiter treffen. Die Zeit war gerade abgelaufen, als ich das letzte Zimmer verließ. Carina hechelte hektisch, war völlig fertig. Während einer Suche atmen Hunde bis zu dreihundert Mal pro Minute ein und aus, ihre Körpertemperatur steigt von normalen siebenunddreißig auf bis zu vierzig Grad. Suchen ist Schwerstarbeit für sie. Eine Faustregel besagt, dass ein Hund, abhängig von Lufttemperatur und -feuchtigkeit, spätestens nach zwanzig Minuten eine Pause benötigt. Carinas Leistungsgrenze war unübersehbar erreicht. Doch vor uns lag noch der Flur! Mit einem lauten Knall fiel irgendwo eine Tür zu. Ich zuckte zusammen und zog unwillkürlich den Kopf ein. »Verdammt, das ist doch alles sowieso nur wieder ein dummer Scherz!«, beruhigte ich mich. Rückwärts durch den Gang gehend, Carina vor mir, zeigte ich ihr, wo es sich noch zu suchen lohnte. Hier ein Schaltkasten, dort ein Feuerlöscher, ein Mülleimer. »Gleich hast du's geschafft, mein Mädchen. Such schön. Such's Stoffi!«, motivierte ich sie erneut und strich ihr über die Flanke. Carina gab sich Mühe, unterbrach ihr Hecheln immer wieder, um besser abschnuppern zu können, was ich ihr mit der Hand wies. Sie tat mir leid. So erschöpft hatte ich sie bei einer Sprengstoffsuche noch nie erlebt.

Endlich hatten wir die Aula und damit den Ausgangspunkt unserer Suche erreicht. Ich ging in die Hocke und drückte Carina, deren zuckende, tiefrote Zunge mir doppelt so lang erschien als jemals zuvor, kurz an mich. »Gut gemacht! Und jetzt nichts wie raus hier!« Ich nahm sie an die Leine, und wir liefen aus dem Schulhaus. Das unangenehme Gefühl im Rücken, die Erwartung, gleich eine Druckwelle zu spüren, ließ erst nach, als ich bei unseren Streifenwagen ankam. Der Ausbilder und drei weitere meiner Kollegen waren schon da, Leo stieß als Letzter zu uns. Alle hatten wir Schweiß auf der Stirn, unsere Hunde hechelten ausgepumpt, schlabberten dazwischen Wasser in ihren Boxen. Wir waren elf Minuten über der Zeit. Der große Knall blieb aus.

»So ein Scheiß«, fluchte unser Ausbilder gereizt und meldete per Handy Vollzug: »Nein, nichts gefunden, natürlich nicht … ja, verstanden …«

»Warum bist du denn so verärgert?«, fragte ich ihn. »Sei doch froh, besser ein Fehlalarm als ein echter, oder?«

»Lieber gar keiner, als so a'n Schmarrn«, antwortete er und wandte sich dann an uns alle: »Wir können fahren, Kollegen! Betrachten wir das Ganze als Praxisübung. Die heutige Ausbildung ist somit gelaufen.«

Ein Gefühlsmix wirbelte meine Gedanken auf dem Rückweg durcheinander: Einerseits war ich froh, dass Carina, dass keiner unserer Hunde etwas gefunden hatte. Andererseits – wäre ein Erfolg auch mal schön gewesen? Nein, lieber nicht. Ein solcher Fund wäre mit Gefahr verbunden. Also lieber kein Erfolg. Außerdem: Kein Erfolg war doch ein Erfolg! Mit diesem Fazit gelang es mir, den Ärger über den Anrufer zu vergessen.

Häftling auf der Flucht

Der Nachmittagsdienst, von eins bis acht, war noch jung. Mein Streifenwagen parkte startbereit im Hof der Dienststelle, Carina wartete in ihrer Box, ich checkte meine dienstlichen Mails im Büro. Nichts Neues, ein paar allgemeine Informationen, keine konkreten Einsatzaufträge. Außer mir waren noch zwei weitere Hundeführer im Dienst. Robert saß im Zimmer nebenan, der andere Kollege war zu einer Rauschgiftsuche ausgerückt. Ich konnte es ruhig angehen lassen. Dachte ich.

Die Tür hinter mir flog auf. »Alle raus zur A 9, Bereich Leerstetten! Strafgefangener ist abgehauen!« Der Chef war kurz angebunden, die Einsatzzentrale hatte ihn angerufen. »Mehr bekommt ihr gleich über Funk!«, rief er Robert und mir hinterher, während wir zu unseren Autos rannten. Ich sprang in meines und schaltete das Funkgerät ein. Hektik herrschte, alle redeten durcheinander, neben vielen Streifen war, wenn ich richtig verstanden hatte, auch ein Hubschrauber auf dem Weg zur A 9. Ich fand keine Lücke, mich mit Carina anzumelden. Egal, der Chef wusste Bescheid und würde es sicher weitergeben.

Mit Blaulicht und Tatütata preschte ich vom Hof der Dienststelle, Robert folgte mir in kurzem Abstand. Mein Herz schlug mir bis zum Hals, die Hände wurden feucht. Das war typisch für den Polizeidienst: Von einer Sekunde auf die andere änderte sich die Situation. Gerade noch saß ich entspannt am Computer, jetzt raste ich hoch konzentriert die vierspurige Regensburger Straße stadtauswärts. Noch kannte ich nur die grobe Richtung, aber endlich verschaffte sich der Führungsbeamte Gehör. »Bitte unterbrechen!«, gellte es aus den Lautsprechern im Armaturenbrett. Ein Kommando, das uns allen galt und nichts anderes bedeutete als »Ruhe!«. Sofort wurde es still am Funkgerät. Die Einsatzzentrale gab einen kurzen Überblick über die Ereignisse: »Bei dem Flüchtigen handelt es sich um einen verurteilten Internetbetrüger, der von München nach Bayreuth überführt werden sollte.« Es folgte die Personenbeschreibung: »Dreißig Jahre, dunkelhaarig, schmächtig, grauer Jogginganzug, Halbschuhe. Die Besatzung des Transporters war Zeuge eines schweren Unfalls geworden. Während sie Erste Hilfe leistete, gelang es dem Häftling zu entkommen.« Erste Hilfe geht vor, dachte ich mir, und ein Betrüger ist zum Glück kein Gewalttäter. »Er ist über die sechsspurige Autobahn und die parallellaufende Hochgeschwindigkeitsstrecke der Bahn in westliche Richtung geflüchtet.« Damit war klar, warum ihm keiner nachgelaufen war. Lebensgefährlich! »Der Flüchtige dürfte sich jetzt im Waldgebiet zwischen A 9 und Leerstetten versteckt halten.« Davon war ich nicht mehr weit entfernt. Ich schnappte mir das Mikrofon und sprach mich kurz mit Robert ab. »Ich fahre dem Flüchtigen aus westlicher Richtung ein Stück entgegen, dann weiter zu Fuß!«

»Gut«, antwortete mein Kollege. »Ich versuche mein Glück an der Unfallstelle.«

Ich trat auf die Bremse und bog kurz vor Leerstetten in einen mit dünnem Schnee bedeckten Feldweg ab. Frische Reifenspuren zeigten, dass hier erst vor kurzem ein Fahrzeug entlanggefahren war. Eine der anderen Streifen, vermutete ich – und hatte recht. Schon nach wenigen hundert Metern ging es nicht mehr weiter. Eine an der Fahndung beteiligte Streife hatte offenbar die gleiche Idee wie ich gehabt, ihren VW-Bus jedoch im Wald festgefahren. Der Fahrer stand daneben und rauchte eine Zigarette.

»Wo ist dein Kollege?«, fragte ich ihn. »Ich habe zwei dabei. Die sind zu Fuß weiter«, antwortete er und deutete in Richtung Osten.

Carina winselte ungeduldig. Sie spürte die Aufregung. Ich öffnete ihre Box, klinkte die Fünf-Meter-Leine in das Geschirr mit der Aufschrift »Polizei« ein und zog es ihr über. Dann folgte ich den Spuren, die die beiden Kollegen im verharschten Schnee hinterlassen hatten. Je tiefer wir in den Wald vordrangen, desto dünner wurde die weiße Schicht auf den Wegen. Meterweise war sie schon ganz verschwunden. Wo die Sohlenabdrücke noch sichtbar waren, vermischten sie sich zunehmend mit anderen, wahrscheinlich von Kollegen. Und auch Spaziergängern, Pfotenspuren von Hunden deuteten darauf hin. Am tragbaren Funkgerät, das in meiner Brusttasche steckte, konnte ich mithören, wie die anderen Streifen ihre Standorte der Einsatzzentrale mitteilten. Ich schätzte, es waren sechs bis acht, also mindestens zwölf bis sechzehn Kollegen, gut verteilt im Waldgebiet und außen herum.

»Ich gehe jetzt los, komme aus Leerstetten, laufe zu Fuß in westliche Richtung«, gab ich durch, der Funksprecher quittierte mit »Verstanden«. Die Koordinierung solcher Einsätze ist oft schwierig, wenn keine Straßennamen oder geografischen Orientierungspunkte zur Verfügung stehen. Hier gab es bloß

Wald, keine auffälligen Erhebungen, nicht einmal eine Hochspannungsleitung. Carina zerrte mich energisch vorwärts. Gut möglich, dass uns der Gesuchte entgegenkam! Er würde uns hören, könnte sich verstecken. Ob er mich angreifen würde? Warum sollte er? Er war mit Sicherheit nicht bewaffnet. Also würde er sich ruhig verhalten und hoffen, dass ich ihn nicht bemerkte. Vielleicht stand er ja schon da drüben, hinter der riesigen Buche? Leichter Gegenwind kühlte mein erhitztes Gesicht. Gegenwind! Carina würde ihn frühzeitig wittern und mir das zeigen. Auf meine Streifenpartnerin konnte ich mich verlassen. Kaum hatte ich diesen Gedanken zu Ende gedacht, hob Carina den Kopf, grub ihre Krallen in den Waldboden, knurrte. Was hatte sie wahrgenommen? Es waren zwei junge Kollegen, die uns im Laufschritt entgegenkamen. »Wo wollt ihr denn hin?«, rief ich ihnen zu. Sie bogen in einen Trampelpfad ab. »Hier ist er entlanggelaufen! Er trägt spitze Schuhe mit glatten Sohlen! Teilweise kann man die Spuren noch sehen.« Schon waren die beiden hinter der nächsten Biegung verschwunden. Carina schaute ihnen aufgebracht hinterher und sprang in die Leine, die ich fest in der Hand hielt. Sie drehte ihren Kopf und blickte mich an. So, also wollte sie mir sagen: »Was ist los, Herrchen? Hier geht's lang! Hinterher!«

»Das sind doch nur Kollegen«, beantwortete ich ihre Aufforderung. Aber sie hatte recht! Wir brauchten nur den Spuren der beiden zu folgen und kämen so vielleicht gerade rechtzeitig, um bei der Festnahme des Flüchtigen zu unterstützen. »Such!«, sagte ich, und Carina stürmte los, zerrte mich hinter sich her, dass ich Mühe hatte, auf den Beinen zu bleiben. Tief hielt sie ihre Nase über dem Boden, folgte dem mit Schuhabdrücken unterschiedlicher Größen und Profile übersäten Pfad. Tatsächlich, die des Häftlings waren auch dabei! Glatt und

vorne spitz zulaufend. Doch unter dem immer dichter werdenden Ästedach der Tannen hatten die Schneeflocken kaum mehr den Waldboden erreicht. Schließlich liefen wir nur noch auf der spurenlosen Laubschicht des letzten Herbstes. Carina zog mich zielstrebig weiter. Tatsächlich, wir holten auf! Die Kollegen kamen plötzlich wieder in Sicht, weit vor uns. Sie liefen an einem Bachbett entlang, das nur wenig Wasser führte.
Doch was war das? Carina bog nach links ab, wollte die Böschung hinab zu dem Flüsschen. Welcher Fährte war sie die ganze Zeit gefolgt? Für einen Moment überkamen mich Zweifel, ich blieb stehen. Carina ließ sich nur ungern bremsen, drehte sich um und warf mir fragende Blicke zu. »Wohin?«, fragte ich zurück. Ohne zu zögern, sprang sie hinunter in das Flussbett. Ihre Antwort war eindeutig. Auf dem Weg den steilen Hang hinab fiel ich schmerzhaft auf den Hintern. Carina kümmerte es nicht, sie hatte an der langen Leine schon den Bach durchquert und stürmte auf der anderen Seite die Böschung hinauf. Ich hielt mich an der straff gespannten Leine fest, als ich durch das Wasser watete. Es war tiefer als vermutet, und ich schnappte nach Luft, als es eisig kalt über den Rand in meine Stiefel lief. Meine Stimmung sank so schlagartig wie die Temperatur meiner Füße. Verdammt, musste das auch noch sein!?
Im Gegensatz zu mir war Carina unübersehbar in ihrem Element. Sie zog und zerrte, weiße Dampfwölkchen ausstoßend. Ich sah ihre kräftigen Muskeln unter ihrem Fell spielen. Mir aber tat allmählich die Schulter weh. Auf einer Lichtung überquerten wir ein unberührtes Schneefeld. Und da waren sie wieder! Deutlich zeichneten sich die Abdrücke von spitz zulaufenden, glatten Sohlen ab. Für einen Moment blieb mir die Luft weg. Woher wusste Carina, welche der vielen Fährten die richtige gewesen war? Strömte der Täter tatsächlich einen

besonderen Geruch aus? War es das Gemisch aus Angstschweiß und Adrenalin? Carinas überragende Suchleistung verblüffte mich. Innerlich jubelte ich. »Sehr gut, Carina!«, rief ich und feuerte sie an. »Prima! Wo ist der Lump!? Such!« Sie ließ sich das nicht zweimal sagen und legte noch einen Zahn zu. Mit Fährtensuchen, wie wir es gelernt hatten, ruhig, sachlich und langsam, hatte das Ganze längst nichts mehr zu tun. Als würden wir um unser Leben rennen, stürmten wir hintereinander auf einen breiten Waldweg zu. Aber schließlich verfolgten wir einen Straftäter, der wahrscheinlich selbst um sein Leben rannte! Besser gesagt um seine Freiheit. Auf der Straße näherten sich von links zwei Kollegen, ebenfalls im Laufschritt. Was hatten sie vor? Da entdeckte ich ihn. In Embryostellung zusammengerollt lag der Flüchtige im Straßengraben, völlig außer Atem, leise stöhnend. Meine Kollegen stürzten sich auf ihn. Sonst hätte das wahrscheinlich Carina getan, so sehr war sie in Rage. Das war ihr Lump, sie hatte ihn gefunden! Wütend bellend riss sie an der Leine. Schaumfetzen flogen durch die Luft, einer wickelte sich unschön um ihre Schnauze. Ich hockte mich neben Carina, ließ sie »Platz« machen. »Ruhig, Mädchen«, sagte ich und schnappte dabei selbst nach Luft, während meine Kollegen den Mann festnahmen. Carina hörte auf zu bellen, bebte aber immer noch. Unter meiner Hand fühlte ich die Hitze, die sie ausströmte. Und ich spürte, wie sehr mir die Verfolgung an die Substanz gegangen war. Meine Oberschenkel brannten. Und mein Gesäß, auf dem ich den Abhang hinuntergerutscht war, schmerzte.

Als sie den Mann wegführten, drehte sich einer der Kollegen zu mir um und streckte anerkennend den Daumen nach oben. Ich umarmte Carina und drückte sie lange an mich. Sie schleckte mir über das Gesicht. Ich war so stolz auf sie.

Restrisiko und Samba

»Und das Messer hat er ganz sicher am Tatort gelassen?«, fragte ich den Dienstgruppenleiter der Inspektion West, der mit ernster Miene vor mir stand.

Er nickte. »Ja, er ließ es fallen, nachdem er seinen Schwager damit schwer verletzt hatte. Dass er kein zweites dabeihat, kann ich dir aber nicht versprechen.«

Restrisiko, dachte ich mit Bauchschmerzen und strich über Carinas Fell. Wird schon gutgehen. Hoffentlich. Wir standen neben der Einfahrt zu einem Hinterhof im Nürnberger Stadtteil Gostenhof. Ich war hierhergerufen worden, weil ein Familienstreit blutig eskaliert war. Der Täter war entwischt. *Versuchtes Tötungsdelikt,* lautete der Vorwurf. Kein Fall, in dem Carina eine Fährte hätte aufnehmen können. Dafür fehlte es in dem durchwegs geteerten und gepflasterten Stadtgebiet an Bodenverletzungen durch die Schuhe des Geflüchteten, woran sie sich hätte orientieren können. Aber vielleicht hielt er sich irgendwo in der Nähe versteckt?

»Und hier ist er reingelaufen?«, vergewisserte ich mich, ob meine Informationen stimmten.

Ein Kollege bestätigte: »Ja, zumindest hat das ein Zeuge behauptet.«

»Okay«, antwortete ich und bat meine zwei Kollegen von der Streife: »Bitte bleibt hinter mir.« Dann stellte ich Carina auf den bevorstehenden Einsatz ein. »Pass auf!« Ich deutete in den Hinterhof. Sie schaute mich kurz an, ihre Augen blitzten, dann konzentrierte sie sich auf die Richtung, die ich ihr wies. Ein leichtes Beben ging durch ihren Körper, und ich spürte die Spannung ihrer Muskeln unter meiner Hand, als ich sie auf ihre Kruppe legte. Sie hatte verstanden. Frei stöbern lassen konnte und wollte ich sie jedoch nicht. Zu groß war die Gefahr, dass sich Unbeteiligte in dem Bereich aufhielten. Außerdem hatte ich sie lieber an der Leine, um sie auf Abstand halten zu können, falls wir doch plötzlich einem bewaffneten Täter gegenüberstanden. Gegen ein Messer hat auch ein Hund kaum eine Chance. Auf unsere Eigensicherung achtend, bewegten wir uns, die Hauswand als Deckung nutzend, vorsichtig vorwärts, bis wir freien Blick in den Hof hatten. Er war leer. Nicht einmal der übliche Müllcontainer stand herum. Schräg gegenüber führte eine Hintertreppe in das angrenzende Haus des in L-Form gebauten Gebäudekomplexes. Die Tür stand offen.

»Verdammt«, brummte der Dienstgruppenleiter hinter mir. »Wenn ich das gewusst hätte, hätte ich eine Streife vor dem Nebenhaus postiert. Aber es wäre keine mehr frei gewesen.«

»Ja«, sagte ich resigniert, »so konnte er dort ungestört rein- und vorne wieder rausspazieren. Mist.« Ich ärgerte mich, dass es dem Täter so leichtgemacht wurde. Schließlich ging es hier nicht um einen kleinen Ladendiebstahl. Andererseits hätte sich der Kollege auch keine Streife aus den Rippen schneiden können. Manchmal waren wir einfach zu wenige.

Carina suchte den Hof mit Blicken ab. Wo war er, der Lump?

»Vielleicht haben wir ja Glück, und der Kerl versteckt sich noch irgendwo im Haus«, meinte einer meiner Kollegen und überholte uns. Sein Streifenpartner schloss auf. Mit ein paar Metern Abstand folgte ich den beiden quer über den Hof, die Stufen hinauf.

Carina wollte nicht mit! Auf halber Treppe blieb sie stehen, hob ihre Nase und sog tief Luft ein. Die Kollegen waren bereits in dem Haus verschwunden, als mich Carina die Stufen hinunter- und rechts um sie herum zerrte. Zwischen ihnen und einer angrenzenden Mauer verschwand sie in dem höchstens einen halben Meter breiten Zwischenraum, warf sich vehement in die Leine und bellte aggressiv. Da entdeckte ich ihn. Ein junger Mann kauerte dort. Plötzlich sprang er auf und versuchte, an Carina vorbeizusprinten! Der Durchgang war zu schmal. In letzter Sekunde riss ich Carina zurück und hörte ihre Zähne klackend ins Leere schlagen. Hatte der ein Messer? Ich brüllte: »Hinlegen! Auf den Bauch! Hinlegen!« Gleichzeitig zog ich Carina, die schäumend tobte, noch weiter zurück und brachte sie damit einigermaßen in Sicherheit. Für ein paar Augenblicke lief alles wie in Zeitlupe ab. Es gab kein Vogelgezwitscher mehr und kein Rauschen des Verkehrs, es gab nur diesen Mann vor uns, der sich zögernd auf den Boden legte. Carina ließ ihn nicht aus den Augen. Was auf Gegenseitigkeit beruhte. Und dann lief alles weiter. Ich hörte eine Amsel, auch ein Hupen, meine Kollegen stürzten aus dem Haus, sprangen die Treppe hinunter, der Dienstgruppenleiter rannte zu mir, auf den Lippen eine Frage, die er nicht stellen konnte. Carina, vollgepumpt mit Adrenalin, fuhr herum und ihm in den Arm. In ihrer Rage hielt sie ihn für einen Angreifer. Mit einem taumelnden Schritt zurück gelang es ihm gerade noch, dem Biss auszuweichen, Carina erwischte bloß den Ärmel seiner Lederjacke. Mit Mühe verhinderte ich, dass sie nachschnappte, zog sie an mich heran. Und war wieder einmal erstaunt, wie blitzartig sie vom scheinbar harmlosen Hund zum Kämpfer umschaltete. Sie hatte nichts verkehrt gemacht! Der Dienstgruppenleiter, der dem Täter inzwischen Handschellen anlegte, war unvorsichtig gewesen. In seinem Ärmel klaffte ein Triangel.

»Macht nichts«, ließ mich der Kollege wissen. »Vielleicht bekomme ich jetzt eine neue Jacke.« Bekleidung, die im Einsatz beschädigt wird, ersetzt in der Regel der Dienstherr. In einem großen Bogen führte er den Festgenommenen um uns herum und nickte anerkennend: »Toller Hund. Danke euch für die Unterstützung.«

Ich legte Carina ins »Platz«, kniete mich an ihre Seite und streichelte sie. Von ihren Lefzen tropften letzte Schaumflocken. Noch immer bebte sie. Wie ich: Mein Herz tanzte Samba vor Freude! Ohne Carinas Spürsinn wären wir ahnungslos an dem Gewalttäter vorbeigelaufen, der sich dann in aller Ruhe aus dem Staub hätte machen können.

Der Papst und das Alibi

Die bayerische Polizei ist für Bayern zuständig. Die mittelfränkische für Mittelfranken, die Nürnberger für Nürnberg. Diese Regel lässt sich verfolgen bis zur kleinsten Inspektion. Aber es gibt Ereignisse, die Revier-, Bezirks- und Landesgrenzen aufheben. Besonders dann, wenn eine Stadt oder ein Bundesland mit einer bevorstehenden Aufgabe aus polizeilicher Sicht überfordert wäre. Rollt ein Castor-Transport durch Niedersachsen, braucht das Land mehr Polizisten, als es selbst zu Verfügung hat. Also wird Verstärkung angefordert aus ganz Deutschland.
Nicht nur Bahnkilometer bedürfen zuweilen aufwendigen Schutzes, auch gefährdete Persönlichkeiten, beispielsweise bei Gipfeltreffen von Politikern.
An mir waren solche auswärtigen Einsätze bislang vorübergegangen. Schließlich musste auch jemand zu Hause bleiben, um hier für Sicherheit zu sorgen. Im Spätsommer des Jahres 2011 fand ich eine Anfrage unseres Dienstplaners in meiner Mailbox, die mein Interesse erregte. Anlässlich der bevorstehenden Papstreise nach Deutschland benötige die Stadt Erfurt dringend noch einige Sprengstoffhundeführer: Wer meldet sich freiwillig?

Der Papst! Wahrlich ein Besuch von ganz oben. Und sehr gefährdet obendrein, wie wir seit dem Angriff auf Johannes Paul II. im Jahr 1981 auf dem Petersplatz in Rom wissen. Mit Carinas Hilfe wollte ich gerne einer der Schutzengel von Papst Benedikt sein. Vielleicht würde er mir sogar die Hand drücken? Oder Carina streicheln!
Wie alle Staatsoberhäupter ist auch der Papst ein vielbeschäftigter Mann, zudem gilt er neben US-Präsident Barack Obama als der bestbewachte Mensch der Welt, weshalb ihm schon aus Sicherheitsgründen nur Auserwählte nahe kommen dürfen. Mein Hund und ich gehörten nicht dazu, was ich gut verstand. Als Konfessionsloser wäre ich dafür sowieso nicht in Frage gekommen, und Carina schon gleich gar nicht. Tiere haben in Kirchen bekanntlich Hausverbot. Genau dies zu missachten war jedoch Teil der Aufgabe, die ich mit vielen anderen Sprengstoffhundeführern bewältigen sollte. Fast siebzig aus dem gesamten Bundesgebiet waren – neben mehreren Hundertschaften von Bereitschafts- und Schutzpolizei – in Erfurt zusammengezogen worden.
Unsere Arbeit begann am Vortag des großen Ereignisses. Nicht nur Gotteshäuser, auch die gesamte Fahrtstrecke des Heiligen Vaters musste akribisch abgesucht werden, inklusive sämtlicher Schaltkästen und Laternen am Straßenrand, Kanalöffnungen, Lichtschächte. Jeder Ort, an dem der Papst sich aufhalten oder nur in seinem Papamobil vorbeikommen würde, musste nach menschlichem und eben auch hundlichem Ermessen überprüft werden. Abgesuchte Versteckmöglichkeiten wurden im Anschluss amtlich versiegelt, um ein nachträgliches Bestücken zu verhindern oder zumindest auffällig zu machen.
Die Nacht verbrachten wir bayerischen Hundeführer in einem kleinen Hotel am Stadtrand von Erfurt. Ich war froh,

dass es uns erlaubt war, die Hunde mit ins Zimmer zu nehmen. Hier konnte sich Carina von dem anstrengenden Tag besser erholen als im Dienstwagen, den zu bewachen sie sich berufen fühlte, was sie wahrscheinlich um ihre verdiente Nachtruhe gebracht hätte.

Am nächsten Morgen, zwei Stunden vor Eintreffen des Papstes, sammelten wir uns am Rande des Domplatzes. Wir sollten uns in Bereitschaft halten für den Fall, dass verdächtige Gegenstände entdeckt oder gar Bombendrohungen eingehen würden.

Der thüringische Einsatzleiter trat an unsere Gruppe. »Isch benödsche noch zweje von eusch für de Gadagomb'n hier under'm Dömblatz! Freiwillsche?« Gadagomb'n? Es dauerte ein paar Sekunden, bis bei mir der Groschen fiel. Er meinte die unterirdischen Gewölbe, auf denen wir standen. Ich dachte, die wären längst abgesucht worden? Der Hauptkommissar schaute mir direkt in die Augen. Mir blieb nichts anderes übrig, als zu nicken. Warum auch nicht? Eine Suche in geschichtsträchtigen, womöglich seit Jahren nicht mehr betretenen und spinnwebenverhangenen Verliesen stellte ich mir spannend vor. Ein weiterer Kollege aus meiner Staffel, offenbar des Thüringischen mächtig, wollte mich gern begleiten. Zwei Minuten später standen wir mit unseren Hunden vor einer schweren Holztür, an der sich schon einige Generationen von Holzwürmern die Bäuche vollgeschlagen hatten. Sie machte dennoch einen stabilen Eindruck. Ihre verrosteten Beschläge knarrten, als der Einsatzleiter sie öffnete. Ein Hauch kühler Luft schlug uns entgegen. Ausgetretene Steinstufen führten hinab ins Dunkle.

Das aufkommende Gruselgefühl wurde jedoch jäh gestoppt, als ich die aufgestapelten Bierfässer aus neuzeitlichem Alumi-

nium links und rechts entdeckte. Ein profaner Vorratskeller? Nicht nur das: Am Treppenabgang hing ein Zeitplan, wann Führungen durch die Räumlichkeiten stattfanden.
Ich drehte mich nach meinem Kollegen um. Grinsend hob er die Schultern. Anscheinend hatte er wie ich etwas anderes erwartet.
Wir einigten uns darauf, dass er mit seinem Hund zunächst das Getränkelager absuchen und ich den Keller in Angriff nehmen würde.

Je tiefer mich Carina die in den Fels gehauene Treppe hinabzog, desto kälter wurde die Luft. Sie roch feucht und abgestanden. Vereinzelte Wandlampen verbreiteten diffuses Licht. Wir standen in einer niedrigen Halle, von der drei breite, in den Fels getriebene Gewölbegänge abgingen. Welchen sollte ich wählen? Carina nahm mir die Entscheidung ab, sie orientierte sich nach links. Ich ließ sie sich hinsetzen und kniete mich neben sie.
»Na, Mädchen«, sagte ich, »was meinst du? Um das hier in die Luft zu sprengen, bedarf es schon einer großen Menge Stoffi.« Stoffi? Carina schaute mich an und dann mit gespitzten Ohren in die Katakombe vor uns. Ich leuchtete mit meiner Taschenlampe hinein. Der Strahl reichte nicht bis zum Ende des Ganges. Seine Wände waren glatt und kahl, bis auf einen am Boden stehenden Feuerlöscher sah ich keine Möglichkeit, eine Bombe zu verstecken. *Alibi-Suchen* nennen wir so etwas. Auch wenn von vorneherein klar ist, dass hier unmöglich etwas versteckt sein kann, wird es abgesucht, damit später niemand behaupten kann, man hätte etwas ausgelassen. Auch das gehörte zum Job. Ich klinkte Carinas Leine aus und schickte sie mit »Such's Stoffi!« los. Sie machte einen Satz und steuerte zunächst den Feuerlöscher an, schnupperte ihn ab.

Dann trabte sie, mal hier und mal dort schnüffelnd, weiter, ich folgte ihr mit einigem Abstand immer tiefer in den Tunnel. Im Vorbeigehen nutzte ich die Gelegenheit, ein Stückchen Dynamit hinter dem Feuerlöscher zu verstecken, um Carina später ein Erfolgserlebnis zu ermöglichen. Die hob plötzlich den Schwanz und Kopf, blieb angespannt stehen. Sie starrte in eine Nische, die ich bis dahin noch nicht bemerkt hatte. Nein, es war keine Nische, es war der Durchgang in einen weiteren Raum.

War da jemand? Carinas Verhalten ließ eher darauf schließen als auf einen Sprengstofffund. Ehe sie durchstarten konnte, schrie ich »Platz!«. Unheimlich hallte meine Stimme in den Gängen. Carina ließ sich förmlich auf die Brust fallen, fixierte dabei aber weiterhin das, was sie entdeckt hatte. Ich eilte zu ihr und spähte vorsichtig um die Ecke. In dem ansonsten leeren Raum standen – zwei Engel. Weit ausgebreitete Flügel schimmerten golden im Licht meiner Taschenlampe, ihre Augen waren auf den Boden gerichtet, die offenen Hände hielten sie vor sich, als würden sie etwas zutiefst bedauern. Für weniger als einen Augenblick glaubte ich an eine Sinnestäuschung.

Dann musste ich leise lachen. Da standen tatsächlich zwei Engel, schulterhoch, goldfarben lackiert und wahrscheinlich aus Gips gegossen. Oder Wachs. Wachs! Siedend heiß fiel mir die Schindel ein, die ich beim Sprengstofflehrgang so verwundert betrachtet hatte. Die Mutter Gottes mit Jesus auf dem Arm. Pures TNT. Wenn dies hier auch der Fall war, würde die Menge reichen, den ganzen Domplatz in die Luft zu sprengen!

Ich kniete mich neben Carina und hielt sie am Halsband fest. Mit dem fokussierten Lichtstrahl meiner Lampe leuchtete ich die beiden Figuren ab. Wenn da jetzt bloß keine Kabel aus den Engeln hingen …

… Nein, soweit ich es aus der Entfernung beurteilen konnte, gab es nichts, was auf eine Zündvorrichtung deutete. Carina gähnte laut. Sie interessierte sich doch nicht für Engel.

»Such's Stoffi!«, befahl ich trotzdem noch einmal und ließ ihr Halsband los. Bei weitem nicht mehr so angespannt wie noch vor einer Minute, umkreiste Carina die Statuen, schnupperte in deren leere Hände und beachtete sie dann nicht mehr. Erleichtert betrachtete ich die Figuren nun aus der Nähe. Sie standen schon länger hier, wie der Staub auf ihren gesenkten Häuptern zeigte. Wir befanden uns in der Abstellkammer für ausgediente Engel. Sicher kein Bestandteil der unterirdischen Führungen für die Öffentlichkeit.

Anerkennend klopfte ich Carina die Flanke, leinte sie an und machte mich auf den Rückweg. Etwa zehn Meter vor dem Feuerlöscher schickte ich sie noch einmal los zum Suchen. Schon nach wenigen Sekunden saß sie vor dem Versteck und zeigte mir den zuvor hinterlassenen Sprengstoff an. Klick, klack! Carina stürmte auf mich zu, schnappte sich ihre Beißwurst und zerrte mich durch die *Gadagomb'n.* Das Wort begeisterte mich. Ich wollte es nie mehr vergessen.

Als wir in das gleißende Sonnenlicht traten, musste ich meine Augen zusammenkneifen. Tief atmete ich die milde, weiche Luft ein. Das angenehme Gefühl, einen Job gut erledigt zu haben, breitete sich in meinem Bauch aus. Zusammen mit vielen ihrer Kollegen hatte Carina wieder einmal für Sicherheit gesorgt. Nicht nur für den Papst. Sondern auch für all die Menschen, die ihn sehen wollten. Sie war Teil des Ganzen. Und doch etwas ganz Besonderes für mich. Meine Freundin und ständige Begleiterin. Deren Fähigkeiten, aber auch Treue und Wohlwollen ich mir immer gewiss sein konnte. So würden wir weiterhin gemeinsam Abenteuer bestehen, nach Bomben und Vermissten suchen, Lumpen fangen. Menschen beschützen.